D0861130

INTRODUCTION AUX RELATIONS INTERNATIONALES

DIANE ÉTHIER

INTRODUCTION AUX RELATIONS INTERNATIONALES

Quatrième édition

Les Presses de l'Université de Montréal

Catalogage avant publication de Bibliothèque et Archives nationales du Québec et Bibliothèque et Archives Canada

Éthier, Diane
Introduction aux relations internationales

4ᵉ éd.

(Paramètres)
Comprend des réf. bibliogr.

ISBN 978-2-7606-2182-4

1. Relations internationales.
2. Droit international.
3. Organisations internationales.
I. Titre. II. Collection.

JZ1242.E83 2010   327   C2010-940387-2

Dépôt légal : 3ᵉ trimestre 2010
Bibliothèque et Archives nationales du Québec
© Les Presses de l'Université de Montréal, 2010

Les Presses de l'Université de Montréal reconnaissent l'aide financière du gouvernement du Canada par l'entremise du Fonds du livre du Canada pour leurs activités d'édition.
Les Presses de l'Université de Montréal remercient de leur soutien financier le Conseil des Arts du Canada et la Société de développement des entreprises culturelles du Québec (SODEC).

IMPRIMÉ AU CANADA

*Je dédie cet ouvrage à tous les étudiants qui ont suivi
mon cours d'introduction aux relations internationales.
Par leurs questions déconcertantes ou pertinentes, leurs
commentaires positifs ou leurs critiques justifiées,
leurs travaux de recherche souvent innovateurs, ils ont
largement contribué à enrichir la matière de ce manuel.
Je le dédie également à tous les étudiants qui suivront ce
cours dans l'avenir. Leur apport sera tout aussi important
pour l'amélioration des futures éditions.*

INTRODUCTION

L'expression « relations internationales » désigne généralement les rapports entre États alors, qu'au sens littéral, elle signifie rapports entre nations. Ce problème vient du fait que l'État a longtemps été confondu avec la nation, en raison de l'aspiration des États modernes à unifier en une seule nation les groupes humains résidant sur leurs territoires. Si certains y sont parvenus, la plupart sont demeurés des États plurinationaux. En outre, le caractère multiethnique des États s'est accentué au XXᵉ siècle à cause des déplacements de population et des mouvements migratoires engendrés par la décolonisation, les guerres et les inégalités de développement. L'expression « relations internationales » n'est donc plus justifiée. Elle continue néanmoins d'être d'usage courant, bien que certains spécialistes aient tenté de lui substituer celle de « relations interétatiques[1] ».

Les relations internationales constituent un objet d'études extrêmement vaste puisqu'il englobe les rapports de toute nature que les organismes publics et privés, les groupements de personnes et les individus des divers États ont noués entre eux dans le passé, entretiennent dans le présent et prévoient développer dans le futur. Toutes les sciences et

---

1. Voir notamment Raymond Aron, *Paix et guerre entre les nations* (Paris : Calmann-Lévy, 1984) ; Marcel Merle, *Sociologie des relations internationales* (Paris : Dalloz, 1982) ; Charles Zorgbibe, *Les relations internationales* (Paris : Presses universitaires de France, 5ᵉ éd., 1994).

notamment les sciences sociales telles que le droit, l'histoire, l'économie, la philosophie, la psychologie, la démographie, la sociologie et la science politique s'y intéressent donc. Chaque discipline aborde évidemment ces relations sous un angle différent en privilégiant l'analyse de certains types d'interactions entre certaines catégories d'acteurs. Cela dit, la plupart des disciplines s'intéressent à l'action législative des gouvernements et des organisations multilatérales gouvernementales puisque celle-ci oriente la conduite des activités humaines dans tous les domaines.

Depuis le début de l'humanité, les groupements d'individus ont développé diverses formes d'interactions : guerres, alliances, échanges de biens, mariages, etc. Ces relations se sont toutefois diversifiées et étendues à des espaces géographiques plus vastes au fil du temps, concurremment à l'expansion et aux conquêtes des entités politiques (cités, empires, principautés, États-nations), au développement de la production et du commerce et à l'évolution des moyens de transport et de communication. Ce n'est cependant qu'au cours de la seconde moitié du xxe siècle que les relations internationales sont véritablement devenues mondiales, englobant tous les pays de la planète et la plupart des activités humaines. Le terme « mondialisation », équivalent français du terme anglais *globalization*, a été inventé durant les années 1950[2] pour rendre compte de cette transformation des relations internationales. Selon plusieurs auteurs, la mondialisation, à l'instar des stades antérieurs d'évolution des relations internationales, a été déterminée par l'extension géographique des activités économiques et l'essor des facilités de déplacement et de communication. La planétisation du marché, engendrée par la multinationalisation des entreprises, la libéralisation des échanges, et les innovations technologiques dans les transports (avions subsoniques et supersoniques, trains à grande vitesse) et les communications (internet, téléphones sans fil, satellites) constituent les principales sources et traits distinctifs de la mondialisation.

La majorité des définitions du terme mondialisation insistent sur ces aspects. Ainsi, pour Pascal Boniface, ce qui distingue la mondialisation

---

2. Selon Bertrand Badie, le terme mondialisation a été répertorié pour la première fois par le dictionnaire Robert en 1953. Voir Guy Hermet, Bertrand Badie, Pierre Birnbaum et Philippe Braud, *Dictionnaire de la science politique* (Paris : Armand Colin, 4e éd., 2000), 177-178.

des stades antérieurs de l'évolution des relations internationales, ce ne sont pas «les interrelations entre les différentes parties du monde, mais la modification des notions d'espace et de temps[3]», le fait que les distances aient été supprimées. Pour Robert Reich, ce qui caractérise l'économie mondialisée, c'est que:

> L'argent, la technologie, l'information, les marchandises franchissent les frontières avec une rapidité et une facilité sans précédent. Le coût du transport et des télécommunications dégringole. Dans la plupart des pays industrialisés, les transferts de capitaux ne sont plus contrôlés. Même les drogues, les immigrants pénètrent dans les pays développés, et les armes secrètes en sortent, malgré les efforts des gouvernements[4].

Pour le Fonds monétaire international (FMI), la mondialisation est:

> l'interdépendance économique croissante de l'ensemble des pays du monde provoquée par l'augmentation du volume et de la variété des transactions transfrontalières de biens et de services, ainsi que des flux internationaux de capitaux, en même temps que par la diffusion accélérée et généralisée de la technologie[5].

Sans renier ces définitions, plusieurs spécialistes anglo-saxons insistent sur les effets théoriques et sociologiques du concept de mondialisation[6]. C'est également le cas de l'explication proposée par Bertrand Badie.

> Mondialisation. Concept de relations internationales décrivant l'état du monde contemporain marqué en même temps par un renforcement des interdépendances et des solidarités, par le désenclavement des États et des espaces régionaux et par une uniformisation des pratiques et des modèles sociaux à l'échelle de la planète tout entière. Ce processus n'a du sens que sur un plan macro-sociologique et ne renvoie pas à des indicateurs empiriques très précis ni très rigoureux. Son intérêt est davantage théorique: il

---

3. Pascal Boniface, *Le monde contemporain: grandes lignes de partage* (Paris: Presses universitaires de France, 2001), 9.

4. Robert Reich, *L'économie mondialisée* (Paris: Dunod, 1993), 17.

5. Boniface, *Le monde contemporain*, 11.

6. Voir notamment Jean-Marie Guéhenno, «Globalization and Fragmentation» *in* Marc F. Plattner et Aleksander Smolar (dir.), *Globalization, Power and Democracy* (Baltimore: The John Hopkins University Press, 2000), 14-28; Suzanne Berger, «Introduction» *in* S. Berger et R. Dore (dir.), *National Diversity and Global Capitalism* (Ithaca, NY: Cornell University Press, 1996). Pour une analyse des nombreuses définitions du concept de mondialisation, voir Claire Sjolander, «The Rhetoric of Globalization: What's in a Wor(l)d?», *International Journal*, 51, 4 (1996), 603-616.

suggère, en effet, que les phénomènes politiques, économiques et sociaux ne peuvent pas être étudiés en vase clos, indépendamment de leur insertion dans un système-monde qui, contrairement à autrefois, s'étend à l'ensemble du globe. Il suggère aussi que les catégories classiques de l'analyse internationale s'en trouvent ébranlées : distinction entre l'interne et l'externe, territoire, souveraineté... Son analyse est souvent associée à celle de l'essor du particularisme, de plus en plus conçu comme une réaction de protection face aux effets de la mondialisation[7].

S'il existe un certain consensus sur l'essence de la mondialisation, les spécialistes divergent d'opinion quant à sa portée et à ses effets. Les auteurs réalistes et néoréalistes tendent généralement à relativiser son importance. Ainsi, pour Gilpin[8], l'activité économique est encore largement concentrée au sein des États. La libéralisation des échanges n'est pas plus grande aujourd'hui qu'elle ne l'était au début du xxᵉ siècle et elle est concentrée dans trois régions : Europe occidentale, Amériques et Asie de l'Est. Bien que l'augmentation du nombre et du pouvoir des firmes multinationales (FMN) limite l'autonomie de décision des gouvernements nationaux, notamment dans le domaine économique, ces derniers demeurent les acteurs majeurs des relations internationales car ce sont eux qui édictent les normes et les règles du droit interne et international. Les néolibéraux, néomarxistes et constructivistes comme Rosenau, Cox, Busan et Risse-Kapen[9] accordent une importance beaucoup plus grande à la mondialisation. Ils insistent sur le déclin du pouvoir des États, en raison de la montée en puissance des FMN et de l'influence grandissante qu'exercent les autres organisations non gouvernementales (ONG), à cause de leur capacité de mobilisation des sociétés civiles et de leur implication dans les activités des organisations internationales (OI), celles du système des Nations Unies par exemple. La plupart des auteurs,

7. Hermet *et al.*, *Dictionnaire de la science politique*, 177-178.
8. Robert Gilpin, *Global Political Economy. Understanding the International Economic Order* (Princeton : Princeton University Press, 2003).
9. James Rosenau et E. Czempiel (dir.), *Governance without Government : Order and Change in World Politics* (Cambridge : Cambridge University Press, 1992) ; Robert Cox, *The Political Economy of a Plural World* (Londres/New York : Routledge, 2002) ; Bary Busan, *From Internationial to World Society?* (Cambridge : Cambridge University Press, 2004) ; Thomas Risse-Kapen (dir.), *Bringing Transantional Relations Back In : Non State Actors, Domestic Structures and International Institutions* (Cambridge : Cambridge Univerity Press, 1995).

y compris les constructivistes, considèrent cependant que l'action des acteurs non étatiques demeure dépendante des États, notamment occidentaux, et des OI. Dans son bilan de la littérature sur les relations internationales des trente dernières années, Risse conclut qu'il est prématuré de proclamer la fin du système interétatique[10].

Pour les libéraux et les néolibéraux la mondialisation est bénéfique car elle contribue à l'enrichissement des nations, à l'atténuation des inégalités de développement et à l'expansion de la démocratie. Les autres écoles de pensée considèrent que la mondialisation n'élimine pas, et même accentue les inégalités économiques, sociales ou culturelles au sein et entre les États. Certains auteurs néoréalistes ou néomarxistes, comme Huntington et Wallerstein[11], sont très pessimistes et considèrent qu'elle peut engendrer une multiplication des conflits, voire un état de chaos généralisé. La plupart des réalistes et des néoréalistes sont fatalistes car ils constatent que cet ordre mondial est difficile à changer. La majorité des néomarxistes et constructivistes sont, quant à eux, plus optimistes, car ils croient à la capacité de mobilisation et de transformation de la société civile transnationale. Ces auteurs demeurent cependant très vagues sur les modalités d'organisation d'une telle contestation et les caractéristiques de la nouvelle société globale à laquelle elle donnerait naissance. Seuls les écologistes proposent une alternative précise à la mondialisation capitaliste, en prônant une réduction de la production et de l'exploitation des ressources naturelles, une diminution de la consommation et l'adoption d'un mode de vie davantage centré sur les valeurs humaines et le respect de la nature que sur l'acquisition de biens matériels.

Ce manuel s'adresse principalement aux étudiants de divers programmes universitaires qui exigent ou recommandent une initiation aux relations internationales. Il est cependant accessible à tous ceux qui désirent se familiariser avec le sujet. Il aborde les relations internationales principalement du point de vue de la science politique, mais compte tenu du fait que cette discipline est devenue polyvalente au fil du temps, les lecteurs

10. Thomas Risse, «Transnational Actors and World Politics» *in* W. Carlnaes, T. Risse et B.A. Simmons (dir.), *Handbook of International Relations* (Londres: Sage Publications, 2002), 255-275.
11. Samuel Huntington, *Le choc des civilisations* (Paris: Odile Jacob, 1997); Immanuel Wallerstein, *After Liberalism* (New York: New Press, 1995).

de divers horizons peuvent aussi bénéficier de ses enseignements. Bien que ce manuel se veuille éclectique du point de vue théorique, il accorde une place prépondérante aux États et aux OI, sans faire abstraction toutefois des acteurs non étatiques. En ce sens, il est conforme à l'idée consensuelle selon laquelle les États et les OI demeurent les acteurs majeurs des relations internationales. Le premier chapitre expose les éléments essentiels des théories classiques, néoclassiques et critiques des relations internationales. Le second chapitre définit les caractéristiques des acteurs des relations internationales (États, OI, individus, FMN, ONG légales et illégales) et évalue leur poids respectif au sein des relations internationales. Le troisième chapitre analyse le processus de décision de la politique étrangère des États et les instruments sur lesquels s'appuient ses deux dimensions : la diplomatie et la stratégie. Le quatrième chapitre s'intéresse aux relations économiques internationales. Il présente les principales théories de l'économie internationale, explique comment sont comptabilisés les échanges internationaux à travers les balances de paiements et analyse les causes des changements de modèles économiques depuis le XVIIᵉ siècle jusqu'à nos jours. Le lecteur pourra compléter ses connaissances en consultant les notes bibliographiques et les sources de références recensées à la fin du volume.

CHAPITRE 1

L'analyse des relations internationales

Préalables épistémologiques

Selon Philippe Braillard, « on peut dire, d'une façon tout à fait générale, qu'une théorie est une expression, qui se veut cohérente et systématique, de notre connaissance de ce que nous nommons la réalité. Elle exprime ce que nous savons ou ce que nous croyons savoir de la réalité[1] ». La principale fonction d'une théorie est d'expliquer un phénomène en établissant des liens, notamment causals, entre les éléments qui le composent. Une autre fonction de la théorie est de prévoir l'évolution future de la réalité qui constitue son objet.

Aucune théorie n'est en mesure d'expliquer une réalité dans toute sa complexité. Toute théorie est une simplification ou une schématisation d'un phénomène, l'expression abstraite de certains de ses aspects jugés importants. Cela signifie que « la théorie implique une activité de sélection et de mise en ordre des phénomènes et des données[2] » qui n'est jamais neutre. Comme l'ont montré Jürgen Habermas et Thomas Kuhn, cette structuration de la réalité est conditionnée par divers facteurs, notamment l'intérêt, parfois inconscient, du chercheur pour telle épistémologie ou conception de la connaissance, le contexte socioculturel dans lequel

---

1. Philippe Braillard, *Théories des relations internationales* (Paris, Presses universitaires de France, 1977), 12.
2. *Ibid.*, 13.

se déroule la recherche, le système de valeurs et la méthodologie privilé-
giés par le chercheur[3].

Il existe différentes conceptions de ce qu'est une théorie dans le
domaine des sciences. Dans le cadre des sciences de la nature ou des
sciences exactes, une théorie est un ensemble cohérent de propositions
déductibles logiquement entre elles et vérifiables empiriquement. Selon
Anatol Rapoport, c'est le lien déductif entre les propositions qui est la
caractéristique fondamentale de cette théorie[4]. En sciences sociales, il
existe, selon Braillard, trois orientations fondamentales de la théorie.
Premièrement, les théories essentialistes « dont le but est la mise à jour
de l'essence des diverses entités sociales soit par le moyen d'une réflexion
philosophique […] soit à travers une compréhension intuitive ». Ces
théories sont souvent dites « normatives » parce qu'elles tendent à montrer, plus explicitement que les autres théories, « quelle est la meilleure
forme d'organisation sociale ou au moins quelles sont les valeurs qui
doivent guider » les conduites humaines. Deuxièmement, l'orientation
empirique envisage la théorie comme un ensemble logiquement cohérent
de propositions soumises à vérification ou à falsification par une confrontation avec les faits. Le but de ces théories n'est pas de découvrir l'essence
des choses, mais d'expliquer les données qui se rapportent aux divers
comportements, interactions et processus sociaux. Elles impliquent une
description et une classification de ces données et tendent plus ou moins
directement à une prévision des phénomènes qu'elles expliquent. Ces
théories, tels le behavioralisme et le positivisme, procèdent d'une démarche analytique hypothético-déductive et tendent à se rapprocher des
théories des sciences exactes, bien qu'elles font face à d'énormes difficultés à relier d'une manière précise leurs concepts aux phénomènes étudiés.
Certaines d'entre elles font toutefois également appel à une démarche
intuitive ou rationnelle pour comprendre les comportements sociaux[5].
La troisième orientation théorique, illustrée notamment par le marxisme,

3. Jürgen Habermas, *La technique et la science comme idéologie* (Paris: Gallimard,
1973); Thomas Kuhn, *La structure des révolutions scientifiques* (Paris: Flammarion,
1972).

4. Anatol Rapoport, « Various Meanings of Theory », *American Political Science
Review*, 52 (1958), 972-988.

5. Voir Karl Popper, *La logique de la découverte scientifique* (Paris: Payot, 1973);
Rapoport, « Various Meanings of Theory ».

procède d'une démarche dialectico-historique. Elle aborde la société comme une totalité et cherche à révéler ses antagonismes structurels et ses contradictions et à mettre à jour le sens objectif ou les lois dialectiques de l'Histoire. Elle se veut non seulement un outil de connaissance mais un instrument de critique sociale et un guide pour l'action[6].

Selon Braillard, on peut définir une théorie des relations internationales

> comme un ensemble cohérent et systématique de propositions ayant pour but d'éclairer la sphère des relations sociales que nous nommons internationales. Une telle théorie est ainsi censée présenter un schéma explicatif de ces relations, de leur structure, de leur évolution, et notamment d'en mettre à jour les facteurs déterminants. Elle peut aussi, à partir de là, tendre à prédire l'évolution future de ces relations, ou au moins à dégager certaines tendances de cette évolution. Elle peut également avoir pour but plus ou moins direct d'éclairer l'action. Comme toute théorie, elle implique un choix et une mise en ordre des données, une certaine construction de son objet, d'où sa relativité[7].

Dans les faits, les théories des relations internationales englobent un grand nombre d'approches qui ne répondent pas à cette définition restrictive. Il est d'usage courant, comme dans plusieurs disciplines des sciences sociales, de qualifier de «théories» des méthodes, des modèles, des typologies, des taxinomies ou des ensembles d'hypothèses qui n'aboutissent pas à la formulation d'un ensemble logiquement cohérent de propositions. Il est également fréquent que l'on confonde théorie et paradigme. Un paradigme, selon Raymond Boudon et François Bourricaud, est un ensemble d'énoncés portant, non sur tels aspects de la réalité sociale, mais sur la manière dont le chercheur doit procéder pour construire une théorie explicative de cette réalité[8].

L'analyse des relations internationales a été pendant plusieurs siècles l'apanage des juristes — philosophes qui ont tenté d'expliquer les relations d'État à État à l'aide de théories essentialistes-normatives. Avec le déve-

---

6. Braillard, *Théories des relations internationales*, 15-16.

7. *Ibid.*, 17.

8. Raymond Boudon et François Bourricaud, *Dictionnaire critique de la sociologie* (Paris: Presses universitaires de France, 3ᵉ éd., 1990), 563. Il existe d'autres définitions du terme paradigme. Ainsi, pour Imre Lakatos, un paradigme est un ensemble de théories qui partage le même système de valeurs.

loppement des sciences sociales, aux XIXᵉ et XXᵉ siècles, les théories des relations internationales se sont multipliées et plusieurs ont tenté de se démarquer de ce cadre juridico-philosophique par l'emploi d'approches empiriques ou dialectico-historiques. L'élargissement, la complexification et la fragmentation du domaine d'études des relations internationales ont largement contribué à cette diversification théorique. Celle-ci a donné lieu à de nombreux débats au sein de la communauté scientifique. Ainsi, les théories empiriques positivistes et behavioralistes ont été accusées de camoufler leurs postulats normatifs «conservateurs» sous une pseudo-neutralité par les partisans des théories essentialistes et dialectico-historiques. Les théoriciens empiristes, pour leur part, ont critiqué la nature «aléatoire», «approximative» et «peu scientifique» des théories essentialistes et dialectico-historiques.

Un des points sur lesquels le débat s'est cristallisé est le recours à la formalisation et à la quantification. Comme le souligne Braillard, cette controverse a donné lieu à bien des confusions épistémologiques. D'une part, plusieurs empiristes ont eu tendance à surestimer la valeur du formalisme scientifique en considérant que l'on pouvait expliquer les phénomènes sociaux à l'aide des mêmes instruments mathématiques que ceux des sciences exactes. D'autre part, les tenants des approches essentialistes et dialectico-historiques ont sous-estimé l'apport de ces emprunts aux sciences exactes et la possibilité d'élaborer des outils de formalisation et de quantification plus conformes à l'essence des relations sociales. Une autre polémique a opposé les ethnocentristes et les relativistes, les seconds dénonçant l'incapacité des théories des sciences sociales — et des relations internationales — à expliquer adéquatement la réalité globale en raison de leurs présupposés explicites ou implicites occidentalo-centristes, et les premiers reprochant aux relativistes leur idéalisme et leur subjectivisme[9].

Il existe plusieurs classifications différentes des théories des relations internationales. La plupart établissent néanmoins une distinction entre les théories générales, soit les trois philosophies qui ont proposé une explication normative, historique et relativement globale des relations

---

9. Braillard, *Théories des relations internationales*, 18-23; Baghat Korany *et al.*, *Analyse des relations internationales. Approches, concepts et données* (Montréal: Gaëtan Morin, 1987).

internationales — le réalisme, le libéralisme et le marxisme[10] — et les autres théories. Cette deuxième catégorie regroupe les théories partielles propres aux divers champs de spécialisation des relations internationales et les théories normatives critiques des théories générales.

Le premier chapitre de cet ouvrage traite des théories générales des relations internationales, en distinguant toutefois les conceptions classiques et néoclassiques du réalisme, du libéralisme et du marxisme. Il examine ensuite les principales théories critiques des théories générales. Les théories partielles sur la politique étrangère des États et les relations économiques internationales sont présentées dans les chapitres 3 et 4.

Les théories générales classiques

Le réalisme

Selon Braillard, le qualificatif « réaliste » a été attribué aux auteurs qui prétendent considérer l'humain et les rapports sociaux — notamment les relations politiques — tels qu'ils sont et non tels que l'on voudrait qu'ils soient au nom d'un idéal[11]. C'est la raison pour laquelle leurs détracteurs les considèrent souvent comme des conservateurs ou des défenseurs du *statu quo*. En vérité, les réalistes croient que le monde étant gouverné par certaines lois objectives ou caractéristiques naturelles immuables, le changement ou le progrès n'est possible que s'il est fondé sur la connaissance et la prise en compte de ces contraintes. La préoccupation première des réalistes est donc de comprendre ces contraintes grâce à une observation objective de la réalité. Dans les faits, toutefois, leur observation du réel demeure sélective et entachée de jugements de valeurs. En témoi-

10. Il est important de signaler ici que les mots réalisme, libéralisme et marxisme ne sont pas toujours utilisés pour identifier ces trois philosophies. Par exemple, Daniel Colard associe les deux premiers courants de pensée à la « théorie classique de l'État de nature » et à la « théorie moderne de la communauté internationale ». Philippe Braillard parle du marxisme-léninisme plutôt que du marxisme et de la théorie juridico-idéaliste plutôt que de la théorie libérale. Paul Viotti et Mark Kauppi emploient le terme pluralisme pour désigner le libéralisme et le terme mondialisme pour désigner le marxisme. Voir Daniel Colard, *Les relations internationales de 1945 à nos jours* (Paris : Masson, 1993) ; Braillard, *Théories des relations internationales* ; Paul R. Viotti et Mark V. Kauppi, *International Relations Theory* (Boston/Londres : Allyn and Bacon, 3ᵉ éd., 1999).

11. Braillard, *Théories des relations internationales*, 69.

gnent les quatre thèses qui constituent, selon Paul Viotti et Mark Kauppi, la quintessence de la pensée réaliste : les États sont les seuls ou les principaux acteurs des relations internationales ; l'État est par nature unitaire ; l'État est rationnel et vise constamment à maximiser son intérêt national, ce qui implique le recours périodique à la force ; la sécurité et les questions politiques constituent l'unique ou la principale finalité de la politique étrangère[12]. Il serait vain, toutefois, de vouloir retrouver l'expression intégrale de ces quatre thèses chez tous les penseurs réalistes. Comme nous le verrons, cette vision classique ou orthodoxe du réalisme s'est construite progressivement au fil des siècles pour trouver sa formulation la plus systématique chez les auteurs des années 1950-1980. Au cours des décennies ultérieures, elle a fait l'objet de diverses remises en question, reformulations et adaptations par les théoriciens néoréalistes.

Les précurseurs du réalisme

Plusieurs spécialistes soutiennent que le philosophe grec THUCYDIDE (471-400 av. J.-C.) est le premier précurseur de la tradition réaliste et de l'analyse des relations internationales[13]. Son célèbre ouvrage *Histoire de la guerre du Péloponnèse*, en effet, n'est pas uniquement une chronique de la guerre qui a opposé Athènes et Sparte pendant 28 ans, mais une analyse des fondements de la puissance militaire et politique de ces deux États et des causes de leurs comportements agressifs l'un vis-à-vis de l'autre, analyse basée sur une observation minutieuse des évènements et la réalisation d'entrevues avec les protagonistes. La principale conclusion de son enquête est que la guerre est le résultat de la peur et d'un changement dans l'équilibre des puissances. Sparte a attaqué Athènes parce qu'elle craignait de perdre sa suprématie sur le Péloponnèse. Dans un premier temps, Athènes a riposté pour se défendre, mais la dégénérescence de ses institutions démocratiques l'ont amenée à devenir de plus en plus fanatique et agressive, l'incitant à poursuivre la guerre contre Sparte dans le but d'usurper à cette dernière sa position hégémonique. Deux enseignements fondamentaux de l'œuvre de Thucydide ont été

---

12. Viotti et Kauppi, *International Relations Theory*, 55-56.
13. *Ibid.*, 57 ; Michael Doyle, « Thucydides : A Realist ? » *in* Richard Ned Lebow et Barry S. Strauss (dir.), *Hegemonic Rivalry : From Hegemony to the Nuclear Age* (Boulder, CO : Westview Press, 1991), 169-188.

retenus par les réalistes. Premièrement, chaque État cherche nécessairement à défendre ou à maximiser sa puissance militaire et politique, ce
qui crée des conditions favorables à la guerre. Deuxièmement, la guerre
est plus probable entre États autoritaires qu'entre États démocratiques
puisque les seconds sont moins impérialistes que les premiers.

Les deux philosophes les plus souvent cités comme fondateurs du
réalisme demeurent néanmoins l'Italien Nicolas **MACHIAVEL** (1469-1527)
et l'Anglais Thomas **HOBBES** (1588-1679). Machiavel est un contemporain
de la Renaissance, marquée par la rupture de l'ordre juridique et moral
de la chrétienté et le développement des premiers États-nations monar-
chiques qui ne reconnaissent aucune autorité supérieure à la leur,
n'acceptent de se plier à aucune règle commune et qui, exclusivement
préoccupés par le désir d'accroître leur influence, vivent dans un climat
permanent d'hostilité et de rivalité. C'est la loi de la jungle qui régit les
rapports interétatiques, le plus fort imposant sa volonté au plus faible.
Hobbes est le témoin de la répression sanglante des rébellions irlandaise
et écossaise et de l'instauration de la première république anglaise, sous
l'égide du dictateur Oliver Cromwell (1648-1658), évènements qui le
terroriseront et l'amèneront à s'exiler en France. Ces contextes histori-
ques ne sont pas étrangers à la vision pessimiste de la nature humaine et
des rapports interétatiques de Machiavel et Hobbes. Ces derniers croient,
sur la base de leur observation personnelle et nécessairement partielle de
la réalité de leur époque, que les hommes sont animés d'un instinct inné
de puissance et de domination qui les porte à rivaliser entre eux pour
l'acquisition de la richesse, du pouvoir, du prestige, etc. Cette lutte se
traduit inévitablement par la victoire de ceux qui, en raison des attributs
de leur naissance (force physique, capacités intellectuelles, milieu familial
plus favorisé) ou des chances que leur a procurées l'existence, possèdent
des ressources supérieures aux autres. La nature et la conduite des États
ne diffèrent pas de celles des hommes qui les dirigent. Les États sont
animés d'une volonté de puissance ou de conquête qui les incite à rivaliser constamment entre eux. Dans la mesure où les États sont inégaux,
certains étant avantagés par la distribution naturelle inégale des ressources géographiques, économiques, démographiques et autres ou plus aptes
à utiliser efficacement la force (militaire) et la ruse (diplomatique), cette
rivalité conduit à la domination des plus faibles par les plus forts.

C'est dans *Le Prince* (1513), petit opuscule dédié à Laurent de Médicis, maître de la Cité-État de Florence, que Machiavel a exposé le plus clairement sa vision des relations internationales. Celle-ci est dénuée de toute préoccupation religieuse et morale et consacrée essentiellement au triomphe du plus fort qui est, selon lui, « le fait essentiel de l'histoire humaine ». Pour Machiavel, le désir d'acquérir « est une chose ordinaire et naturelle » et tout État doit s'efforcer d'étendre ses possessions. Cette fin justifie l'emploi de tous les moyens. Pour agrandir son territoire et conserver ses conquêtes, le Prince doit s'inspirer de la ruse du renard (la diplomatie) et de la force du lion (la puissance militaire). L'infidélité aux engagements pris n'est qu'une nécessité pratique.

> Un prince doit savoir combattre en homme et en bête. Un prince doit se faire une réputation de bonté, de clémence, de pitié, de loyauté et de justice. Il doit d'ailleurs avoir toutes ces bonnes qualités, mais rester maître de soi pour en déployer de contraires, lorsque cela est expédient. Je pose en fait qu'un prince, et surtout un prince nouveau, ne peut exercer impunément toutes les vertus de l'homme moyen parce que l'intérêt de sa conservation l'oblige souvent à violer les lois de l'humanité, de la loyauté… (*Le Prince*, chapitre VIII).

Machiavel conçoit les États comme des monstres froids qui n'ont ni amis, ni ennemis, uniquement des intérêts nationaux à défendre. Cette aspiration naturelle à la souveraineté est la noble cause qui justifie l'emploi de tous les moyens pour sauvegarder et agrandir la puissance d'un État. Mais elle est également la cause des rivalités et des conflits inévitables et permanents entre les États.

Hobbes approfondira la pensée de Machiavel en montrant, dans *Le Léviathan* (1651), qu'il existe une opposition radicale entre la société internationale et les sociétés nationales. Dans celles-ci, en l'absence d'un pouvoir organisé, les hommes vivent dans une situation d'anarchie où chacun est un concurrent avide de puissance et voit son droit le plus fondamental, le droit à la vie, constamment menacé. Les hommes peuvent toutefois sortir de cet état naturel de guerre et entrer en société en concluant collectivement un « pacte » ou un « contrat social » avec un Prince ou une Assemblée, par lequel ils renoncent à leurs droits et libertés en échange de la protection de leur vie ou de leur sécurité. Cependant, un tel contrat social n'est pas possible entre les États puisqu'il impliquerait que ces derniers renoncent à leur souveraineté, qui est le fondement de leur existence, au profit d'une autorité supranationale unique. La société internationale est donc condamnée à demeurer anarchique et caractérisée par la méfiance et la force plutôt que par la confiance, l'ordre et la paix.

> À tout moment, les rois et les personnes qui détiennent l'autorité souveraine sont à cause de leur indépendance dans une continuelle suspicion et dans la situation et la posture des gladiateurs, leurs armes pointées, les yeux de chacun fixés sur les autres. Je veux parler ici des forts, des garnisons, des canons qu'ils ont aux frontières de leurs royaumes, et des espions qu'ils entretiennent continuellement chez leurs voisins, toutes choses qui constituent une attitude de guerre (*Le Léviathan*, chapitre XIII).

Comme le soulignent à juste titre Viotti et Kauppi[14], la vision des relations internationales de Machiavel et Hobbes est cynique et pessimiste parce qu'elle tient compte uniquement des relations diplomatico-stratégiques des États, essentiellement caractérisées par la guerre — latente ou ouverte — à leur époque. Les précurseurs du réalisme qui ont envisagé les relations internationales du point de vue économique aboutissent à une conclusion plus optimiste. Tel est le cas de Hugo **GROTIUS** (1583-1645), diplomate, juriste et historien hollandais contemporain de Hobbes. Étant donné l'importance de la navigation et du commerce pour les Pays-Bas au tournant du XVIIᵉ siècle, Grotius plaide en faveur de la négociation de traités et de conventions internationales destinées à assurer la paix et à garantir la liberté de la navigation et des échanges. Dans son plus célèbre ouvrage, *De jure belli ac pacis*, Grotius soutient que la guerre ne peut être la seule forme des rapports entre États puisque la puissance de ces derniers ne repose pas uniquement sur la sauvegarde et l'agrandissement de leurs territoires; elle dépend également de leur prospérité économique, elle-même liée au dynamisme de leur commerce avec les autres États. Grotius est un des premiers auteurs à avoir défendu la thèse selon laquelle le développement du commerce est un facteur de pacification et de réglementation des relations internationales. Dans la mesure où cette thèse a été reprise par les libéraux, il est souvent considéré comme un précurseur du libéralisme autant que du réalisme. Pourtant,

---

14. Viotti et Kauppi, *International Relations Theory*, 61.

alors que les libéraux croient que l'extension du droit international mènera à la création d'institutions supranationales et à l'instauration d'une paix universelle durable, Grotius envisage les ententes juridiques entre États comme une conséquence de l'absence d'autorité centrale au sein de la société internationale et un facteur susceptible de limiter mais non d'éliminer le recours à la force.

Parmi les auteurs qui ont contribué à établir les fondements de la théorie réaliste, il faut également mentionner Karl von CLAUSEWITZ (1780-1831). Dans son ouvrage *De la guerre*, ce dernier a apporté une contribution centrale à l'explication de la stratégie militaire en montrant que toutes les décisions prises sur un champ de bataille sont caractérisées par l'incertitude. L'issue de toute guerre est imprévisible, car aucune planification rationnelle des opérations militaires ne peut prévoir tous les obstacles qui sont susceptibles d'entraver ou de faire échouer le déroulement de ces opérations. L'influence de l'œuvre de Clausewitz ne tient pas uniquement, cependant, au fait qu'il a conceptualisé la notion d'incertitude qui deviendra, au xxe siècle, un des éléments centraux de la théorie réaliste de l'acteur rationnel. Il a également montré que la guerre est la continuation de la politique par d'autres moyens et que son issue repose, non seulement sur les capacités militaires d'un État, mais sur ses ressources sociales et économiques[15]. Enfin, il a soutenu que la finalité ultime d'une guerre est la paix.

Les réalistes du xxe siècle[16]

Compte tenu du fait que le réalisme a constitué le cadre d'analyse dominant des relations internationales au xxe siècle, notamment dans les pays anglo-saxons, une multitude d'auteurs ont contribué à son approfondissement et à sa systématisation. Il est évidemment impossible de recenser ici tous leurs travaux. Nous nous attarderons sur trois auteurs qui ont eu une influence particulièrement déterminante.

Hans J. MORGENTHAU est considéré par plusieurs comme le principal successeur contemporain de Machiavel et Hobbes en raison de sa contri-

---

15. Cette thèse est illustrée de façon magistrale par Paul Kennedy dans *The Rise and Fall of the Great Powers* (New York: Vintage Books, 1987).

16. Cette section et la suivante sont largement inspirées de Viotti et Kauppi, *International Relations Theory*, chap. 2.

bution majeure à la conceptualisation et à la systématisation de la pensée réaliste classique[17]. Dans son ouvrage le plus célèbre, *Politics among Nations. The Struggle for Power and Peace*[18], il définit ainsi cette théorie :

> [Le réalisme] croit que le monde, tout imparfait qu'il est d'un point de vue rationnel, est le résultat de forces inhérentes à la nature humaine. Pour rendre le monde meilleur, on doit agir avec ces forces et non contre elles. Ce monde étant par inhérence un monde d'intérêts opposés et de conflits entre ceux-ci, les principes moraux ne peuvent jamais être entièrement réalisés, mais doivent au mieux être approchés à travers l'équilibrage toujours provisoire des intérêts et le règlement toujours précaire des conflits [...][19].

Le réalisme politique, selon Morgenthau, est basé sur six principes fondamentaux. 1) La politique, comme la société en général, est gouvernée par des lois objectives qui ont leurs racines dans la nature humaine. Il est donc possible de développer une théorie rationnelle qui reflète au moins partiellement ces lois objectives. Il est également possible d'établir une distinction entre ce qui est vrai, objectivement et rationnellement — c'est-à-dire soutenu par l'évidence et éclairé par la raison — et l'opinion. 2) La loi objective fondamentale qui gouverne les relations internationales est le fait que les États agissent toujours dans le but de défendre leur intérêt ou leur puissance politique, qui est indépendante de l'économie, de l'éthique, de l'esthétique ou de la religion, bien qu'ils prétendent souvent, sincèrement ou hypocritement, agir au nom de motivations morales, humanistes et autres. 3) La puissance politique d'un État peut inclure toute chose qui établit et maintient le contrôle de l'homme sur l'homme. Les conditions dans lesquelles s'exerce la politique étrangère peuvent varier mais non la finalité de cette dernière. 4) Le réaliste est conscient de l'inéluctable tension entre l'impératif moral et les exigences de l'action politique mais il considère le respect de ces dernières comme la vertu suprême en politique. 5) Le réaliste refuse d'identifier les aspirations morales particulières d'un État avec la morale universelle. Si un État défend son intérêt politique tout en respectant celui des autres États,

---

17. Pour d'autres, le principal instigateur du réalisme au xxᵉ siècle est le théologien protestant américain Reinhold Niebuhr (1892-1971) qui a notamment publié *Christian Realism and Political Problems* (1954).

18. Hans J. Morgenthau, *Politics among Nations. The Struggle for Power and Peace* (New York: Alfred A. Knopf, 1950).

19. Cité dans Braillard, *Théories des relations internationales*, 85.

il rend justice à tous. 6) Le réaliste croit à l'autonomie de la sphère politique bien qu'il reconnaisse l'importance d'autres sphères et la pertinence d'autres modes de pensée. Le réalisme repose sur une vision pluraliste de la nature humaine mais il croit que pour saisir la dimension politique de cette dernière, il faut l'aborder dans ses propres termes[20].

Edward Hallett **Carr** a également apporté une contribution majeure au développement de la pensée des précurseurs du réalisme. Dans son œuvre jugée la plus importante, *The Twenty Years' Crisis 1919-1939*[21], il se demande pourquoi la paix établie par le traité de Versailles (1919) n'a duré que 20 ans. La réponse, dit-il, se trouve chez Thucydide, Machiavel et Hobbes. La Première Guerre mondiale (1914-1918) a été déclenchée par les puissances européennes (Autriche-Hongrie, Allemagne) qui craignaient un affaiblissement de leur position au profit d'autres puissances rivales (Russie, France, Grande-Bretagne). Au départ, les États victimes d'agression ont riposté pour protéger leur sécurité, mais progressivement, ils sont devenus de plus en plus belliqueux et ont cherché à poursuivre la guerre dans le but d'affaiblir leurs ennemis et de réaliser de nouvelles conquêtes. À la suite de leur victoire, ils ont imposé à l'Allemagne vaincue de très lourdes réparations, inspirées d'un esprit revanchard plutôt que rationnel ou réaliste, ce qui a contribué à alimenter le ressentiment, le réarmement et une nouvelle agression de l'Allemagne en 1939. Carr rejoint Morgenthau — et l'économiste anglais John Maynard Keynes[22] — lorsqu'il conclut que si les puissances victorieuses de la Première Guerre mondiale avaient adopté une attitude réaliste et approuvé des traités qui défendaient leurs intérêts tout en respectant ceux des puissances vaincues, la Deuxième Guerre mondiale n'aurait pas eu lieu.

Hedley **Bull**, autre auteur britannique, a pour sa part approfondi l'analyse de la nature anarchique des relations internationales. Dans *The Anarchical Society. A Study of Order in World Politics*[23], il soutient que la société internationale est anarchique parce que les États souverains qui

20. *Ibid.*, 82-96.

21. Edward H. Carr, *The Twenty Years' Crisis 1919-1939* (New York : Harper and Row, 1964).

22. John Maynard Keynes, qui a participé à la négociation du traité de Versailles à titre de conseiller du premier ministre britannique Lloyd George, tire cette conclusion dans *Les conséquences économiques de la paix* (Paris : Gallimard, 1921).

23. Hedley Bull, *The Anarchical Society. A Study of Order in World Politics* (New York : Columbia University Press, 1977).

la composent sont entièrement libres d'agir selon leurs intérêts égoïstes, n'étant soumis à aucune autorité supérieure. La société internationale n'est pas pour autant désordonnée et chaotique. Il existe un ordre international émanant des États : ce sont les rapports de force et les règles coutumières de comportement qu'établissent les dirigeants politiques et les normes morales communes auxquelles ils adhèrent. L'analyse de Bull a une dimension pluraliste car elle combine les idées réalistes classiques de Machiavel et Hobbes sur la puissance, les thèses réalistes hétérodoxes de Grotius sur les fondements du droit international et les aspirations du philosophe libéral Emmanuel Kant relativement à l'instauration d'un ordre international fondé sur des normes morales universelles. En ce sens, elle s'inscrit dans la mouvance du néoréalisme. En effet, comme nous le verrons plus loin, ce qui distingue fondamentalement le néoréalisme du réalisme classique ce sont ses emprunts à d'autres courants de pensée et plus spécifiquement au libéralisme.

Principaux concepts du réalisme

Pour la très grande majorité des réalistes classiques, les relations internationales sont strictement les rapports diplomatiques et stratégiques qu'entretiennent entre eux les États souverains à l'extérieur des organisations internationales. Ces rapports sont nécessairement caractérisés par la rivalité, d'une part, parce que chaque État vise naturellement et constamment à défendre et à accroître sa puissance politique et militaire ; d'autre part, parce que la puissance est inégalement répartie au sein de la société internationale ; enfin parce qu'il est impensable que les États acceptent de se soumettre à une autorité centrale qui les obligerait à coopérer entre eux. C'est uniquement pour cette dernière raison que la société internationale est anarchique, et non pas parce qu'elle est entièrement dépourvue d'ordre et livrée totalement à la violence. Les États souverains adhèrent librement et volontairement à des ententes et à des règles qui maintiennent la dynamique des conflits interétatiques dans un cadre pacifique. Toutefois, l'instauration d'une paix perpétuelle est inimaginable en raison de la souveraineté, des ambitions, des inégalités et de la méfiance mutuelle des États qui les placent dans un dilemme de sécurité[24].

24. Voir John H. Herz, « Idealist Internationalism and Security Dilemma », *World Politics*, 5, 2 (janvier 1950), 157-180.

Le recours à la force est inévitable, mais il n'est pas souhaitable et peut être limité. La guerre n'est pas désirable parce que, bien qu'elle permette de redistribuer la puissance et d'instaurer une rotation de la suprématie entre les États, ses coûts sont souvent plus élevés que ses bénéfices. Les affrontements armés peuvent être évités pendant des périodes de temps plus ou moins longues grâce à deux comportements : l'adoption de politiques défensives, isolationnistes ou neutralistes ou l'instauration d'un équilibre des puissances par la conclusion d'alliances stratégiques.

> La première solution (à la guerre) qui vient à l'esprit (des réalistes) consiste à rechercher entre les forces en présence un équilibre qui fasse obstacle à la domination des plus puissants et qui diminue les risques d'affrontements armés. Pour parvenir à cet état d'équilibre [...], les États sont incités non seulement à modérer leurs ambitions mais aussi à conclure entre eux les alliances nécessaires[25].

Selon Thucydide et ses successeurs, c'est lorsqu'un État croit que sa suprématie est menacée par un autre État qu'il lui déclare la guerre. Les États concluent donc des alliances pour dissuader une grande puissance de les attaquer. Ainsi, la Quadruple-Alliance, conclue en 1815 par l'Autriche, l'Angleterre, la Russie et la Prusse, visait à contrer les visées expansionnistes et républicaines de la France napoléonienne. De telles alliances favorisent la paix dans la mesure où elles créent un nouvel équilibre de la puissance. Cette paix est toutefois relative, puisque les effets d'une alliance sont circonscrits à un nombre restreint d'États et qu'ils sont temporaires, une alliance ne durant que le temps où les États signataires ont un intérêt commun à y adhérer. La Quadruple-Alliance permit de vaincre Napoléon et de maintenir la paix entre l'Autriche, l'Angleterre, la Russie et la Prusse pendant trente ans (1815-1848). Elle fut ensuite dissoute en raison, notamment, de la reprise des hostilités entre la Prusse et l'Autriche.

Une question a donné lieu à de nombreux débats chez les réalistes classiques : quelles sont les conditions d'établissement d'une alliance stratégique ? Selon Henry **Kissinger**, les alliances stratégiques résultent essentiellement de la volonté des États, mais elles ne peuvent exister qu'entre États dont les systèmes économiques, politiques et idéologiques

---

25. Marcel Merle, *Sociologie des relations internationales* (Paris: Dalloz, 1982), 68.

sont similaires ou convergents. Durant la période la plus dure de la guerre froide (1947-1956/1960), Kissinger soutiendra qu'aucune alliance n'est envisageable entre les États-Unis et l'Union des républiques socialistes soviétiques (URSS) en raison du caractère antagonique de leurs systèmes économiques et politico-idéologiques. La dissuasion nucléaire ou l'équilibre de la terreur lui apparaîtra, ainsi qu'à un très grand nombre d'autres réalistes comme Raymond **ARON**, la seule alternative susceptible de maintenir la paix entre les deux superpuissances. Durant la période de détente ou de dégel qui suivra le xxᵉ Congrès du Parti communiste de l'Union soviétique (PCUS), en 1956, congrès marqué par la révision des principes du marxisme-léninisme, la dénonciation du stalinisme et l'adoption d'une nouvelle politique étrangère fondée sur la coexistence pacifique avec l'Ouest, Kissinger concluera, à l'instar de Aron[26], que les systèmes communiste et capitaliste étant désormais convergents, il est possible d'envisager une alliance stratégique entre les deux superpuissances. Il sera, à titre de secrétaire d'État du président Richard Nixon, le principal négociateur des Strategic Arms Limitation Talks (SALT) entre les États-Unis et l'Union soviétique[27]. Le contenu des accords SALT I et II illustre clairement les principes inhérents aux alliances stratégiques conclues volontairement par des États dont les systèmes économiques et politiques sont convergents : la confiance mutuelle, assurée par la possibilité pour chaque membre d'être informé sur l'évolution et la modernisation des armements des autres membres et la volonté commune des

26. Voir Henry Kissinger, *Pour une nouvelle politique étrangère américaine* (Paris : Fayard, 1970) et *Le chemin de la paix* (Paris : Denoël, 1972) ; Raymond Aron, *Paix et guerre entre les nations* (Paris : Calmann-Lévy, 1984).

27. Les accords SALT I, adoptés en 1972, limitaient à deux le nombre de systèmes de missiles antibalistiques que pouvait posséder chacune des deux superpuissances. Les accords SALT II, signés à Vienne en 1979, prévoyaient : (1) un gel permanent des forces offensives stratégiques ; (2) un contrôle mutuel des arsenaux d'armes offensives ; (3) une réduction mutuelle des forces stratégiques. Bien qu'ils ne furent jamais ratifié par le Congrès américain, l'URSS et les États-Unis acceptèrent informellement d'être liés par ces accords que le président Ronald Reagan convertit en Strategic Arms Reduction Treaty (START II) durant les années 1980. START III, entré pleinement en vigueur en 2001, limite l'arsenal nucléaire respectif de la Russie et des États-Unis à 6 000 missiles à tête nucléaire et à 1 600 sous-marins et bombardiers balistiques. Compte tenu que cet accord a expiré le 5 décembre 2009, la négociation de START IV a été amorcée en mai 2009. Les présidents Medvedev et Obama souhaitent, entre autres, limiter à 1 000 ou 1 500 le nombre de missiles nucléaires détenus par chacun de leurs pays.

partenaires de parvenir à un équilibre de leurs forces militaires. Ce principe, qui relève du contrôle des armements, n'est pas incompatible avec la course aux armements, *i.e.* la possibilité pour les membres d'une alliance d'améliorer l'efficacité de leurs armements.

Le libéralisme

Comme le souligne André Liebich, «le terme libéral vient du mot latin *liber* c'est-à-dire libre... mais cette première constatation ne donne qu'un aperçu partiel du libéralisme. Liberté de quoi et liberté pour quoi?[28]». Au début, aux XVIe et XVIIe siècles, les penseurs et les partisans européens du libéralisme veulent se libérer des contraintes imposées par les sociétés de leur époque. La première liberté qu'ils recherchent est celle de croire dans la religion de leur choix, de suivre leur propre conscience et leur propre raison. Cette liberté implique la liberté d'expression et la liberté de militer en faveur de ses idées, donc de s'organiser sans crainte de représailles. Dans la mesure où ces revendications se heurtent au despotisme politique des monarchies absolutistes, instigatrices des premiers États-nations centralisés de la fin du Moyen Âge, le libéralisme deviendra un mouvement de lutte en faveur de l'instauration d'un régime politique qui place les libertés individuelles au-dessus de tout : la démocratie. C'est en faisant de l'individu la seule unité d'analyse possible, la principale unité de valeur que le libéralisme acquiert un caractère révolutionnaire ou radicalement nouveau par rapport aux idées des époques antérieures de l'histoire et notamment par rapport au réalisme pour lequel les intérêts de l'État priment sur ceux des individus.

Les libéraux imaginent l'état de nature antérieur aux sociétés organisées, non pas comme une jungle où l'homme est un loup pour l'homme, à l'instar de Hobbes, mais comme un état dans lequel les hommes vivent libres, dans une égalité et une harmonie relative. La conception libérale de l'état de nature n'est pas déduite d'une observation de la réalité existante, comme chez les réalistes ; elle est une construction de l'esprit — le mythe du bon sauvage de Jean-Jacques Rousseau — destinée à légitimer les revendications en faveur du respect des droits naturels de l'homme.

28. André Liebich, *Le libéralisme classique* (Québec: Presses de l'Université du Québec, 1985), 13-29. La présente section est largement inspirée de l'introduction de cet ouvrage.

Les droits naturels sont les droits que chaque individu réclame simplement en tant qu'être humain. La définition de ces droits varie : on évoque le droit à la vie, à la liberté, à la sécurité, à la propriété ; les droits naturels ont ceci de commun qu'ils sont inaliénables ou non négociables. La notion de loi naturelle est reliée de très près à celle de droit naturel. La loi naturelle consiste en des préceptes qui sont obligatoires pour toute l'humanité. Elle est parfois conçue de façon descriptive ; pour les économistes libéraux, les lois de fonctionnement du marché sont des lois naturelles. Mais la loi naturelle est surtout prescriptive. Chez Hobbes, elle oblige les hommes à préserver leur propre vie, à chercher la paix si c'est possible et à faire la guerre si c'est nécessaire. Chez Locke, elle impose aux hommes l'obligation non seulement de préserver leur propre vie, mais de concourir à la préservation de la vie des autres, à leur porter secours[29].

Pour le libéral, l'individu est autonome, séculaire et rationnel. C'est surtout un être doté de droits naturels qui ne connaît pas d'unité de valeur supérieure à lui-même et dont la raison s'exerce par le calcul de ses intérêts propres. Comment peut-il dans ces conditions vivre en harmonie avec ses semblables ? C'est que, répond Adam Smith, pour satisfaire ses intérêts et ses besoins personnels chaque individu a besoin des autres et qu'au fur et à mesure qu'il satisfait ses intérêts, il satisfait inconsciemment les intérêts des autres et de l'ensemble. La société est possible en tant que somme des intérêts individuels égoïstes car « les relations sociales se fondent sur l'échange des biens, matériels comme symboliques, possédés par les uns et réclamés par les autres[30] ». Pour que chacun trouve son compte dans l'échange, il faut cependant que l'État garantisse par des lois le respect des libertés individuelles et l'existence de conditions égales de concurrence pour tous. C'est uniquement en ce sens que la Loi incarne l'Intérêt général ou la Raison. Seul un État démocratique dont les législateurs sont élus et dépositaires de la volonté populaire est en mesure de jouer ce rôle. Les libéraux admettent cependant que certains citoyens peuvent contrevenir aux lois et menacer la sécurité, la propriété et les libertés des autres citoyens. L'État doit donc disposer d'un pouvoir non seulement législatif (parlement) et exécutif

29. *Ibid.*, 17.
30. *Ibid.*, 18.

(gouvernement) mais judiciaire (tribunaux) et répressif (armée, police). Une conclusion évidente se dégage de ces énoncés de principes : le seul modèle de société qui est capable de donner corps ou substance aux droits et aux lois naturelles est celui qui conjugue un système économique capitaliste et un régime politique démocratique.

C'est la transposition de ces deux systèmes au plan mondial qui assurera, selon les libéraux, l'instauration d'une paix universelle durable. Si les réalistes sont convaincus que les États ne renonceront jamais complètement et définitivement à leur souveraineté pour se soumettre au droit international ou à une autorité supranationale, les libéraux pensent qu'un tel renoncement est possible si les États sont démocratiques, ce qui implique qu'ils accordent la primauté aux droits individuels plutôt qu'aux droits collectifs de la nation, et s'ils sont interdépendants et relativement égaux au plan économique en raison du développement des échanges commerciaux.

Les précurseurs du libéralisme

Les précurseurs du libéralisme, bien qu'influencés par les idées de certains philosophes grecs, dont Platon (428-348 av. J.-C.) et Aristote (384-322 av. J.-C.), sont essentiellement des auteurs ouest-européens et américains, philosophes, économistes, financiers, juristes, médecins et hommes politiques des XVIIᵉ, XVIIIᵉ et XIXᵉ siècles, notamment : les Allemands Gottfried Wilhelm **LEIBNIZ** (1646-1716), Emmanuel **KANT** (1724-1804) et Johann Gottlieb **FICHTE** (1762-1814) ; le Hollandais Baruch **SPINOZA** (1632-1677) ; les Français Charles de **MONTESQUIEU** (1689-1755), Denis **DIDEROT** (1713-1784), Jean-Baptiste **SAY** (1767-1832) et Alexis **DE TOCQUEVILLE** (1805-1859) ; le Suisse Jean-Jacques **ROUSSEAU** (1712-1778) ; les Anglais John **LOCKE** (1632-1704), David **HUME** (1711-1776), Adam **SMITH** (1723-1790), David **RICARDO** (1772-1823) et Jeremy **BENTHAM** (1748-1832) ; les Américains Benjamin **FRANKLIN** (1706-1790) et Thomas **PAINE** (1737-1809). Dès ses origines, le libéralisme a emprunté plusieurs formes doctrinales et promu diverses conceptions (idéaliste, aristocratique, libertaire, utilitariste) de la démocratie. Nous nous concentrerons ici sur les thèses des libéraux anglais qui ont largement influencé l'élaboration des constitutions démocratiques dans plusieurs pays d'Europe et aux États-Unis.

John Locke dans son *Deuxième traité sur le gouvernement civil* (1689) et David Hume dans son *Traité de la nature humaine* (1737) insistent sur la primauté des droits naturels individuels, dans les domaines politique et économique, et la nécessité de limiter le rôle de l'État à la création et au maintien de conditions économiques, sociales et politiques propices aux échanges entre individus, le marché étant le lieu essentiel de réalisation des aspirations individuelles au bien-être et au bonheur. David Ricardo dans ses *Principes d'économie politique* (1817) et Adam Smith dans ses *Recherches sur la nature et les causes de la richesse des Nations* (1776) mettent l'emphase sur le rôle de l'entrepreneur qui doit être soumis au minimum de contraintes par l'État. Quant à l'utilitariste Jeremy Bentham, il a systématisé la thèse selon laquelle les individus sont des êtres rationnels, qui cherchent à maximiser leurs plaisirs — dont la richesse est un élément crucial — et qui sont capables de calculer par eux-mêmes ce qui est moralement bon ou mauvais pour eux, sans intervention de l'État ou de l'Église[31]. L'État minimal — à l'opposé de l'État totalitaire de Hobbes — est nécessaire et possible pour les libéraux parce que les intérêts des individus sont compatibles et non antagoniques. La concurrence au sein du marché améliore le bien-être matériel général et la compétition des idées engendre une augmentation du bon sens (raison) politique.

Les libéraux admettent que la société internationale est constituée d'États indépendants qui rivalisent pour la défense de leurs intérêts propres, comme les individus compétitionnent au sein de chaque société afin de satisfaire leurs besoins et leurs désirs. Cependant, les relations internationales peuvent être civilisées et pacifiées au même titre que les relations interpersonnelles si elles sont fondées sur le capitalisme, le droit et la démocratie. Le développement des économies de marché oblige les États à commercer entre eux, donc à conclure des ententes qui favorisent la coopération ou la solution pacifique des conflits. La démocratie, qui est le système politique le plus propice à l'expression de la liberté, diminue les risques d'affrontements internationaux en soumettant les dirigeants politiques au pouvoir des citoyens, dont l'intérêt premier est la préservation

---

31. Les principales œuvres de Jeremy Bentham sont *Introduction aux principes de la morale et de la législation* (1789), *Traité des peines et des récompenses* (1811) et *Déontologie* (1834).

de leur vie. Selon les philosophes idéalistes comme Emmanuel Kant et Friedrich **HEGEL** (1770-1831), le recours à la force est l'apanage des États autoritaires nationalistes qui sont mûs par une volonté instinctive de puissance, plutôt que par la Raison ou l'Intérêt général. C'est le développement des connaissances ou du Savoir qui permettra à la Raison, incarnée par la démocratie, de triompher des passions guerrières. L'instauration de la démocratie à l'échelle mondiale signifiera la fin de l'Histoire (des contradictions et des guerres) et l'avènement d'une paix universelle durable. Contrairement à une idée répandue, rares sont toutefois les libéraux classiques qui ont soutenu que l'internationalisation de la démocratie conduirait à la fin de l'anarchie, *i.e.* à la création d'un gouvernement mondial capable d'imposer son autorité aux États souverains.

Les libéraux du XXᵉ siècle

Les continuateurs de la pensée libérale classique au XXᵉ siècle sont peu nombreux. Parmi eux, on peut mentionner les présidents américains Thomas **WOODROW WILSON** (1856-1924) et Franklin Delano **ROOSEVELT** (1882-1945) qui ont innové en prônant la création d'organisations internationales vouées au maintien de la paix — la Société des Nations (SDN), après la Première Guerre mondiale, l'Organisation des Nations Unies (ONU) et la Communauté européenne (CE), après la Deuxième Guerre mondiale[32]. Selon Colard, c'est chez les spécialistes du droit international qu'on retrouve les principaux défenseurs du libéralisme classique au XXᵉ siècle[33]. Chez les juristes positivistes, la société internationale est présentée comme une juxtaposition d'États souverains et égaux, le droit international public étant conçu comme un « droit interétatique » qui repose sur les relations contractuelles librement négociées par les personnes morales que sont les États. Les juristes objectivistes, quant à eux, sont opposés à la souveraineté des États et soutiennent que la société internationale est une société d'individus et de groupements d'individus. Ainsi, Georges **SCELLE**, dans son *Précis de droit des gens* (1932), part de l'idée que les rapports internationaux ne s'établissent qu'entre les personnes qui sont liées les unes aux autres par des liens de solidarité. Les

---

32. Pour une analyse de la pensée libérale de Woodrow Wilson, voir Félix Gilbert, « "New Diplomacy" of the Eighteenth Century », *World Politics*, 4 (octobre 1951), 1-38.
33. Colard, *Les relations internationales*, 31-32.

rapports interpersonnels doivent se substituer aux rapports interétatiques. Le droit est un produit de la vie sociale. Il n'y a pas de différence de nature entre la société internationale et la société nationale. Dans les deux cas, l'individu occupe la première place. Selon cet auteur, un minimum d'ordre règne déjà dans le milieu international. Les gouvernements agissent tantôt pour le compte de l'État, tantôt pour l'ensemble de la Communauté internationale. Parfois la collaboration et la coopération des États débouchent sur un véritable gouvernement international comme dans le cas du Concert européen au xixᵉ siècle. On peut également considérer que les théoriciens de la paix démocratique, comme Bruce RUSSETT et Michael DOYLE[34], s'inscrivent dans la tradition libérale classique, bien que leur propos s'inspire également de Thucydide. Ces auteurs soutiennent, à l'instar de l'historien grec, que les démocraties ne se font pas la guerre. Ils entérinent donc l'idée que la mondialisation de la démocratie engendrera une ère de paix.

Principaux concepts du libéralisme

Les libéraux classiques ont une conception des relations internationales plus large que celle de la majorité des réalistes. Ils associent ces dernières non seulement aux rapports diplomatiques et stratégiques mais aux échanges économiques et commerciaux des États[35]. Tout en reconnaissant que les relations internationales sont fondées sur la compétition, ils soutiennent que cette dernière peut être pacifique si les États sont démocratiques et interdépendants du point de vue économique. L'extension de la démocratie et l'essor des échanges capitalistes obligent les États à accorder la primauté aux intérêts rationnels de leurs citoyens, centrés sur l'accès au bien-être matériel et au bonheur, plutôt qu'à leur soif de puissance ; par ailleurs, ils renforcent les intérêts communs des nations les incitant à régler leurs différends par des ententes juridiques. C'est grâce aux progrès de la démocratie et du capitalisme que se développent le droit international et les organisations internationales, principaux instruments

---

34. Michael W. Doyle, *Ways of War and Peace: Realism, Liberalism and Socialism* (New York/Londres : W.W. Norton, 1997) ; Bruce Russet, *Grasping the Democratic Peace* (Princeton : Princeton University Press, 1993).

35. Certains réalistes, tels Grotius et Carr, tiennent compte de la dimension économique des relations internationales comme nous l'avons vu précédemment.

de la coopération entre les nations. Les États souverains autoritaires et protectionnistes sont les principaux fauteurs de guerres parce qu'ils agissent de manière égoïste, en fonction de leurs intérêts propres plutôt qu'en fonction des intérêts de la majorité de leurs citoyens. Seules la libéralisation des systèmes économiques et la démocratisation des systèmes politiques permettront de pacifier les relations internationales tout en procurant la liberté et la prospérité aux différents pays.

Le marxisme

Les fondateurs du marxisme

La théorie marxiste tire son nom de son fondateur, l'historien, économiste et philosophe allemand Karl **MARX** (1818-1883). Cette appellation ne rend pas justice à Friedrich **ENGELS** (1820-1895), économiste et homme politique allemand, dont l'œuvre est indissociable de celle de Marx[36]. Si le libéralisme est né en réaction contre le réalisme, le marxisme trouve son origine dans la critique du libéralisme, en particulier celui de la philosophie idéaliste de Friedrich Hegel et de l'économie politique de Smith et Ricardo.

Selon Hegel, c'est le développement du Savoir, la conscience que l'Esprit prend de son existence et de sa liberté, qui est le moteur essentiel de l'Histoire. La progression des connaissances engendre une transformation de la réalité économique, sociale et politique qui à son tour suscite un nouvel avancement des connaissances... jusqu'à la réalisation du Savoir absolu ou de la Raison sous la forme d'une société libre, égalitaire et juste : la Démocratie[37]. La philosophie marxiste, le matérialisme dialectique, soutient *a contrario* que ce sont les transformations des conditions économiques matérielles d'existence qui déterminent l'évolution des rapports politiques, des idées et de la conscience, cette évolution engendrant à son tour de nouvelles métamorphoses des conditions

---

36. Marx lui-même s'est opposé au terme «marxiste» parce que ce dernier servait à désigner plusieurs conceptions divergentes de la sienne. Pour une analyse de la pensée internationale de Marx et Engels, voir notamment Miklos Molnar, *Marx, Engels et la politique internationale* (Paris : Gallimard, 1975).

37. C'est dans ses *Leçons sur la philosophie de l'histoire* et sa *Philosophie du droit* que Hegel a exposé sa théorie de l'histoire et de l'État.

concrètes d'existence… jusqu'à l'avènement d'une société égalitaire et juste : le Communisme[38].

L'analyse de l'évolution des sociétés humaines sur la base du matérialisme dialectique a donné naissance à la théorie marxiste de l'Histoire : le matérialisme historique. Selon cette théorie, développée notamment par Marx dans le premier tome du *Capital* (1867) et Engels dans *L'origine de la famille, de la propriété et de l'État* (1884), depuis l'apparition de la propriété privée et de l'État, toutes les sociétés — esclavagistes, féodales, capitalistes — ont été divisées en classes : la classe dirigeante qui possède les moyens de production de la richesse économique et contrôle l'État ; la classe opprimée, qui produit la richesse par son travail sans exercer de contrôle sur les moyens de production et le pouvoir politique ; et des classes intermédiaires (artisans, commerçants, intellectuels, professionnels, etc.) qui ont un accès limité à la propriété des moyens de production et qui exercent une influence restreinte sur le pouvoir politique. Le passage d'un type de société à un autre survient lorsque le mode de production économique se transforme et qu'il permet l'émergence d'une nouvelle classe de riches qui entre en lutte contre l'ancienne classe dirigeante afin de s'approprier le pouvoir politique et instaurer un nouvel ordre économique et social. C'est donc la lutte des classes qui est le moteur fondamental de l'Histoire. La lutte des classes, selon Marx et Engels, n'est cependant ni une fatalité, ni une caractéristique de la nature humaine : elle n'existait pas avant la naissance de la propriété privée, à l'époque du communisme primitif, et elle disparaîtra avec le remplacement du capitalisme par le communisme.

Les raisons pour lesquelles le capitalisme, dernier mode de production fondé sur la propriété privée de l'Histoire, est inévitablement condamné à être supplanté par le communisme sont expliquées dans plusieurs ouvrages, dont *Travail salarié et capital* (1849), *Contribution à la critique de l'économie politique* (1859) et le premier tome du *Capital*. Smith et Ricardo soutenaient que, dans le cadre du capitalisme, c'est la valeur produite par le travail qui est la source de la richesse. Marx et Engels se démarquent de cette théorie en affirmant que seul le temps de travail du

---

38. Les idées philosophiques de Marx et Engels ont été exposées dans plusieurs ouvrages dont *La critique du droit de la philosophie de Hegel* (1844), *Thèses sur Feuerbach* (1845), *La Sainte Famille* (1845) et *L'idéologie allemande* (1846).

producteur, l'ouvrier ou le prolétaire, est source de valeur. Le profit du capitaliste provient de la plus-value ou du temps de travail de l'ouvrier qui ne lui est pas payé en salaire. Alors que pour Smith et Ricardo la concurrence au sein du marché capitaliste favorise le libre-accès à la propriété privée pour tous et l'enrichissement général de la société, pour Marx et Engels cette concurrence oblige les entreprises à accroître constamment leur taux de plus-value par des stratégies qui provoquent des crises de surproduction et un appauvrissement des classes ouvrières et moyennes. La fabrication d'une quantité de biens supérieure à la demande, la formation de monopoles grâce à la fusion des entreprises et l'augmentation de la productivité par le remplacement du travail manuel par des machines de plus en plus perfectionnées entraînent une crois-sance du chômage, la faillite des petites et moyennes entreprises et des déséquilibres de plus en plus graves entre l'offre et la demande. Afin de contrer la baisse des profits qui résulte des crises cycliques de surproduc-tion, les entreprises élargissent leurs débouchés par la conquête de nouveaux marchés. Toutefois, les lois du capitalisme étant inexorables, ces nouveaux marchés sont avec le temps confrontés aux mêmes straté-gies d'exploitation et à leurs conséquences négatives.

La mondialisation du capitalisme étant une solution temporaire à la baisse tendancielle des taux de profit, elle crée, à long terme, des condi-tions objectives favorables à la révolution socialiste mondiale. Cette révolution ne peut toutefois être victorieuse que si elle est dirigée par le prolétariat, qui est le producteur de la plus-value et la seule classe qui n'a rien à perdre et tout à gagner dans cette révolution puisque, contraire-ment aux autres classes incluant la paysannerie, il est dépossédé de toute propriété. De là le célèbre appel du *Manifeste du Parti communiste*: «Prolétaires de tous les pays unissez-vous!» Dans *La guerre civile en France* (1871), autopsie de l'échec de la Commune de Paris qui fut la première tentative de révolution socialiste de l'histoire, Marx affirme toutefois que cette révolution ne peut triompher que si le prolétariat dispose d'une organisation politique capable de s'emparer de l'État, qui est l'instrument essentiel de défense des intérêts de la bourgeoisie.

Au-delà de ces réflexions, la théorie de Marx et Engels contient fort peu d'enseignements sur la manière de faire la révolution et sur les caractéristiques du régime communiste qui succédera à cette dernière. Seuls quelques écrits, dont *La guerre civile en France*, apportent certaines précisions sur ces questions. À la suite de la révolution prolétarienne, la construction de la société nouvelle s'effectue en deux phases : la phase socialiste, durant laquelle l'État de dictature du prolétariat socialise progressivement tous les moyens de production, élimine les classes sociales et répartit les biens selon le principe « à chacun selon ses moyens, à chacun selon ses besoins » ; et la phase ultérieure du communisme, caractérisée par la disparition définitive des classes et de l'État.

> Le communisme est un paradis. L'histoire s'arrête. Un homme nouveau apparaît. Les contradictions ont disparu. La société est sans classe, fraternelle et unanime. Tous les biens existent en abondance. Chacun reçoit selon ses besoins. Enfin, c'est une société sans appareil répressif et coercitif. La machine étatique a été selon les termes d'Engels « reléguée au musée des antiquités, à côté du rouet et de la hache de bronze »[39].

Les successeurs du marxisme

De toutes les théories, celle de Marx et Engels est sans doute celle qui a donné lieu au plus grand nombre d'interprétations divergentes. Ceci est dû en grande partie au fait que les théoriciens les plus influents du marxisme après Marx ont été les dirigeants des partis et des États communistes et que ces derniers, faute d'enseignements précis des fondateurs sur l'organisation de la révolution et la construction du socialisme, ont élaboré des compléments à la doctrine qui correspondaient à leurs visions, à leurs intérêts, à leurs expériences particulières et aux conditions spécifiques de leur époque. Le présent ouvrage établit une distinction entre ces penseurs, qui prétendent être les véritables successeurs de Marx et Engels, et les intellectuels néomarxistes de la période postérieure à 1945 dont les théories synthétisent les idées d'une ou de plusieurs variantes du marxisme et celles d'autres théories.

Vladimir Ilitch Oulianov Lénine (1870-1924), fondateur du Parti bolchevik, dirigeant de la révolution russe de 1917 et premier chef d'État de l'URSS est, avec Rosa Luxemburg (1870-1919), fondatrice du Parti communiste allemand, le premier auteur à avoir systématisé et adapté aux conditions du xxe siècle la théorie marxiste des relations internationales. Ses deux ouvrages les plus importants sur le sujet sont *L'impérialisme, stade suprême du capitalisme* (1916) et *L'État et la révolution* (1917). Selon

---

39. Colard, *Les relations internationales*, 37.

Lénine, dont les thèses rejoignent largement celles de Luxemburg, le capitalisme est parvenu à son stade ultime — l'impérialisme — en raison de l'accélération sans précédent de la concentration du capital et des moyens de production depuis 1870. Désormais, les économies de chaque pays capitaliste sont contrôlées par des oligopoles financiers, nés de la fusion des grandes entreprises bancaires commerciales et industrielles. Ces oligopoles rivalisent férocement pour le partage du monde. Cette rivalité, qui s'accroît au fur et à mesure qu'augmente le nombre de pays capitalistes participant à la chasse aux territoires et aux ressources encore disponibles, est la cause des crises économiques mondiales et des guerres que se livrent les États à la solde des oligarchies financières nationales. Seule l'élimination de l'impérialisme par une révolution prolétarienne mondiale permettra de rétablir la prospérité économique et la paix. Selon Lénine, la guerre de 1914-1918 est le type même de guerre entre puissances impérialistes rivales. Elle a pour but un nouveau partage du monde, une redistribution des colonies et la création de nouveaux espaces pour le capital financier. C'est cette analyse qui justifiera, en 1917, l'appel du Parti bolchevik en faveur d'une transformation de la guerre impérialiste en révolution socialiste, appel dont l'application sera couronnée de succès en Russie, mais non dans les autres pays, tel l'Allemagne, où les tentatives de révolution communiste de 1918 et 1919 seront écrasées.

L'échec de la révolution socialiste mondiale, dans le contexte de la guerre de 1914-1918, explique que cette thèse ait perdu de son influence par la suite, sauf chez certains leaders révolutionnaires comme Léon Trotski (1879-1940). Le successeur de Lénine à la tête de l'URSS, Joseph **STALINE** (1879-1953), prétendra « qu'il est possible de construire le socialisme dans un seul pays », grâce au renforcement de la dictature du prolétariat et à l'appui des partis communistes des autres pays. Néanmoins, pendant la Deuxième Guerre mondiale, il négociera avec ses alliés, la Grande-Bretagne et les États-Unis, un partage de l'Europe qui permettra à l'URSS d'imposer le communisme aux pays limitrophes de sa frontière occidentale[40]. Nikita **KHROUCHTCHEV** (1894-1971) désavouera le stalinisme et procédera à une révision du marxisme-léninisme. Trois thèses en particulier caractérisent le révisionnisme soviétique, issu du rapport Khrouchtchev présenté en 1956 au XXᵉ Congrès du PCUS : la révolution

---

40. Entente conclue lors des traités de Moscou de 1943 et de Yalta de 1945.

prolétarienne n'est pas nécessaire, le socialisme peut être instauré de manière pacifique, par la voie électorale; la dictature du prolétariat n'est pas une étape incontournable de la construction du socialisme, elle est compatible avec l'existence de certains principes capitalistes; les États communistes doivent développer une politique de coexistence pacifique avec l'Ouest, en raison de la menace nucléaire. Son successeur, Leonid BREJNEV (1908-1982), ajoutera à cette nouvelle politique révisionniste la thèse de «la souveraineté limitée des États socialistes», conçue afin de justifier l'intervention de l'armée rouge soviétique en Tchécoslovaquie, en 1968[41].

Selon celle-ci, le Parti communiste au pouvoir est responsable non seulement devant sa propre classe ouvrière mais aussi devant l'ensemble du mouvement communiste international. En cas de déviation ou de trahison, l'URSS a le devoir d'intervenir pour préserver les acquis du socialisme, étant entendu que Moscou est le seul pays qualifié pour en décider et qu'il est le gardien du système[42].

Youri Andropov et Constantin Tchernenko poursuivront dans la voie idéologique tracée par Khrouchtchev et Brejnev durant leur court séjour au pouvoir (1982-1985). Leur remplaçant, Mikhaïl GORBATCHEV (1931-), abandonnera toutefois le révisionnisme au profit du libéralisme. Il s'engagera dans un processus de réformes caractérisé par la réintroduction des principes de l'économie de marché (*perestroïka*), la démocratisation du système politique (*glasnost*) et la coopération pacifique avec les États-Unis et l'Europe occidentale, réformes qui aboutiront à la disparition du communisme, à la fin de la guerre froide et à l'éclatement de l'URSS (1990-1991).

Les dirigeants de l'URSS ne parviendront jamais à imposer totalement leur vision du marxisme au mouvement et aux régimes communistes au cours de la période postérieure à la Deuxième Guerre mondiale. La contestation de l'autorité idéologique de Moscou sera plus ou moins radicale et elle sera justifiée par des motivations diverses, souvent même

---

41. Cette intervention mit fin au «Printemps de Prague», le mouvement de réformes visant à réintroduire certains principes libéraux capitalistes dans le fonctionnement économique et politique du système socialiste tchèque. Sur la vision internationale des dirigeants soviétiques, voir notamment V. Kubalkova, *Marxism-Leninism and the Theory of International Relations* (Londres/Boston: Routledge/Kegan Paul, 1980).

42. Colard, *Les relations internationales*, 39.

opposées. Ainsi le maréchal Josip Broz dit **TITO** (1882-1990) fera de la Yougoslavie un État indépendant du bloc soviétique, notamment parce que Staline refusait son modèle de socialisme fondé sur l'autogestion plutôt que sur la propriété collective d'État. Les communistes hongrois, sous la direction de Imre **NAGY**, et les communistes tchèques, sous l'influence d'Alexandre **DUBCEK**, tenteront sans succès, en 1956 et 1968, d'instaurer un modèle socialiste plus libéral que celui de l'URSS. L'Albanie de Enver **HOXHA** (1908-1985) et la Chine de **MAO TSÉ-TOUNG** (1893-1976) rompront leurs relations avec Moscou en 1960 pour protester contre le reniement de l'héritage de Staline par Khrouchtchev. Dans les pays du tiers-monde, le mouvement communiste se démarquera à maints égards, tant des idées du marxisme originel que de celles du marxisme révision-niste soviétique. Les mouvements de décolonisation ou de libération nationale, suivis de l'instauration d'un régime socialiste (Chine, Cuba, Vietnam), inciteront leurs leaders —Mao Tsé-toung, **HO CHI MINH** (1890-1969) et Fidel **CASTRO** (1927-) — à soutenir que la révolution socia-liste peut être victorieuse dans des pays qui n'ont pas fait l'expérience du capitalisme et qui ne possèdent pas un prolétariat susceptible de mener une lutte frontale contre la classe dominante, si elle est dirigée par un parti communiste qui s'appuie sur la paysannerie et une stratégie de guérilla rurale. En fait, en Amérique latine, en Afrique et en Asie, les stratégies de lutte révolutionnaire et les expériences socialistes varieront énormément tout en se démarquant de l'expérience soviétique.

La rupture sino-soviétique aura d'importantes répercussions sur l'idéologie et la pratique du mouvement communiste. Elle conduira à des scissions au sein des partis communistes pro-soviétiques et à la création de nouveaux partis marxistes-léninistes se réclamant de la pensée de Staline, Mao Tsé-toung et Enver Hoxha. Dans les faits, la politique de ces partis sera largement inféodée à la politique étrangère de la République populaire de Chine (RPC). Cette politique, dont l'objectif véritable était de permettre à la RPC d'accéder au statut de grande puissance mondiale, cherchera à rassembler dans une vaste coalition contre les deux super-puissances américaine et soviétique les pays dépendants du tiers-monde, les mouvements de libération nationale et les mouvements révolution-naires des pays développés. Le réseau des nouveaux partis marxistes-léninistes ne sera qu'un des instruments de cette politique, les autres étant le soutien de la RPC à plusieurs mouvements de guérilla, en Asie de l'Est et du Sud-Est notamment, et la création du Mouvement des pays non alignés, en 1955, avec la collaboration de certains dirigeants «anti-impérialistes» du tiers-monde: Ahmed Sukarno, Gamal Abdel Nasser, Tito et Jawaharlal Nehru.

L'échec et la disparition de la majorité des régimes socialistes et communistes, au cours des années 1990, ont discrédité les idées des fondateurs et des successeurs du marxisme. Cependant, quoique atténuée, l'influence des variantes de cette théorie subsiste dans la littérature, notamment celle des néomarxistes, et dans différents milieux. Deux raisons en particulier peuvent être invoquées pour expliquer ce fait. D'une part, comme le soulignent Kuhn et Imre Lakatos, même si une théorie est infirmée par les faits, elles continuera à être utilisée pendant une longue période en raison de l'attachement des chercheurs à ses valeurs et de l'intérêt qu'ils ont à défendre ces dernières[43]. D'autre part, si la théorie marxiste du socialisme a été infirmée par la faillite des socialismes réels, l'analyse marxiste des lois et des contradictions du développement capitaliste est à divers égards corroborée par la dynamique actuelle de mondialisation du capitalisme. Comme l'a souligné Robert Gilpin:

> Le marxisme survit en tant qu'instrument d'analyse et de critique du capitalisme et il continuera à survivre aussi longtemps que les lacunes du capitalisme identifiées par Marx et ses successeurs persisteront: les cycles de croissance et de récession du capitalisme, l'extension de la pauvreté parallèlement à la croissance de la richesse et l'intense rivalité des économies capitalistes pour le partage du marché[44].

Les théories générales néoclassiques

Les théories néoréaliste, néolibérale et néomarxiste sont des reformulations et des adaptations des théories réaliste, libérale et marxiste à l'évolution de la réalité internationale et des connaissances. Elles sont

---

43. Kuhn, *La structure des révolutions scientifiques*; Imre Lakatos, *Histoire et méthodologie des sciences: programmes de recherche et reconstruction rationnelle* (Paris: Presses universitaires de France, 1994).

44. Robert Gilpin, *Global Political Economy. Understanding the International Economic Order* (Princeton: Princeton University Press, 2001), 13 (traduction de l'auteure).

plus éclectiques que les approches classiques; d'une part, parce qu'elles combinent ou synthétisent les idées des réalistes, des libéraux et des marxistes; d'autre part, parce qu'elles empruntent plusieurs éléments aux théories de diverses disciplines, notamment l'économie, la psychologie et les mathématiques. Le néoréalisme et le néolibéralisme se sont surtout imposés durant les années 1970 et 1980, mais leur origine est plus ancienne. On peut facilement identifier des auteurs qui ont remis en question, à un égard ou à un autre, la pensée réaliste ou libérale classique au cours des années 1950-1970[45]. Les divers courants du néomarxisme, quant à eux, ont connu leur apogée durant les années 1960 et 1970 mais ont perdu de leur influence au cours des deux décennies ultérieures.

Le néoréalisme

Selon Viotti et Kauppi, la reformulation de la pensée réaliste par les néoréalistes s'articule principalement autour des thèmes suivants: la définition de la puissance des États; l'équilibre des puissances; les relations entre interdépendance, hégémonie et paix; la place du changement dans les relations internationales[46]. Cependant, tous les auteurs néoréalistes ne se démarquent pas nécessairement de la pensée réaliste sur chacun de ces thèmes.

La définition néoréaliste de la puissance de l'État est plus large que celle des réalistes et plus proche de celle des libéraux et des marxistes. Elle associe cette dernière, non seulement aux capacités militaires et politiques, mais aussi à l'importance des ressources économiques et technologiques de l'État. Certains auteurs, dont Paul **KENNEDY** et Charles **KINDLEBERGER**, affirment même que la puissance politique et militaire d'un État découle de ses capacités économiques et technologiques[47].

---

45. David A. Baldwin, «Neoliberalism, Neorealism and World Politics» *in* D. A. Baldwin (dir.), *Neorealism and Neoliberalism. The Contemporary Debate* (New York: Columbia University Press, 1993), 12-13.

46. Viotti et Kauppi, *International Relations Theory*, 64. Pour une analyse des particularités du néoréalisme par rapport au réalisme, voir aussi Kenneth Waltz, «Realist Thought and Neo-Realist Theory», *Journal of International Affairs*, 44 (printemps 1990), 21-37.

47. Voir notamment Kennedy, *The Rise and Fall of the Great Powers*; Charles Kindleberger, *The Declining Hegemon: United States and European Defense: 1960-1990*, (New York: Praeger, 1990).

Selon plusieurs néoréalistes *state centrist*, tels **KISSINGER** et **GILPIN**, la constitution d'alliances de sécurité destinées à faire contrepoids à une ou à des superspuissances dépend entièrement de la volonté des États. Kenneth **WALTZ**, dont l'ouvrage *Theory of International Politics* (1979)[48] est considéré comme la première formulation du néoréalisme *system-centric*[49], soutient à l'inverse que l'équilibre de la puissance au sein du système international est automatique. Les États plus faibles se coalisent spontanément contre les plus forts afin d'assurer leur survie. Leur comportement est comparable à celui des petites et moyenne entreprises qui se regroupent ou fusionnent pour ne pas être éliminées du marché par les firmes oligopolistiques. Contrairement aux libéraux, Waltz affirme que tous les États, et non seulement ceux qui sont démocratiques et capitalistes, agissent de manière rationnelle conformément à leurs intérêts. L'équilibre des puissances peut donc, à l'inverse de ce que prétend Kissinger, se réaliser entre États dont les systèmes économiques et politiques sont différents. Cette conception déterministe de l'équilibre au sein du système international est bien illustrée par la métaphore du jeu de billard de Arnold Wolfers[50]. Selon ce dernier, les États sont comme des boules de billard qui se cognent. Les boules les plus grosses et les plus rapides (les grandes puissances) frappent et éliminent de leur chemin les plus petites boules (les puissances faibles), bien que leur trajectoire puisse être légèrement déviée par ces collisions. Lorsque le mouvement des boules ralentit, on se retrouve dans une situation d'équilibre ou de stabilité internationale temporaire, toute nouvelle impulsion des boules entraînant un nouveau déséquilibre des forces[51].

Plusieurs auteurs néoréalistes, comme Waltz, David **SINGER** et Karl **DEUTSCH** se sont interrogés sur le potentiel de stabilité des divers systèmes — unipolaire, bipolaire et multipolaire — d'équilibre de la

---

48. Kenneth Waltz, *Theory of International Politics* (Reading, Mass: Addison-Wesley, 1979).

49. C'est du moins l'avis de Robert O. Keohane dans *Neorealism and Its Critics* (New York: Columbia University Press, 1986).

50. Arnold Wolfers, « The Actors in International Politics » *in* William T. R. Fox, *Theoretical Aspects of International Relations* (Notre Dame: Notre Dame University Press, 1959), 83-106.

51. Viotti et Kauppi, *International Relations Theory*, 72.

puissance[52]. Tous les auteurs s'entendent sur une chose : la stabilité d'un système d'équilibre de la puissance dépend de la quantité et de la fiabilité des informations dont disposent les acteurs les uns sur les autres. Plus les États connaissent leurs adversaires, plus ils sont capables de saisir leurs véritables intentions et de réagir à leurs comportements d'une manière rationnelle et appropriée, ce qui diminue les risques de conflits. À l'inverse, lorsque les États disposent d'informations incomplètes ou erronées sur leurs rivaux, ils sont beaucoup plus susceptibles de se méprendre sur leurs intentions et de faire des choix irrationnels qui augmentent les possibilités d'affrontements. Selon Singer et Deutsch, un système multipolaire est plus instable qu'un système bipolaire, car plus le nombre d'acteurs est élevé, plus il est difficile d'obtenir une information complète sur chacun d'entre eux. Waltz partage cette opinion, tout en considérant qu'un système multipolaire évolue nécessairement vers un système bipolaire à court ou moyen terme. Bruce **BUENO DE MESQUITA**, par contre, croit qu'un système multipolaire n'est pas plus instable qu'un système bipolaire. Tout système — peu importe sa nature — est caractérisé par une faible incertitude lorsque ses structures ne changent pas, car les acteurs politiques sont alors en mesure d'anticiper ce que feront leurs partenaires en se référant aux comportements qu'ils ont adoptés dans le passé dans des circonstances similaires[53]. On pourrait croire, sur la base de cette logique, que le système le plus porteur de certitude et de stabilité est unipolaire. Or ce n'est pas l'avis de la majorité des réalistes et néo-réalistes pour lesquels l'équilibre de la puissance, donc l'existence d'au moins deux pôles dominants au sein du système international est essentiel à la paix.

Pour les réalistes, l'interdépendance politique et militaire des États est négative puisqu'elle est synonyme d'une limitation de la souveraineté des États faibles par les États les plus puissants. Tout en adhérant à cette vision, les néoréalistes, tels Robert Gilpin et Peter **KATZENSTEIN**[54],

52. Kenneth Waltz, « The Stability of a Bipolar World », *Daedalus*, 93 (été 1964), 881-909 ; Karl Deutsch et J. David Singer, « Multipolar Power Systems and International Stability », *World Politics*, 16, 3 (avril 1964), 390-406.

53. Bruce Bueno de Mesquita, « Systemic Polarization and the Occurrence and Duration of War », *Journal of Conflict Resolution*, 22, 2 (juin 1978).

54. Robert Gilpin, *The Political Economy of International Relations* (Princeton : Princeton University Press, 1987) ; Peter Katzenstein, *Small States in World Markets* (Ithaca, NY : Cornell University Press, 1985).

ajoutent que l'interdépendance des États est aussi économique et déterminée par les ressources des gouvernements et des entreprises privées. La domination des pays riches se concrétise largement par l'emprise qu'exercent leurs firmes multinationales sur l'économie des pays moins développés. Cette conception néoréaliste de l'interdépendance est beaucoup plus proche de celles des marxistes et des néomarxistes que de celle des libéraux qui considèrent que l'interdépendance économique atténue les inégalités de développement et renforce les intérêts communs et la coopération des États.

Cela dit, si pour les néoréalistes l'interdépendance est fondamentalement une source d'inégalités entre États, elle n'est pas nécessairement synonyme de conflits. Les affrontements militaires peuvent être évités si les États éliminent ou évitent des contacts avec leurs opposants ou adversaires. Dans les autres domaines, en particulier le domaine économique, la coopération est possible si elle est initiée et dirigée par une puissance hégémonique. Une telle coopération a existé durant le XIXᵉ siècle et les premières années du XXᵉ siècle, parce que la Banque d'Angleterre contrôlait le système monétaire international, et après la Deuxième Guerre mondiale, parce que leadership monétaire des États-Unis a remplacé celui de la Grande-Bretagne. Par contre, l'absence d'un *hegemon* durant les années 1930, dû à l'affaiblissement de la puissance britannique et au refus des États-Unis d'assumer un rôle de leader, a conduit au chaos et à l'instabilité, c'est-à-dire à la plus grave crise boursière et à la dépression économique la plus sévère de l'histoire moderne. Selon plusieurs néoréalistes, la direction du système international par une puissance hégémonique n'atténue pas les inégalités, mais elle profite à tous les États en suscitant la stabilité, la prospérité et la coopération. En revanche, le déclin de l'hégémonie engendre une diversification ou une fragmentation de la puissance et un renforcement de l'instabilité et des conflits. Les intérêts des États plus faibles ou dépendants sont donc mieux protégés dans le cadre d'un système international centralisé que dans celui d'un système international décentralisé. Comment concilier cette théorie de la stabilité hégémonique avec l'idée que la paix dépend de l'existence de deux ou plusieurs pôles de puissance au sein du système international ? Il n'existe pas de réponse explicite à cette question.

En réalité, la littérature tend à démontrer que les néoréalistes, principalement américains, ont été surtout préoccupés par le déclin relatif de l'hégémonie des États-Unis. Durant les années 1980, plusieurs auteurs se sont demandés si la stabilité de l'ordre international était menacée par l'ascension de la puissance économique et financière du Japon et de l'Union européenne (UE) et l'affaiblissement relatif de la superpuissance américaine. Certains ont répondu oui[55], d'autres non[56]. Ce débat s'est toutefois estompé dans les années 1990 en raison de la consolidation du rôle hégémonique des États-Unis après la fin de la guerre froide. Il a fait place à un nouveau questionnement sur les menaces à cette hégémonie et les stratégies susceptibles de les contrer. Deux ouvrages en particulier rendent compte des divergences des néoréalistes sur le sujet : *Le choc des civilisations* de Samuel **HUNTINGTON** et *Le grand échiquier* de Zbigniew **BRZEZINSKI**[57]. Au cours des années 2000, le débat a refait surface en raison de l'émergence de nouvelles puissances (Chine, Brésil, Inde, Russie), du succès mitigé des interventions américaines en Irak et en Afghanistan, et de la crise financière et économique de 2008-2010, causée par l'effondrement du marché immobilier et du système bancaire américains.

Comme nous l'avons mentionné dans la section précédente, la notion de changement n'est pas absente de la théorie réaliste, contrairement à ce que prétendent nombre de ses détracteurs. Selon les réalistes, le changement est possible, mais uniquement dans le cadre des lois objectives immuables qui gouvernent la réalité : tout État cherche naturellement ou rationnellement à conserver et à maximiser sa puissance ; la rivalité entre les États est inéluctable et fondée sur la loi du plus fort ; la société internationale est anarchique car aucun État ne peut rationnellement accepter de céder sa souveraineté à une autorité supranationale. Les néoréalistes ont complété plutôt que contesté cette conception en tentant d'approfondir la connaissance empirique des lois dans le cadre desquelles le changement est possible. Ainsi, sur la base d'études statistiques, Lewis **RICHARDSON** a démontré que la principale cause des guerres était la contiguïté territoriale des États ou leur aspiration à agrandir l'espace de

---

55. Cette position était largement inspirée du livre de Kennedy, *The Rise and Fall of the Great Powers*. Voir Henry R. Nau, *The Myth of America's Decline* (New York : Oxford University Press, 1990) ; Joseph S. Nye, *Bound to Lead : The Changing Nature of American Power* (New York : Basic Books, 1990) ; Samuel Huntington « The US — Decline or Renewal ? », *Foreign Affairs*, 67, 2 (hiver 1988-89), 76-96.

56. Voir, entre autres, Gilpin, *The Political Economy of International Relations*.

57. Samuel Huntington, *Le choc des civilisations* ; Zbigniew Brzezinski, *Le grand échiquier* (Paris : Éditions Bayard, 1997).

leur souveraineté[58]. David **SINGER** et ses collaborateurs ont constaté que les grandes puissances étaient les principales responsables des guerres et que les États engagés dans une course aux armements étaient plus susceptibles d'attaquer les autres États[59]. Gilpin, quant à lui, a démontré que le changement des rapports de force politiques résultait de la volonté des États de promouvoir leurs propres intérêts[60].

Le néolibéralisme

Selon les libéraux classiques, c'est le triomphe des intérêts individuels sur les intérêts des États qui garantira l'instauration d'une paix universelle. Cependant, alors que pour les libéraux anglo-saxons, plus pragmatistes et utilitaristes, la primauté des intérêts individuels est principalement assurée par le développement des échanges économiques, pour les libéraux idéalistes — allemands et français —, elle dépend surtout de l'extension du droit et de la démocratie politique. La pensée néolibérale contemporaine, d'origine américaine principalement, est beaucoup plus proche de la première conception que de la seconde puisqu'elle fonde l'avenir de la coopération internationale et de la paix sur l'interdépendance économique, commerciale et financière des États. En outre, sa vision de l'État démocratique diffère de celles des libéraux. L'État démocratique n'est plus perçu comme l'incarnation de la somme des intérêts individuels, équivalent de la Raison ou de l'Intérêt général, mais comme le lieu d'arbitrage des divers groupes nationaux et transnationaux d'intérêts. Selon Viotti et Kauppi, ce glissement théorique est dû au fait, qu'étant principalement d'origine américaine, le néolibéralisme définit l'État et le système international en fonction du système américain, dans le cadre duquel le jeu politique est dominé par la compétition et la négociation des groupes d'intérêts. Il s'inspire davantage des théories centrées sur les acteurs collectifs — celles de Marx, de Max Weber et des comparativistes américains comme David Truman, Harold Lasswell et Robert Dahl[61] —

---

58. Lewis Richardson, *Statistics of Deadly Quarrels* (Chicago : Quadrangle Books, 1960).

59. J. David Singer et P. F. Diehl, *Measuring the Correlates of War* (Ann Arbor : University of Michigan Press, 1993).

60. Rober Gilpin, *War and Change in World Politics* (New York : Cambridge University Press, 1981).

61. Viotti et Kauppi, *International Relations Theory*, 204.

que des théories libérales pour lesquelles l'acteur individuel constitue la principale unité d'analyse. Compte tenu de leur vision de l'État, les néolibéraux accordent aux acteurs non gouvernementaux une importance plus grande que les libéraux. Selon eux, les États ne sont pas les seuls acteurs majeurs du système international. Les forces transnationales comme les FMN et les ONG à vocation humanitaire et environnementale constituent également des acteurs de premier plan. Dans la mesure où la politique des États est déterminée par les conflits et les compromis des groupes ou des coalitions d'intérêts, il n'existe pas de différence de nature entre la politique intérieure et la politique étrangère des États, entre les sociétés nationales et la société internationale. L'environnement national est en constante interaction avec l'environnement international. Les changements qui se produisent à l'intérieur de chaque société ont une incidence sur le système international et les transformations du système international ont un impact sur la dynamique interne de chaque société.

Ces postulats expliquent que l'école néolibérale se soit beaucoup intéressée aux déterminants et aux modalités du processus de décision, dans le domaine de la politique étrangère notamment (voir troisième chapitre), et aux interrelations entre la modernisation économique, sociale et culturelle des sociétés (industrialisation, mobilité des biens, des personnes et des informations, urbanisation, éducation, laïcisation, diversification sociale, égalisation relative de la répartition des revenus)[62], à l'essor des relations transnationales, au développement des processus d'intégration internationale (établissement de zones de libre-échange, d'unions douanières, de marchés communs, d'unions économiques et monétaires ou d'unions politiques) et à l'approfondissement de l'interdépendance des États au cours de la période postérieure à 1945.

Selon la théorie fonctionnaliste de David **MITRANY**, la modernisation des sociétés génère une myriade de problèmes de nature non politique dont la solution requiert la collaboration des experts de divers pays. Les bénéfices découlant de cette collaboration incitent les États à renforcer leur coopération par la conclusion d'ententes régionales d'intégration économique qui contribuent au développement de l'intégration politi-

---

62. Pour une définition plus approfondie du concept de modernisation, voir Boudon et Bourricaud, *Dictionnaire critique de la sociologie*, 363-370.

que[63]. Selon la théorie néofonctionnaliste d'Ernest **HAAS**, l'intégration résulte non seulement de l'obligation pour les États de coopérer dans divers domaines non politiques afin de résoudre les problèmes inhérents à la modernisation, mais aussi de la conviction des dirigeants politiques nationaux qu'il est dans leur intérêt de transférer leurs loyautés, leurs attentes et leurs capacités d'intervention à de nouvelles institutions qui possèdent un pouvoir de juridiction supranational[64]. L'intégration n'est toutefois pas idéalisée. Elle est vue comme une dynamique extrêmement complexe et porteuse d'incertitudes, en raison de la multiplicité des champs d'activité et des acteurs concernés, du caractère souvent incompatible des objectifs poursuivis tant par les différents acteurs que par un même État dans divers domaines d'activité. La solution d'un problème peut créer un autre type de problèmes dans un autre secteur. Par exemple, une entente en vue de remplacer le pétrole par le charbon et l'énergie nucléaire peut résoudre les problèmes d'approvisionnement des industries des pays consommateurs de pétrole tout en créant de nouvelles menaces pour leur environnement.

Plusieurs auteurs se sont également intéressés au phénomène de l'interdépendance des États qui est un concept plus large que celui d'intégration puisqu'il fait référence aux multiples relations que nouent les acteurs gouvernementaux et non gouvernementaux des États, dans tous les domaines d'activité, dans le cadre ou non d'accords d'intégration. Alors que pour les néoréalistes, la balance des coûts/bénéfices de l'interdépendance est plus rentable pour les États forts ou dominants que pour les États faibles ou dépendants, pour les néolibéraux, la balance des coûts/bénéfices de l'interdépendance est moins inégalitaire. Pour les néoréalistes, l'interdépendance peut être un jeu à somme nulle dans le cadre duquel les États forts gagnent tout et les États faibles perdent tout. Pour les néolibéraux, une telle situation est impossible. Tous les États retirent des gains relatifs de l'interdépendance et dans certains cas ces gains peuvent être absolus, c'est-à-dire supérieurs aux coûts pour tous les partenaires.

63. David Mitrany, « The Functional Approach to World Organization », *International Affairs*, 24, 3 (juillet 1948), 350-363.
64. Ernst Haas, *The Uniting of Europe* (Stanford, CA: Stanford University Press, 1958).

L'interdépendance est donc plus favorable à la coopération qu'aux conflits. Cette coopération ne résulte pas uniquement du leadership d'un *hegemon*, comme le prétendent les néoréalistes, mais de la convergence des intérêts des États qui les incite à créer des régimes internationaux. Selon Stephen **KRASNER**, un régime international est «un ensemble de principes, normes, règles et procédures de décision implicites ou explicites[65]» que les États adoptent sur une base volontaire en vue de gérer leurs relations et de résoudre leurs conflits dans un domaine particulier d'activité. Robert **KEOHANE** définit les régimes comme des institutions de coopération relatives à des domaines spécifiques, tels que le commerce, l'environnement, le désarmement ou les droits de la personne. Les régimes signifient des accords de principes, des normes, des conventions, des procédures de prise de décision gouvernant les interactions des acteurs internationaux dans des domaines spécifiques. Dans les échanges économiques, aussi bien que dans la sphère politique, ces institutions favorisent la production et la circulation de l'information, diminuant ainsi le coût des transactions et l'irrationalité des choix. Elles instaurent des règles du jeu et donnent ainsi un cadre à la politique étrangère des États, rendant prévisibles leur comportement sur la scène internationale. Elles contribuent au processus de socialisation des gouvernements et des autres acteurs internationaux, en définissant les attitudes considérées comme acceptables et celles qui ne le sont pas, en orientant leurs préférences, leurs attentes, leurs choix, en inspirant leurs motivations. Elles impliquent des mécanismes de coordination et des procédures de négociation qui diminuent les aspects aléatoires des rapports diplomatiques. Elles favorisent l'arbitrage des conflits et la recherche de compromis reflétant l'intérêt général des États. Un régime international ne donne pas nécessairement naissance à une OI. Par ailleurs, une OI polyvalente, telle l'ONU, peut être le cadre de plusieurs régimes internationaux[66].

65. Stephen Krasner, «Structural Causes and Regime Consequences: Regimes as Intervening Variables» *in* S. Krasner (dir.), *International Regimes* (Ithaca, NY: Cornell University Press, 1983), 1-21.

66. Tiré de Pierre de Senarclens, *La mondialisation: théories, enjeux et débats* (Paris: A. Colin, 3e éd., 2002), 47. Sur la théorie néo-institutionnaliste des régimes, voir Robert Keohane et Joseph Nye (dir.), *Transnational Relations and World Politics* (Cambridge: Cambridge University Press, 1972); *Power and Interdependence: World Politics in Transition* (Boston: Little Brown, 1977); Robert Keohane, *After Hegemony. Cooperation and Discord in the World Political Economy* (Princeton: Princeton Uni-

Contrairement aux libéraux, les néolibéraux ne croient pas que l'avènement d'un gouvernement mondial et la disparition de la souveraineté des États soient inéluctables. Cependant, ils n'écartent pas la possibilité qu'un renforcement de la convergence des intérêts des États les amène éventuellement à accepter volontairement de transférer leur pouvoir de décision à une autorité supranationale. Selon leur perspective, en effet, la capacité des États de transformer l'environnement international est quasi illimitée, car elle n'est pas soumise à des contraintes ou à des lois objectives immuables, comme le prétend la tradition réaliste. Aucun scénario de changement n'est donc utopique[67].

Néoréalisme et néolibéralisme

L'étude ci-dessus démontre que les théories néoréaliste et néolibérale comportent des éléments de similitude et de divergence. Elles sont donc plus difficiles à différencier que les théories réaliste et libérale qui sont radicalement opposées. Les nombreux débats entre néoréalistes et néolibéraux ont néanmoins permis de cerner les principaux points d'accord et de dissension entre eux. Selon l'ouvrage de David Baldwin, *Neorealism and Neoliberalism* (1993)[68], qui fait suite à celui de Robert Keohane, *Neorealism and its Critics* (1986)[69], les accords et désaccords des deux écoles se cristallisent principalement autour de quatre thèmes : la nature et les conséquences de l'anarchie ; la coopération internationale ; les régimes internationaux ; les objectifs et les déterminants de la politique étrangère.

La nature et les conséquences de l'anarchie. Les néoréalistes et les néolibéraux adhèrent à l'idée que le système international est anarchique, *i.e.* dépourvu d'une autorité centrale et supranationale, mais ils définissent différem-

versity Press, 1984) ; « Neoliberal Institutionalism : A Perspective on World Politics » in R. Keohane (dir.), *International Institutions and State Power : Essays in International Relations Theory* (Boulder : Westview Press, 1989).

67. Sur ce thème, voir notamment James Rosenau, *Turbulence in World Politics* (Princeton : Princeton University Press, 1990).

68. David A. Baldwin, *Neorealism and Neoliberalism* (New York : Columbia University Press), 3-29.

69. Robert Keohane, *Neorealism and its Critics* (New York : Columbia University Press, 1986).

ment les conséquences de l'anarchie. Pour les néoréalistes, celle-ci fait en sorte que les États agissent ou décident toujours de manière indépendante en fonction de leurs intérêts propres, y compris dans le cadre des OI et des régimes internationaux. Il n'existe pas de prise de décision collective. Par contre, une puissance hégémonique peut imposer ses vues aux autres États. Les néolibéraux, en revanche, croient qu'en raison de leur interdépendance, les États peuvent — dans le cadre des OI et des régimes internationaux — prendre des décisions qui reflètent leurs intérêts communs. En résumé, les néoréalistes reprochent aux néolibéraux de sous-estimer les motivations individuelles des États et les néolibéraux reprochent aux néoréalistes de sous-estimer l'interdépendance des États et ses conséquences.

La coopération internationale. Les néoréalistes et les néolibéraux croient que la coopération internationale est possible et souhaitable. Mais alors que pour les premiers elle est difficile à réaliser et à maintenir en raison des intérêts divergents des États, pour les seconds elle se renforce au fur et à mesure que s'approfondit l'interdépendance des États. En outre, les deux théories n'envisagent pas exactement de la même façon les effets de la coopération. Pour les néoréalistes, la balance des coûts/bénéfices de la coopération varie selon la puissance de chaque État; les néolibéraux ne réfutent pas entièrement ce point de vue mais ils pensent que, dans certains cas, la coopération peut engendrer des gains absolus ou des gains supérieurs aux pertes pour tous les États, quelle que soit leur position dans le système international.

Les régimes internationaux. Les deux écoles de pensée reconnaissent d'emblée la prolifération des régimes internationaux depuis 1945 mais elles n'accordent pas la même signification à ces derniers. Pour les néolibéraux, les régimes internationaux constituent la principale source de coopération et de paix au sein du système international et un instrument de mitigation de l'anarchie. Les néoréalistes ne partagent pas cet optimisme. Les régimes internationaux demeurent principalement selon eux des lieux de conflits d'intérêts — ou d'imposition du leadership d'une puissance hégémonique — plutôt que des forums de coopération, car ils ne croient pas que l'interdépendance entraîne une convergence des intérêts des États.

Les objectifs et les déterminants de la politique étrangère. Les néoréalistes et les néolibéraux admettent que les principaux objectifs de la politique étrangère sont la sécurité et la prospérité économique. Les premiers considèrent toutefois que la sécurité est prioritaire par rapport à la prospérité économique alors que les seconds défendent la thèse inverse. Les deux théories reconnaissent que les deux principaux déterminants de la politique étrangère sont, d'une part, les intentions ou motivations des dirigeants politiques et, d'autre part, les capacités militaires et économiques dont dispose l'État; mais elles ne leur accordent pas la même importance. Les néoréalistes privilégient la première variable et les néolibéraux la seconde.

Dans l'ensemble, il est possible de conclure que la source essentielle des divergences entre néoréalistes et néolibéraux est l'importance inégale que chaque théorie accorde aux déterminants politiques et économiques des relations internationales. Il est souhaitable et envisageable qu'un traitement plus équilibré de ces variables par les spécialistes permette un jour de fusionner ces deux théories en un seul paradigme.

Le néomarxisme

Les néomarxistes doivent être distingués des successeurs contemporains de Marx et Engels, premièrement parce que ce sont des intellectuels et non des dirigeants de partis ou d'États communistes; deuxièmement, parce que plusieurs d'entre eux sont des marxistes hétérodoxes qui s'inspirent, non seulement de Marx et de ses successeurs, mais de diverses théories des sciences sociales, elles-mêmes partiellement influencées par le marxisme, notamment les théories économiques libérales hétérodoxes, la théorie de la modernisation, les modèles positiviste, fonctionnaliste et rationaliste de la sociologie et de l'anthropologie structuraliste[70]; troisièmement, parce que leur principale préoccupation n'est pas la révolution et la construction du socialisme, mais l'analyse du développement

---

70. Parmi les auteurs les plus représentatifs de ces courants, mentionnons John Maynard Keynes, Gunnar Myrdal et Albert O. Hirschman (économie libérale hétérodoxe); Seymour Martin Lipset et Walter Rostow (théorie structuraliste de la modernisation); Auguste Comte (sociologie positiviste); Talcott Parsons (sociologie fonctionnaliste); Max Weber (sociologie rationaliste); Claude Lévi-Strauss (anthropologie structuraliste).

du capitalisme, en particulier à l'époque contemporaine. Certains auteurs ont étudié les transformations et les contradictions du capitalisme au sein des sociétés occidentales ou en développement[71]. D'autres se sont intéressés aux rapports d'échange entre pays capitalistes développés et pays en développement (PED). D'autres enfin ont analysé les contradictions du capitalisme au sein des États du système-monde et entre ceux-ci. Puisque cette section traite des théories des relations internationales, nous laisserons ici de côté la première catégorie de travaux.

Si tous les néomarxistes soutiennent, à l'instar de Marx et de Lénine, que le développement du capitalisme engendre des contradictions et des inégalités au sein des États-nations et entre ces derniers, leurs explications des causes, de la nature et des conséquences de ces contradictions sont très diversifiées.

Pour les auteurs les plus critiques ou radicaux, tels Emmanuel **ARRIGHI**, Pierre **JALÉE**[72], André **GUNDER FRANK**[73], Samir **AMIN**[74], Harry **MAGDOFF**[75] et James **PETRAS**[76], la mondialisation du capitalisme impérialiste renforce la dépendance des PED à l'égard des pays développés, tout en accentuant leur appauvrissement ou leur sous-développement. La principale cause de cette dynamique est l'inégalité des échanges entre le Nord et le Sud. Celle-ci est due principalement au fait que les pays du Sud obtiennent, pour les matières premières qu'ils exportent vers les pays du Nord, un prix inférieur à celui qu'ils paient pour les produits manufacturés qu'ils importent de ces derniers. Ce traitement inéquitable résulte

---

71. C'est le cas, par exemple, des travaux de Maurice Dobb sur l'histoire du capitalisme en Angleterre; de ceux de Pierre-Philippe Rey, d'Étienne Balibar et de Samir Amin sur les modalités de pénétration du capitalisme dans les sociétés africaines; des analyses de Nicos Poulantzas, de Ralph Miliband et de Theda Skocpol sur les mutations des États capitalistes occidentaux; des travaux de James Petras, de Ruy Mauro Marini et de Theotonio Dos Santos sur le développement capitaliste en Amérique latine.

72. Pierre Jalée, *Le pillage du tiers-monde* (Paris: Maspero, 5ᵉ éd, 1982).

73. André Gunder Frank, *Capitalisme et sous-développement en Amérique latine* (Paris: Maspero, 1979)et *Dependent Accumulation and Underdevelopment* (Londres: Macmillan, 1978).

74. Samir Amin, *L'échange inégal et la loi de la valeur* (Paris: Anthropos, 1988) et *La faillite du développement en Afrique et dans le Tiers-monde. Une analyse politique* (Paris: L'Harmattan, 1989).

75. Harry Magdoff, *L'impérialisme: de l'époque coloniale à nos jours* (Paris: La Découverte, 1980).

76. James Petras, *Critical Perspective on Imperialism and Social Class in the Third World* (New York: Monthly Review Press, 1978).

de divers facteurs, notamment la manipulation des prix des matières premières par les cartels qui contrôlent ce marché et la surévaluation du prix des biens manufacturés, en raison des augmentations salariales obtenues par les syndicats ouvriers dans les pays développés. Selon ces auteurs, l'inégalité des échanges Nord-Sud n'a fait que s'aggraver au cours des siècles, de telle sorte que la pauvreté relative des pays du tiers-monde est aujourd'hui plus grande qu'elle ne l'était à l'époque coloniale. La seule issue à cette dynamique d'exploitation est la rupture avec l'ordre capitaliste-impérialiste grâce à la révolution socialiste[77]. À l'exception de Samir Amin[78], la plupart des auteurs appartenant à cette mouvance idéologique ont cependant cessé de prôner cette alternative après l'échec et l'effondrement des régimes communistes.

Immanuel **WALLERSTEIN**[79] et plusieurs auteurs parmi lesquels Charles-Albert **MICHALET**[80], Peter **EVANS**[81], Pierre **SALAMA** et Patrick **TISSIER**[82] ont contesté la théorie de l'échange inégal en démontrant que les transferts massifs de capitaux et de technologies liés à la délocalisation des banques et des firmes multinationales vers la périphérie avaient entraîné l'industrialisation de plusieurs pays du tiers-monde et l'émergence d'une nouvelle division internationale du travail (NDIT), au cours de la période postérieure à 1960. La NDIT est caractérisée par trois pôles : les pays développés (PD) du centre dont l'économie est désormais spécialisée dans les services et les industries de haute technologie ; les nouveaux pays industrialisés (NPI) du Sud où se concentre de plus en plus la production manufacturière ; les PED qui demeurent essentiellement des exportateurs de matières premières. La NDIT a profondément modifié les rapports de domination/dépendance économiques et politiques au

77. Voir notamment Pierre Jalée, *Le projet socialiste, approche marxiste* (Paris : La Découverte, 1976).

78. Voir Samir Amin, *L'avenir du développement* (Louvain-la-Neuve/Montréal : Centre tricontinental/L'Harmattan, 1997), *Les défis de la mondialisation* (Paris/Montréal : L'Harmattan, 1996) et *The Future of Socialism — L'avenir du socialisme* (Harare : Southern Africa Political Economy Series Trust, 1990).

79. Immanuel Wallerstein, *Le système-monde du XVᵉ siècle à nos jours* (Paris : Flammarion, 1985).

80. Charles-Albert Michalet, *Le capitalisme mondial* (Paris : Armand Colin, 1976).

81. Peter Evans, *Dependent Development, The Alliance of Multinationals, State and Local Capital in Brazil* (Princeton, NJ : Princeton University Press, 1979).

82. Pierre Salama et Patrick Tissier, *L'industrialisation dans le sous-développement* (Paris : Maspero, 1982).

sein du système international. Elle a affaibli la dépendance des NPI vis-à-vis des PD tout en renforçant leur domination vis-à-vis des PED. Elle a atténué la puissance relative du Nord vis-à-vis du Sud tout en introduisant de nouvelles inégalités entre les pays du Sud. Les auteurs de cette école ne croient pas, cependant, que la NDIT permettra aux NPI de se libérer complètement de leur dépendance vis-à-vis des PD. Quoique plus autonomes du point de vue économique et commercial, ils demeureront assujettis à la domination financière, technologique et culturelle des PD.

Pour ces néomarxistes moins radicaux, qui associent la mondialisation du capitalisme à une certaine redistribution du pouvoir, notamment économique, entre la périphérie et le centre, l'avènement du socialisme n'est pas une issue inéluctable. D'autres solutions de rechange sont possibles, notamment le nationalisme ou le protectionnisme, le renforcement de la coopération Nord-Sud et Sud-Sud et l'universalisation du modèle social-démocrate[83]. L'école néomarxiste a souvent été confondue avec l'école de la dépendance, ce qui est une erreur. D'une part, les théories néomarxistes ne traitent pas uniquement du phénomène de la dépendance des pays du tiers-monde ; d'autre part, les théories de la dépendance ne sont pas toutes, loin s'en faut, d'inspiration marxiste. Comme l'a fort bien expliqué Cardoso[84], « l'école de la dépendance », d'origine latino-américaine, est constituée de plusieurs approches idéologiques dont les deux plus importantes sont l'approche développementiste, conceptualisée principalement par les économistes libéraux hétérodoxes de la Commission économique pour l'Amérique latine de l'ONU – Raul Prebish, Oswaldo Sunkel, Ernesto Faletto et Cardoso notamment –, et le courant marxiste auquel se rattachent entre autres Frank, Amin, Jalée, Magdoff, Petras, Theotonio Dos Santos et Ruy Mauro Marini.

En conclusion, soulignons qu'au cours de la décennie 1990 plusieurs néomarxistes ont proposé une nouvelle théorie des relations internationales inspirée de l'œuvre de Antonio **GRAMSCI** (1891-1937), idéologue et dirigeant du Parti communiste italien durant l'entre-deux-guerres. Selon Gramsci, la bourgeoisie impose son hégémonie, par son emprise sur

83. Alain Lipietz, *Mirages et miracles : problèmes d'industrialisation dans le Tiers-monde* (Paris : La Découverte, 1985).

84. Fernando Henrique Cardoso, « The Originality of a Copy : CEPAL and the Idea of Development », *CEPAL Review*, (2e trimestre de 1977).

l'ensemble des institutions étatiques, notamment les institutions cultu-relles productrices d'idées et de valeurs. Selon les néogramsciens, tels Stephen **GILL** et Robert **COX**[85], l'hégémonie des principaux États repose, non seulement sur la puissance économique, financière, politique et militaire de leurs classes dirigeantes, mais sur la capacité de ces dernières d'imposer leurs conceptions idéologiques, leurs normes et leurs valeurs culturelles aux classes subordonnées et aux institutions transnationales. La dimension idéologique et culturelle est un déterminant décisif de la hiérarchisation du pouvoir au sein du système international. Les mou-vements sociaux qui s'organisent sur une base transnationale et qui contestent la dynamique du marché capitaliste et l'idéologie des grandes puissances et des organisations internationales jouent ainsi un rôle important dans la redéfinition des rapports de force au sein et entre les nations. Selon Pierre de Senarclens, cette conception de l'hégémonie, qui accorde beaucoup de poids aux facteurs idéologiques dans l'orientation de la politique internationale, s'inscrit dans le cadre d'un historicisme d'inspiration idéaliste. Elle se caractérise aussi par un certain flou con-ceptuel, où se mêlent des cadres d'analyse hétérogènes, versant occasion-nellement dans une forme de relativisme d'inspiration postmoderniste. Ses adeptes ont toutefois le mérite de souligner que les pays de l'Organisa-tion de coopération et de développement économiques (OCDE), les États-Unis en tête, marquent de leur prépondérance idéologique et culturelle les symboles et les valeurs façonnant les modes de vie, et qu'ils menacent d'entretenir une forme d'unification idéologique et culturelle du monde contemporain, notamment dans le contexte de la mondialisation[86].

La critique des théories générales

Au-delà de leurs divergences, les théories générales classiques et néoclas-siques des relations internationales adhèrent à la vision moderniste du

---

85. Stephen Gill, «Global Finance, Monetary Policy and Cooperation among the Group of Seven, 1944-1992» *in* P. Cerny (dir.), *Finance and World Politics* (Aldhershot: Edward Elgar, 1993), 91; Robert Cox, «Social Forces, States and World Orders: Beyond International Relations Theory», *Millenium Journal of International Studies*, 10, 2.
86. De Senarclens, *La mondialisation: théories, enjeux et débats*, 56. Sur l'approche néogramscienne, voir notamment Robert Cox, «Social Forces, States and World Orders: Beyond International Relations Theory».

monde et de la science issue de la philosophie des Lumières du XVIIIᵉ siècle. Les réalistes, les néoréalistes, les libéraux, les néolibéraux, les marxistes et la plupart des néomarxistes croient à l'existence d'une réalité objective. Ils conçoivent les agents de la société internationale — États, individus, groupes d'intérêts et classes sociales — comme des acteurs rationnels qui cherchent à défendre leurs intérêts particuliers objectifs, déterminés par la position qu'ils occupent au sein des structures économiques, sociales et politiques nationales et internationales. Ils adhèrent à l'idée que le rôle de la science consiste à découvrir les lois qui gouvernent l'univers, à assister la conduite des acteurs par l'élaboration d'explications déductives (issues d'un raisonnement logique) ou inductives (résultant de l'observation des faits) et à vérifier la validité de ces explications par leur confrontation avec les faits, à l'aide de diverses méthodes qualitatives ou quantitatives. Selon les modernistes, la connaissance scientifique progresse grâce au rejet des théories infirmées par les faits et à l'élaboration de nouvelles théories confirmées par des tests empiriques.

Le postmodernisme

Le terme «postmodernisme» désigne les courants de pensée qui ont critiqué cette conception moderniste du monde et de la science, en s'inspirant notamment des idées de Friedrich **NIETZSCHE** (1844-1900)[87]. Certains situent les origines du postmodernisme dans les années 1930, d'autres à la fin de la décennie 1960. «Son empreinte se retrace dans maintes disciplines: d'abord en architecture, puis en histoire de l'art et en littérature, ensuite en sociologie, en histoire, en science politique, en cinéma, etc.[88].» Ce n'est cependant que vers la fin des années 1980 que l'influence du postmodernisme s'est faite sentir dans le domaine des relations internationales, sous la forme d'approches méthodologiques (intercontextualité, généalogie, déconstruction) empruntées à des philo-

---

87. Parmi les œuvres importantes de ce philosophe allemand, on trouve: *Le gai savoir* (1883-1887), *Par-delà le bien et le mal* (1886), *Ainsi parlait Zarathoustra* (1883-1885), *La généalogie de la morale* (1887).

88. Isabelle Masson, «Poststructuralisme/postmodernisme» *in* Alex Macleod, Évelyne Dufault et F. Guillaume Dufour (dir.), *Relations internationales. Théories et concepts* (Montréal: Athéna/cepes, 2002), 137. Pour une définition plus approfondie du postmodernisme et des approches constructivistes, on consultera avec profit les articles consacrés à ces théories dans cet ouvrage.

sophes français (Michel **Foucault**, Jacques Lacan, Julia Kristeva, Roland Barthes, Jean Baudrillard) et popularisées par des auteurs américains comme **Ashley**, **Campbell**, **Walker** et **Shapiro**[89].

Comme l'explique entre autres Kim Richard Nossal[90], les postmodernistes mettent en doute l'existence d'une réalité objective peuplée d'acteurs rationnels. Selon eux, la réalité est construite par les interprétations que choisissent d'en faire les agents individuels et collectifs. Ces interprétations dépendent non seulement de leur situation économique, sociale et politique objective, mais aussi d'éléments subjectifs comme leurs convictions religieuses et morales, leur attachement émotif à leur communauté nationale ou ethnique, leurs affinités psychologiques avec les individus de même sexe ou de même orientation sexuelle. Les postmodernistes rejettent la notion de science. Selon eux, il est illusoire de vouloir expliquer la réalité au moyen de théories rationnelles et empiristes puisqu'il n'existe pas de réalité et de vérité unique. Il n'existe que des réalités et des vérités multiples qui sont autant d'interprétations subjectives et intersubjectives. Les chercheurs peuvent tout au plus donner un sens personnel à ces interprétations de la réalité en se référant aux discours ou langages par lesquels elles s'expriment. Aucune perception subjective de la réalité n'est donc plus valable qu'une autre. Le progrès de la connaissance est un leurre. Cette philosophie ultra-relativiste ou anarchiste demeure très marginale au sein des relations internationales. Cependant, diverses approches critiques des théories générales classiques et néoclassiques des relations internationales, inspirées à des degrés divers du postmodernisme, ont acquis une audience considérable au sein des universités et de divers autres milieux depuis le début des années 1990. C'est le cas, notamment, des théories constructiviste et communautarienne.

---

89. Les principaux auteurs qui ont popularisé ces approches en relations internationales sont R. K. Ashley, « The Poverty of Neo-Realism », *International Organization*, 38, 2 (1984), 225-286; J. George, « International Relations and the Search for Thinking Space: Another View of the Third Debate », *International Studies*, 33, 3 (1989), 269-279; J. Der Derian et M. Shapiro (dir.), *International/Intertextual Relations: Post Modern Readings of World Politics* (Lexington: Lexington Books, 1989); D. Campbell, *Writing Security. United States Foreign Policy and the Politics of Identity* (Minneapolis: Minnesota University Press, 2ᵉ éd., 1998).

90. Kim Richard Nossal, *The Patterns of World Politics* (Scarborough: Prentice Hall /Allyn and Bacon Canada, 1998), 18.

Le constructivisme

Le constructivisme est devenu une perspective analytique importante des relations internationales à la suite de la publication des écrits de Nicholas **ONUF** et Alkexander **WENDT** au tournant des années 1990[91]. Selon James March et Johan Olsen[92], le terme « constructivisme » désigne les théories qui s'intéressent à la structure sociale des relations internationales. Ces théories prétendent que les individus, plutôt que de chercher à maximiser leurs intérêts particuliers objectifs, adoptent le comportement qui leur paraît le plus correct ou le plus approprié dans une situation donnée, compte tenu de leurs liens identitaires avec telle communauté, à tel ou tel moment de leur vie. Les comportements des individus sont donc largement irrationnels, très différenciés et changeants. La réalité des relations internationales est construite ou « coconstituée », selon l'expression de **KATZENSTEIN, KEOHANE** et **KRASNER**[93], par l'interaction des comportements individuels et des institutions. Les structures ou institutions déterminent les identités, les intérêts et le comportement des individus mais ces derniers à leur tour créent, reproduisent et changent les structures institutionnelles de la société internationale.

Le constructivisme a donné lieu à plusieurs interprétations. Ralph Pettman[94] distingue trois types de constructivisme : le constructivisme conservateur, le constructivisme social et le constructivisme du bon sens. Martha Finnemore identifie aussi trois sortes de constructivisme : le contructivisme social ou institutionnalisme réflexif, le constructivisme étatique et l'institutionnalisme sociologique[95].

Le « constructivisme social » de **FINNEMORE** est qualifié de « constructivisme conservateur » par Pettnam parce que, s'il accepte que les valeurs

---

91. Nicholas Onuf, *World of our Making*: *Rules and Rule in Social Theory and International Relations* (Columbia : University of South Carolina Press, 1989) ; Alexander Wendt, « Anarchy is What States Make of It : The Social Construction of Power Politics », *International Organization*, 46, 2 (1992), 391-425.

92. James G. March et Johan P. Olsen, « The Institutional Dynamics of International Political Orders », *International Organization*, 52 (1998), 943-969.

93. Peter Katzenstein, Robert Keohane et Stephen Krasner, « International Organization and the Study of World Politics », *International Organization*, 52 (1998), 645-685.

94. Ralph Pettman, *Commonsense Constructivism* (New York/Londres : M. E. Sharpe, 2000).

95. Martha Finnemore, *National Interests in International Society* (Ithaca : Cornell University Press, 1996).

irrationnelles ou subjectives des individus influencent leurs comportements et les institutions de la société internationale, il s'intéresse principalement aux aspects concrets ou tangibles de ces comportements qui
peuvent être analysés à l'aide des théories rationnelles empiristes. Ainsi
John **RUGGIE** adhère à l'idée que le système international est en partie
construit par les «pratiques cognitives» des acteurs, c'est-à-dire leurs
idées, leurs croyances, leurs aspirations, leur attachement émotif à telle
culture identitaire, leur acceptation ou rejet des normes créées par les
régimes internationaux. Il croit toutefois que ces pratiques cognitives
peuvent être appréhendées à l'aide d'une combinaison des théories
scientifiques des sciences sociales, notamment celles des relations internationales, de la sociologie et de la psychologie[96]. Pettnam réserve le
qualificatif de «constructivisme social» aux travaux plus éclectiques qui
recourent aux théories scientifiques et à d'autres approches de nature
intuitive et interprétative pour comprendre et expliquer les attitudes et
comportements irrationnels et subjectifs des acteurs.

Le «constructivisme étatique» focalise son analyse sur l'État plutôt
que sur les individus. Il soutient que la politique étrangère des États n'est
pas uniquement déterminée par leurs intérêts objectifs, c'est-à-dire leurs
capacités militaires, politiques et économiques ou leur puissance relative
par rapport aux autres États. Elle est également façonnée par les normes
et les valeurs qui structurent les relations internationales[97]. Certains
auteurs utilisent la même approche pour expliquer les intérêts et les
comportements des organisations transnationales[98]. «L'institutionnalisme
sociologique», dont John **MEYER** est l'un des principaux instigateurs[99],
soutient que c'est la diffusion à l'échelle planétaire des valeurs modernistes occidentales qui structure la société internationale actuelle. Pour

96. John Ruggie, «What Makes the World Hang Together? Neo-utilitarianism and
the Social Constructivist Challenge», *International Organization*, 52 (1998) 855-885.

97. Voir notamment Finnemore, *National Interests in International Society*.

98. Voir notamment Thomas Risse-Kapen, Stephen Ropp et Kathryn Sikkink, «The
Socialization of International Human Rights Norms into Domestic Practices:
Introduction» *in* T. Risse, S. Ropp et K. Kikkink (dir.), *The Power of Human Rights.
International Norms and Domestic Change* (Cambridge: Cambridge University Press,
1999), 1-38.

99. John W. Meyer et Brian Rowan, «Institutional Organizations: Formal Structure
as Myth and Ceremony» *in* W. W. Powell et P. J. DiMaggio (dir.), *The New Institutionalism
in Organizational Analysis* (Chicago/Londres: University of Chicago Press, 1991), 41-62.

comprendre et prévoir l'évolution de cette dernière, il faut donc analyser la façon dont ces valeurs sont assimilées, transformées ou rejetées par les États, les organisations non gouvernementales et les individus dans chaque société.

Le «constructivisme du bon sens» pousse cette logique encore plus loin. Selon Pettnam, Berger et Luckman[100], c'est la façon dont les gens ordinaires perçoivent les affaires internationales qui structure les relations et les institutions du système international. Ces perceptions étant en partie rationnelles et en partie irrationnelles il faut, pour les expliquer, recourir non seulement aux théories modernistes rationnelles mais aussi aux approches postmodernistes, de nature interprétative: analyse du langage, lecture de documents d'archives, réalisation d'entrevues, fréquentation des lieux d'activité quotidienne des gens ordinaires (transports en commun, bars, réunions d'associations de quartier, centres de loisirs, etc.)[101].

La perspective communautarienne

Selon Barry B. Hughes[102], la perspective communautarienne consiste à analyser la société internationale en fonction des valeurs culturelles d'une ou de plusieurs communautés nationales ou ethniques. Selon cette approche, les acteurs majeurs des relations internationales ne sont pas ceux qu'identifient les théories générales classiques et néoclassiques — États-nations, individus, groupes d'intérêts, classes sociales — mais les communautés nationales et ethniques ou groupes identitaires. Ces derniers sont des groupements humains, unis non seulement par leurs caractéristiques objectives (territoire, histoire, conditions économiques et politiques, etc.) communes, mais aussi par le partage de valeurs culturelles similaires (convictions religieuses et morales, langue, traditions, etc.) qui ont une influence prépondérante sur leurs attitudes et leurs comportements. La logique à la base de l'action des groupes identitaires est donc largement subjective. L'approche communautarienne prétend

---

100. Pettman, *Commonsense Constructivism*; Peter Berger et Thomas Luckman, *The Social Construction of Reality* (Harmondsworth: Penguin, 1996).

101. Pettman, *Commonsense Constructivism*, 24-25.

102. Voir Barry B. Hughes, *Continuity and Change in World Politics. Competing Perspectives* (Upper Saddle River, NJ: Prentice Hall, 3ᵉ éd., 1997), 42.

qu'elle occupe une place de plus en plus centrale dans la dynamique des relations internationales puisque au cours de la période post-guerre froide, la majorité des conflits pacifiques ou armés ont été motivés par des aspirations nationalistes, ethniques ou religieuses des groupes identitaires (ex.: les mouvements sécessionnistes dans les républiques de l'ex-URSS, de l'ex-Tchécoslovaquie, de l'ex-Yougoslavie et en Indonésie; les affrontements ethniques et guerres civiles au Rwanda, au Burundi, au Zaïre, en Somalie et au Soudan; les guérillas ou mouvements terroristes en Irlande du Nord, en Algérie, aux Philippines, au Cachemire.

L'ouvrage de **HUNTINGTON,** *Le choc des civilisations,* constitue une bonne illustration de l'approche communautarienne des relations internationales. Selon ce dernier, les principales composantes du système international actuel sont les civilisations ou cultures identitaires rattachées aux cinq principales religions: la civilisation chinoise ou confucéenne, la civilisation japonaise, la civilisation hindoue, la civilisation musulmane et la civilisation judéo-chrétienne occidentale[103]. Chacune de ces civilisations, et au premier chef la civilisation musulmane, aspire à imposer sa domination au reste du monde de telle sorte que l'hégémonie de la civilisation judéo-chrétienne occidentale, garant de la stabilité de l'ordre international unipolaire actuel, est gravement menacée. Cette menace ne pourra être écartée que par le renforcement des valeurs judéo-chrétiennes, au sein de la société américaine notamment, et le raffermissement des liens de cette dernière avec les pays dont la religion dominante appartient au judéo-christiannisme (Israël, Amérique du Nord et du Sud, Europe).

La conception islamique des relations internationales est un autre exemple d'approche communautarienne des relations internationales. Colard expose les principaux éléments de cette conception en se référant à l'ouvrage de Mohammad-Reza Djalili sur la stratégie internationale du khoménysme[104]. Selon cet auteur, la tradition islamique partage le monde en deux: le « dar al-islam » (demeure de l'Islam où s'applique sa loi divine) et le « dar al-harb » (le monde du non-Islam ou demeure de la guerre). Théoriquement, le « dar al-islam » ne forme qu'une seule unité, trouvant sa substance dans l'unicité de la communauté, de la foi et de la loi: un

---

103. Huntington, *Le choc des civilisations,* 42-43.
104. Mohammad-Reza Djalili, *Diplomatie islamique* (Paris: Presses universitaires de France, 1989).

seul Dieu, un seul État dirigé par une seule autorité. Ainsi donc les musulmans ne forment qu'une seule communauté.

> Dans cette vision, la religion est à la base de la citoyenneté et la communauté musulmane — dans sa forme parfaite — n'est pas une institution supranationale, mais bien la seule « nation » ayant plein droit à exister sur terre. Le droit islamique classique ne reconnaît d'autre nation que la nation islamique. À l'instar du droit romain et du régime juridique de la chrétienté médiévale, l'Islam est fondé sur la théorie de l'État universel et en aucun cas sur l'idée de la coexistence d'une pluralité d'États égaux et souverains [...]. Tant que l'humanité dans sa totalité n'est pas soumise à cet État islamique idéal — le « dar al-islam » —, il reste une partie du monde qui échappe à la loi divine, le « dar al-harb ». Pour conquérir ces territoires, le recours à la force (guerre) est en principe licite jusqu'à la victoire finale de l'Islam sur les non-croyants [...]. Quelques juristes admettent l'existence d'un troisième espace territorial — le « dar al-ahd » ou « dar al-sohl » (terre de pacte ou terre de trêve) —, sorte de zone intermédiaire entre les deux précédentes. Cette notion concerne les États non musulmans ayant conclu avec l'État musulman un pacte en vertu duquel ils reconnaissent la suzeraineté musulmane et acceptent de payer tribut. Le « dar al-harb » est le produit des développements logiques de la notion de « jihad » (effort, lutte), autrement dit l'obligation de la guerre sainte ordonnée par Dieu que tout musulman doit mener contre les infidèles afin d'obtenir leur conversion. Si le jihad n'est pas un devoir individuel impératif, il est un devoir collectif ou communautaire, nécessaire pour la propagation et la défense de l'Islam. Le Coran mentionne bien l'obligation de combattre les infidèles, mais il fait référence aussi à la nécessité de la légalité de la guerre et de sa conformité au droit[105].

Ces deux exemples ne représentent pas, cependant, la diversité des interprétations communautariennes des relations internationales. S'il est vrai que certaines d'entre elles conçoivent la communauté nationale ou ethnique comme une entité totalitaire incompatible avec les droits et libertés individuelles, d'autres l'envisagent comme une entité pluraliste compatible avec les droits et libertés individuelles[106]. Dans l'ensemble,

---

105. Colard, *Les relations internationales*, 52-53.
106. Voir notamment Will Kimlicka, *Multicultural Citizenship: A Liberal Theory of Minority Rights* (Oxford: Oxford University Press, 1995); Charles Taylor, « Pourquoi les nations doivent-elles se transformer en États ? » *Rapprocher les solitudes. Écrits sur le fédéralisme et le nationalisme au Canada* (Sainte-Foy: Presses de l'Université Laval, 1992).

selon Hugues, les interprétations communautariennes des relations internationales considèrent que la relation d'une communauté avec le monde extérieur dépend de la nature de ses aspirations ou idéaux. Seules les communautés qui se prétendent supérieures (par la race, la langue ou la culture) peuvent chercher à s'isoler par l'établissement de frontières étanches ou tenter d'imposer leur domination aux autres par le missionnariat ou la conquête. Dans tous les cas, ce sont les valeurs d'unité et d'autonomie qui incitent les individus à s'impliquer dans les activités de construction ou de sauvegarde de leur communauté. La conviction des tenants de l'approche communautarienne est que la puissance des mouvements identitaires est en croissance et qu'elle implique un renforcement de la fragmentation et de la désintégration de la société internationale, un point de vue totalement opposé à celui des libéraux et néolibéraux pour lesquels la société internationale évolue vers une intégration de plus en plus poussée[107]. Cependant, alors que pour certains, comme Wallerstein[108] et Huntington[109], cette désintégration est synonyme de chaos et de conflits souvent violents, pour d'autres, tel ROSENAU[110], elle est porteuse de nouvelles formes de coopération entre les groupes humains.

En terminant, soulignons que d'autres approches critiques des théories classiques et néoclassiques des relations internationales ont été influencées par le paradigme postmoderniste. C'est le cas, notamment, des approches féministe et écologique. Dans l'ensemble, la majorité des féministes et des écologistes analysent les phénomènes transnationaux qui affectent les femmes (pauvreté, droits humains, guerre civile, etc.) ou l'environnement (émission de polluants, déforestation, réchauffement climatique, etc.) d'un point de vue réaliste, néoréaliste, libéral, néolibéral, marxiste ou néomarxiste. Les féministes et les écologistes les plus radicaux rejettent toutefois ces théories et utilisent une argumentation d'inspiration postmoderniste.

Ainsi, plusieurs auteures féministes anglo-saxonnes contestent l'objectivité et la neutralité des approches réaliste et néoréaliste des relations

---

107. Hughes, *Continuity and Change in World Politics*, 62-64.
108. Wallerstein, *After Liberalism*.
109. Huntington, *Le choc des civilisations*.
110. James N. Rosenau, *Turbulence in World Politics: A Theory of Change and Continuity* (Princeton: Princeton University, 1990).

internationales. La soif égoïste de pouvoir, les calculs d'intérêts, les rapports de compétition et de domination, le recours à la force, que ces théories présentent comme des comportements intrinsèques à la nature immuable des États sont, selon elles, des valeurs inhérentes à la génétique et à la psychologie de la gent masculine qui contrôle l'analyse et les leviers de la politique internationale. Si les femmes détenaient plus de pouvoir au sein des institutions de savoir et de recherche, des gouvernements et des organisations internationales, la conceptualisation et la dynamique des relations internationales ne seraient pas plus objectives, mais elle seraient guidées par des valeurs plus altruistes, pacifistes et égalitaristes car, étant physiologiquement constituées pour donner la vie et ayant été victimes de multiples formes d'oppression et de discrimination, les femmes sont viscéralement attachées au respect de la vie ; elles ont une répulsion naturelle pour toute forme d'agression ; elles comprennent d'instinct les principes à la base de la solution des conflits[111].

Les écologistes radicaux, quant à eux, rejettent la thèse libérale selon laquelle la cause première des problèmes environnementaux est l'exploitation abusive des ressources naturelles de la planète, une demande d'énergie, de combustibles et d'aliments supérieure à l'offre. Ils ne croient pas, comme les réalistes, que la persistance et l'aggravation des problèmes environnementaux sont insolubles en raison de la nature anarchique du système international, du refus des États de se plier à des réglementations environnementales internationales qui limitent leur souveraineté et contreviennent à certains de leurs intérêts nationaux. Ils contestent la vision néolibérale selon laquelle l'écologie de la planète peut être sauvegardée par l'interdépendance croissante des États et la création de régimes environnementaux internationaux. Ce sont, selon eux, les valeurs capitalistes modernistes occidentales (individualisme, matérialisme, productivisme, consumérisme) qui sont la cause fondamentale de la dégradation des écosystèmes. La solution des problèmes environnementaux est donc liée à l'adoption, par les citoyens des pays occidentaux au

111. Voir Darryl S. L. Jarvis, *International Relations and the Challenge of Postmodernism* (Columbia : University of South Carolina Press, 2000), 144-147. Pour une présentation de la perspective féministe des relations internationales, incluant le courant postmoderniste et ses critiques, voir J. Ann Tickner, « Feminist Perspectives on International Relations » *in* W. Carlsnaes, T. Risse et B. A. Simmons (dir.), *Handbook of International Relations* (Londres : Sage Publications, 2001), 275-292.

premier chef, d'une culture postmatérialiste qui : 1) valorise la protection de la nature ; 2) qui est réfractaire à l'industrialisation et à l'urbanisation ; 3) qui associe le bonheur à l'amélioration de la qualité des relations humaines plutôt qu'à la consommation des biens matériels. Ce sont les ONG nationales et transnationales − partis verts, groupes écologiques, syndicats, mouvements paysans alternatifs, etc. − et non les États et les OI qui sont le fer de lance de cette révolution culturelle, amorcée durant les années 1970[112].

Théories critiques et postpositivisme

Plusieurs ouvrages et articles associent les théories critiques des relations internationales au postpositivisme plutôt qu'au postmodernisme. Or le premier concept a un sens relativement différent du second. Il désigne généralement les théories qui critiquent la méthode d'analyse positiviste-behavioraliste, utilisée notamment par certains auteurs néoréalistes tels Waltz et Morton **KAPLAN**. Cette méthode vise à appréhender les comportements, *i.e.* les actions, les attitudes, les préférences et les attentes des acteurs individuels et des organisations grâce à des modèles hypothético-déductifs vérifiables empiriquement à l'aide des instruments fournis par les sciences exactes (mathématiques, cybernétique, informatique, économétrie). Les théories critiques des relations internationales, d'inspiration postmoderniste, ne sont pas nécessairement postpositivistes. Plusieurs auteurs constructivistes, dont Wendt, Finnemore et Ruggie, tout en soutenant que la conduite des individus et des groupes est largement déterminée par leurs valeurs subjectives, identitaires, admettent que ces dernières peuvent être expliquées à l'aide d'une méthodologie positiviste. Par contre, le néogramscien Robert Cox, les poststructuralistes Ashley, Campbell, Walker et Shapiro, et les constructivistes « du bon sens », tel Pettman, rejettent totalement le positivisme. Cox soutient même que le positivisme est intrinsèquement conservateur puisqu'il vise

---

112. Pour une analyse plus approfondie des diverses approches écologistes des relations internationales, voir notamment Éric Laferrière et Peter J. Stoett, *International Theory and Ecological Thought: Toward a Synthesis* (Londres/New York: Routledge, 1999) ; Ronald B. Mitchell, « International Environment », *Handbook of International Relations*, 500-517.

TABLEAU 1.1

Les théories des relations internationales

CONCEPTS/ THÉORIES	RÉALISME		LIBÉRALISME		MARXISME		CONSTRUCTIVISME	PERSPECTIVE COMMUNAUTAIRE
	Classique	Néoréalisme	Classique	Néolibéralisme	Classique	Néomarxisme		
Acteurs centraux des relations internationales	États souverains	États souverains	Individus	Groupes d'intérêt nationaux et transnationaux	Classes sociales	Classes sociales États-nations FMN	Individus, OI, États Groupes identitaires	Communautés nationales Groupes identitaires
Motivations des acteurs	Intérêts politiques stratégiques	Intérêts politiques stratégiques économiques technologiques	Intérêts politiques économiques	Intérêts politiques économiques autres	Intérêts économiques	Intérêts économiques politiques	Intérêts économiques politiques Valeurs culturelles	Valeurs culturelles
Comportement des acteurs	Compétition	Compétition	Coopération	Compétition/ coopération	Compétition/ coopération	Compétition/ coopération	Compétition/ coopération	Compétition/ coopération
Fondement de la stabilité/paix internationale	Équilibre des puissances	Équilibre des puissances Leadership d'un hegemon	Planétisation du capitalisme, du droit et de la démocratie	Interdépendance/ intégration	Socialisme	Socialisme/ Social-démocratie/ Coopération Nord-Sud	Équilibre des puissances / Coopération/ Intégration	Aucun/ Coopération inter-culturelle
Vision prospective du système international	Statu quo	Statu quo	Émergence d'un État mondial démocratique	Essor de l'intégration et de la coopération internationale	Disparition du capitalisme Coopération des États socialistes	Aucune	Aucune	Décentralisation, fragmentation porteuses de conflits/chaos ou coopération

à comprendre l'ordre international existant, plutôt qu'à dénoncer ses contradictions et ses inégalités et à tenter de le changer[113].

On retiendra de cet exposé que le débat entre théories classiques/néoclassiques et théories critiques des relations internationales est, d'une part, de nature épistémologique (opposition entre les visions moderniste et postmoderniste de la connaissance et du monde) et, d'autre part, de nature méthodologique (reconnaissance ou contestation de la validité des méthodes des sciences exactes en ce qui a trait à l'analyse des relations internationales). On retiendra également que la ligne de démarcation entre les deux camps est assez floue, car un nombre considérable d'auteurs critiques sont partiellement postmodernistes (tout en accordant une importance primordiale aux valeurs subjectives, ils reconnaissent que les intérêts objectifs influent également sur le comportement des acteurs) et ouverts, sinon favorables, à l'utilisation d'une méthodologie positiviste pour appréhender ces valeurs et intérêts.

✦

L'analyse des théories des relations internationales soulève une interrogation importante pour le néophyte ou l'étudiant des relations internationales : comment choisir entre les théories disponibles ? Comment juger de la validité scientifique respective des modèles proposés ?

La réponse à cette question n'est pas simple puisque les épistémologues eux-mêmes ne s'entendent pas sur le sujet. La conception la plus généralement admise est celle de Karl Popper selon laquelle une théorie est valable sur le plan scientifique lorsqu'elle est confirmée par les faits et potentiellement falsifiable. Kuhn et Lakatos[114] ont cependant relativisé l'importance de la vision poppérienne en arguant que, même si une théorie est contredite par la réalité, elle continue souvent à être utilisée par les chercheurs qui adhèrent encore à ses valeurs normatives et qui sont liés entre eux par des intérêts personnels, économiques et professionnels. En outre, une théorie peut être jugée non conforme aux faits sur la base d'une connaissance partielle ou superficielle de ces derniers. L'approfondissement du

---

113. Robert Jackson et Georg Sorensen, *Introduction to International Relations* (Oxford : Oxford University Press, 1999), 233.

114. Kuhn, *La structure des révolutions scientifiques* ; Lakatos, *Histoire et méthodologie des sciences*.

savoir et l'amélioration des méthodes d'investigation du réel peuvent conduire à la réhabilitation d'une théorie. L'élimination définitive d'une théorie est donc un processus très long qui implique son invalidation par un très vaste ensemble de recherches empiriques et la répudiation de ses postulats normatifs. Certains philosophes, tel Paul K. **FEYERABEND**[115] rejettent de manière encore plus radicale l'approche rationnaliste-positiviste de Popper, considérant que l'influence qu'exerce une théorie dépend moins de sa confirmation par la réalité que des critères esthétiques et personnels des chercheurs et des conditions sociales dans le cadre desquelles elle est élaborée. À la limite, selon cette conception postmoderniste, toutes les théories se valent puisqu'il n'existe aucun critère objectif d'évaluation de ces dernières.

Même si on admet comme Popper qu'une théorie est valide sur le plan scientifique tant qu'elle n'a pas été infirmée par les faits, il est difficile de faire un choix entre les théories générales classiques et néoclassiques des relations internationales puisque chacune d'entre elles comporte certaines propositions qui ont été contredites par l'histoire et d'autres qui ne l'ont pas été. En outre, aucune de ces théories n'aborde la société internationale dans sa globalité et sa complexité. L'attitude la plus pertinente, dans ces conditions, est de considérer que toutes les approches — à l'exception des théories postmodernistes radicales très marginales — peuvent être utiles à la compréhension des relations internationales et utilisées dans une perspective de complémentarité, à la condition d'éviter l'écueil du syncrétisme (association arbitraire ou sans fondement logique de diverses théories). Depuis les années 1980, l'analyse des relations internationales est d'ailleurs devenue de plus en plus éclectique, comme le montre entre autres la convergence des théories néoréaliste et néolibérales et les nouvelles approches synthèses du néolibéralisme et du constructivisme. Plusieurs raisons expliquent cette évolution, notamment la mondialisation des relations internationales, le développement de la pluridisciplinarité dans les sciences sociales et la fin de la guerre froide.

---

115. Paul K. Feyerabend, *Contre la méthode. Esquisse d'une théorie anarchiste de la connaissance* (Paris : Le Seuil, 1988).

CHAPITRE 2

Les acteurs des relations internationales

Les États

Les théories des relations internationales définissent l'État de diverses façons. Ainsi, pour les libéraux classiques, l'État est l'incarnation de la Raison ou de l'Intérêt général. Pour les néolibéraux, il est le lieu d'arbitrage des conflits entre les groupes d'intérêt de la société. Pour les réalistes, il est l'expression de la puissance et de la souveraineté de la nation. Pour les marxistes, il est l'instrument dont se sert la classe dirigeante pour imposer sa domination aux autres classes. Dans le langage courant, l'État est généralement assimilé à l'ensemble des institutions qui le constituent — les assemblées parlementaires (pouvoir législatif), le chef de l'État et le cabinet ou gouvernement (pouvoir exécutif), les tribunaux (pouvoir judiciaire), l'armée et la police (pouvoir répressif), la fonction publique, les entreprises et les services publics — et il est encore souvent confondu avec la nation. Cependant, dans la pratique des relations internationales, c'est la définition que donne le droit international public de l'État qui est généralement utilisée. C'est donc à cette dernière que s'intéressera cette section.

Selon le droit international public, l'État comporte cinq éléments : un espace territorial, une population, un système de gouvernement, une personnalité juridique internationale, la souveraineté.

Un espace territorial

Un État ne peut exister sans territoire. C'est pourquoi la sauvegarde du territoire a une importance suprême pour les États; la majorité des conflits internationaux dans l'histoire ont été motivés par la défense ou la conquête d'un territoire. L'existence d'un État implique qu'il exerce des droits souverains et exclusifs sur une zone géographique déterminée qui est constituée par trois éléments: la terre, l'eau et l'air.

L'espace territorial terrestre. L'espace terrestre est délimité par des frontières naturelles (cours d'eau, montagnes, océans) ou artificielles (longitude, latitude) fixées par un traité. Dans les faits, les frontières terrestres de plusieurs États continuent à faire l'objet de contestations, soit parce qu'elles n'ont pas fait l'objet d'un acte juridique, soit parce que cet acte juridique n'est pas accepté par les autorités de l'État concerné. Cette situation est la cause de conflits parfois très violents et meurtriers. Ainsi la guerre livrée par le Paraguay à ses voisins en 1865-1870 lui a coûté les deux tiers de son territoire et 65 % de sa population. De même, les affrontements sino-vietnamiens de 1979 ont été responsables de 70 000 blessés ou tués.

La délimitation de l'espace terrestre des États est complexifiée par le fait que plusieurs d'entre eux possèdent un plateau continental qui se prolonge sous la mer. Cette situation a été la source de nombreuses controverses car les règles définissant la souveraineté des États sur leur plateau continental demeuraient incomplètes, en dépit des conventions de Genève de 1958 et 1960 sur le droit de la mer. Ainsi un différend a opposé la France et le Canada entre 1966 et 1989 relativement au partage de la souveraineté des deux pays sur les eaux recouvrant le plateau continental de l'archipel de Saint-Pierre-et-Miquelon. La France revendiquait des droits de souveraineté sur une zone de 200 milles marins au large des côtes de l'archipel, alors que le Canada prétendait que la souveraineté de la France devait être limitée à 12 milles marins sous peine d'un large empiètement sur ses propres eaux territoriales. En 1989, un tribunal d'arbitrage a finalement statué en faveur du Canada en limitant la souveraineté de la France à 12 milles marins, sauf pour un corridor de 10 milles marins de largeur s'étendant jusqu'à 200 milles marins au sud de l'archipel[1]. La Convention des Nations Unies sur le droit de la mer, adoptée en 1982 et entrée en vigueur en 1994[2], à la suite de sa ratification par 60 États, a clarifié les règles relatives à la souveraineté des États sur leur plateau continental. Elle stipule qu'un État exerce une *souveraineté absolue* sur les eaux qui bordent ses côtes jusqu'à 12 milles marins, qu'il possède ou non un plateau continental. Elle ajoute que tout État qui possède un plateau continental se prolongeant au-delà de 12 milles marins détient une *souveraineté contiguë* sur la zone comprise entre 12 milles et 24 milles marins et une *souveraineté exclusive* sur la zone comprise entre 24 milles et 200 milles marins. La souveraineté contiguë signifie que l'État peut exercer les contrôles nécessaires pour prévenir et réprimer les infractions à ses lois et règlements douaniers, fiscaux, sanitaires ou d'immigration dans sa mer territoriale. La souveraineté exclusive signifie que «l'État a des droits souverains sur l'exploration, l'exploitation, la conservation et la gestion des ressources naturelles, biologiques et non biologiques» de cette zone. Mais les autres États «jouissent de la liberté de navigation et de survol, de la liberté de poser des câbles et pipelines sous-marins et de la liberté d'exploiter la mer à d'autres fins internationalement licites». La souveraineté exclusive dont jouissent plusieurs États sur leur zone économique entre 24 et 200 milles marins ne les empêche pas de conclure des ententes avec d'autres États relativement à l'exploration et l'exploitation des ressources de cette zone. Ainsi, dans le cadre de l'Organisation des pêches de l'Atlantique Nord-Ouest (OPANO), le Canada, l'UE, les États-Unis et les autres États riverains de l'Atlantique Nord-Ouest s'attribuent mutuellement des quotas ou droits de pêche dans leurs zones économiques respectives. La Convention des Nations Unies sur le droit de la mer a aussi établi un régime international de gestion des fonds sous-marins qui s'étendent au-delà de la limite des 200 milles marins sur la base du principe que ces fonds constituent un héritage commun de l'humanité. Toutefois, les grandes puissances ayant refusé de ratifier la Convention en raison de ce régime, ce dernier a été

---

1. Pour le texte de ce jugement, voir Jacques-Yvan Morin, Francis Rigaldies, Daniel Turp, *Droit international public. Tome II – Document d'intérêt canadien et québécois* (Montréal: Éditions Thémis, 1997), 599-625.

2. Des extraits de cette convention sont reproduits dans Jacques-Yvan Morin, Francis Rigaldies et Daniel Turp, *Droit international public. Tome I – Documents d'intérêt général* (Montréal: Éditions Thémis, 1997), 355-415.

abandonné en 1994 de telle sorte que la gestion de ces fonds demeure jusqu'à ce jour soumise à la loi du marché.

L'espace territorial aquatique et maritime. L'espace aquatique et maritime sur lequel un État exerce sa souveraineté comprend les mers, les lacs et les cours d'eau enclavés dans son espace terrestre ainsi que la mer qui borde ses côtes jusqu'à 12 milles marins (dans tous les cas) et qui recouvre son plateau continental jusqu'à une limite maximale de 200 milles marins (dans plusieurs cas).

L'espace territorial aérien. Les conventions de Washington de 1919, de Chicago de 1944 et de Genève de 1958 stipulent que tout État a une souveraineté complète et exclusive sur son espace aérien, *i.e.* l'espace atmosphérique (entre 3 et 80 kilomètres de hauteur) qui recouvre son espace terrestre et maritime (jusqu'à 12 milles marins). À l'intérieur de cet espace, le survol d'avions militaires est interdit, sauf en cas d'accords explicites avec d'autres États. Par exemple, le Canada a autorisé les avions militaires de l'Organisation du traité de l'Atlantique Nord (OTAN), dont il est membre, à procéder à des exercices dans certaines zones de son espace aérien (au-dessus du Labrador notamment). Il a aussi conclu avec les États-Unis, en 1993, un accord qui permet à ces derniers de tester des systèmes d'armement dans certains secteurs de son espace aérien[3]. Par contre, en vertu du droit international, chaque pays doit permettre aux avions civils des autres pays de survoler son espace aérien et de faire escale sur son territoire pour des raisons techniques. Le droit d'embarquer ou de débarquer des passagers ou des marchandises est quant à lui conditionnel à la signature d'accords bilatéraux entre les États. En vue de résoudre les problèmes posés par la navigation aérienne civile, les États ont créé la Commission internationale de la navigation en 1919, remplacée par l'Organisation de l'aviation civile internationale (OACI) en 1944.

Les États n'exercent aucune souveraineté sur l'espace extra-atmosphérique (au-delà de 80 kilomètres en hauteur) qui recouvre leurs territoires terrestre et maritime. En vertu du traité de 1967 et de l'Accord de 1979 de l'ONU[4], l'espace extra-atmosphérique et les corps célestes ne peuvent

---

3. Accord relatif à l'essai et à l'évaluation réciproque de systèmes d'armes du 10 février 1993. Voir Morin, Rigaldies et Turp, *Droit international public. Tome I*, 121-125.
4. *Ibid.*, 289-294.

faire l'objet d'aucune appropriation par les États. En principe, chaque pays a le droit d'installer en orbite des satellites, télescopes, navettes spatiales, systèmes de défense antimissiles ou autre technologie civile et militaire. En pratique, seuls les États-Unis, l'Union européenne (UE), la Russie et la Chine possèdent des véhicules aérospatiaux et des bases de lancement de ces derniers, ce qui leur donne un certain contrôle sur l'espace extra-atmosphérique.

Une population

Un État ne peut exister sans une population. De plus, très rares sont les États dont la population est constituée d'une seule nation. Soulignons au passage qu'en raison de sa forte connotation subjective et politique, le terme nation a donné lieu à plusieurs définitions. Pour certains, une nation est « une communauté stable d'individus historiquement constituée d'une langue, d'un territoire, d'une vie économique et d'une formation psychique qui se traduit par une communauté de culture ». Pour d'autres, elle est « une âme, un principe spirituel » ou « un riche legs de souvenirs, un désir de vivre ensemble, une grande solidarité, un rêve d'avenir partagé[5] ». Les modifications de frontières et les déplacements de populations causés par la décolonisation, les guerres, les conflits internes, les mouvements migratoires et la mondialisation ont fait en sorte que la population d'un grand nombre d'États est aujourd'hui constituée d'une ou plusieurs nations dominantes et de minorités nationales. Le corollaire de cette situation est que plusieurs nations n'ont pas d'État propre (ex. Palestiniens, Kurdes, Québécois). Comme nous l'avons vu dans le chapitre précédent, les opinions sont partagées quant aux incidences de la diversité ethnique de plus en plus marquée des États. Certains considèrent qu'elle accroît les risques de conflits internes, en alimentant les mouvements autonomistes ou sécessionnistes et les

---

5. Gonidec et Charvin, *Les relations internationales*, 25. La première définition a été formulée par Staline en 1913 dans son ouvrage *Le marxisme et la question nationale*. Selon Olivier Roy, *L'Asie centrale contemporaine* (Paris : Presses universitaires de France, 2001), 27-28, elle a servi de fondement à la création des républiques soviétiques d'Asie centrale (Turkménistan, Ouzbékistan, Kazakhstan, Tadjikistan, Kirghizistan) entre 1924 et 1936. La seconde définition a été formulée par Benedict Anderson dans *Imagined Communities Reflections on the Origin and Spread of Nationalism* (New York : Verso, 1991).

tendances xénophobes et racistes ; d'autres croient que ces conflits peuvent être évités si les États adoptent une approche démocratique permettant de concilier les libertés individuelles, les droits de la majorité et les revendications identitaires des minorités. Le multiculturalisme canadien est souvent cité en exemple à cet égard. Mais ce modèle ne fait pas l'unanimité. Apprécié dans les sociétés anglo-saxonnes, il est critiqué par la France, le Japon et une partie de l'opinion publique québécoise.

La population d'un État, quel que soit le degré de son homogénéité ethnique, est constituée de deux catégories d'individus : les nationaux et les étrangers. La nationalité, qui concerne non seulement les personnes physiques mais également les personnes morales (les entreprises, les organisations et les moyens de transport tels les navires et avions), est le lien juridique d'un individu ou d'une personne morale à un État déterminé. Selon la Déclaration universelle des droits de l'homme de 1948, « tout individu a droit à une nationalité ». En fait, il arrive que certaines personnes n'aient pas de nationalité : ce sont les apatrides, situation dans laquelle se trouvent plusieurs Roms ou gitans. Par contre, d'autres personnes cumulent plus d'une nationalité. Ces différences sont la conséquence du principe selon lequel chaque État a le droit souverain de déterminer par sa législation les conditions d'acquisition et de perte de la nationalité. Les principaux critères d'attribution de la citoyenneté utilisés par les États sont : la filiation par le sang (*jus sanguinis*), la naissance ou la résidence sur le territoire de l'État (*jus solis*) et la combinaison de ces deux critères. Selon la loi fédérale de 1976, les trois critères d'octroi de la citoyenneté au Canada sont le *jus sanguinis*, le *jus solis* et la naturalisation. La très grande majorité des pays, dont le Canada, permettent la double ou la multinationalité. Quelques très rares pays interdisent totalement (Haïti, République démocratique du Congo, Mauritanie) ou partiellement (Australie, Belgique) la double nationalité.

Les nationaux jouissent des droits inclus dans le droit interne de l'État : droit de vote, éligibilité, accès aux emplois publics et aux programmes sociaux, libre accès au territoire national, droit d'y résider, etc. De même, ils sont soumis aux obligations prévues par le droit national, par exemple le service militaire et le paiement de l'impôt sur le revenu. En revanche, les étrangers sont soumis à un régime particulier moins favorable. Il faut cependant observer que le statut juridique des étrangers tend à se rapprocher de celui des nationaux, en raison de la ratification par les États de conventions internationales protégeant les droits des réfugiés[6] et des immigrants et d'accords bilatéraux ou multilatéraux conclus par les États en cette matière. Ainsi, depuis l'adoption du Traité sur l'Union européenne (TUE), en 1993, chaque État membre de l'UE est tenu d'accorder aux citoyens des autres États de l'Union des droits égaux à ceux qu'il accorde à ses propres citoyens (droit au travail, droit à la sécurité sociale, droit de vote, etc.). On notera également qu'en vertu de la loi fédérale canadienne de 1976, tout citoyen d'un pays du Commonwealth — et de l'Irlande — jouit des droits concédés à un citoyen canadien lorsqu'il réside au Canada. Du point de vue international, le principal intérêt de la nationalité est qu'elle permet à son détenteur d'obtenir la protection diplomatique de son État lorsqu'il est victime de la violation d'une loi internationale par le pays étranger où il se trouve.

Un système de gouvernement

Selon le droit international, tout État doit posséder un système de gouvernement. Le principe selon lequel «tout État a le droit inaliénable de choisir son système politique, économique, social et culturel sans aucune forme d'ingérence de la part de n'importe quel autre État» a été reconnu par divers actes juridiques, notamment la résolution du 24 octobre 1970 de l'Assemblée générale de l'ONU et l'acte final de la Conférence sur la sécurité et la coopération en Europe (CSCE) de 1975. Il signifie que les États ne doivent pas lier la reconnaissance d'un autre État ou l'établissement de relations diplomatiques avec ce dernier à la nature de son système politique, économique, social et culturel. Les déclarations mentionnées n'ont cependant pas un caractère obligatoire, de telle sorte que les États demeurent libres de tenir compte ou non de la nature du régime politique d'un État lorsqu'il s'agit de le reconnaître ou d'établir des relations diplomatiques avec lui. Dans les faits, le principe selon lequel la reconnaissance des États doit être indépendante de la nature de leur régime politique est plus ou moins respecté depuis 1945. Les pays occidentaux ont entretenu des relations diplomatiques normales avec la plupart des pays communistes durant la guerre froide. Si les États-Unis ont rompu

---

6. Convention relative au statut de réfugié (1951) complétée par le Protocole relatif au statut des réfugiés (1967). Voir Morin, Rigaldies et Turp, *Droit international public. Tome I*, 177-189.

leurs relations diplomatiques avec la RPC de 1949 à 1971, et fermé leur ambassade à Téhéran, après la révolution islamique de 1979, ils ont maintenu leur ambassade à La Havanne, malgré leur aversion pour le régime de Fidel Castro instauré en 1959. L'Arabie saoudite et le Pakistan ont rompu leurs relations diplomatiques avec l'Afghanistan, après 1992.

L'application de ce principe soulève parfois des problèmes cependant. Par exemple, la décision de la France et de plusieurs pays de maintenir leurs relations diplomatiques avec le Chili, après le coup d'État du général Augusto Pinochet en septembre 1973, a été critiquée par plusieurs défenseurs des droits de la personne. Une large partie de la communauté haïtienne canadienne a reproché au gouvernement d'Ottawa de ne pas avoir rompu ses relations diplomatiques avec Port-au-Prince, à la suite du coup d'État anticonstitutionnel du général Cedras en 1991.

Il faut ajouter que le droit international n'interdit pas à un groupe d'États ou à une organisation internationale de conditionner l'octroi d'un avantage à la mise en œuvre de réformes politiques. Les programmes d'aide aux pays en développement sont de plus en plus souvent assortis de conditions telles que l'application des règles de la bonne gouvernance, le respect des droits de la personne, la libéralisation des politiques commerciales et la démocratisation du système politique. Depuis 1962, le respect des valeurs et des normes démocratiques est une condition *sine qua non* d'adhésion à la Communauté/Union européenne. Pour entrer dans l'UE, les pays de l'Europe centrale et orientale (PECO) se sont vu imposer des conditions supplémentaires : posséder des économies de marché fonctionnelles et capables de concurrencer celles de l'UE ; être en mesure d'appliquer effectivement les normes et valeurs démocratiques ; adopter les législations et réglementations en vigueur dans l'UE[7]. Depuis 2000, des conditions encore plus exigeantes ont été imposées aux pays candidats de l'Europe du Sud-Est (Balkans et Turquie). Désormais, les chartes d'un grand nombre d'OI (telles que le Conseil de l'Europe, l'Organisation des États Américains (OEA), le Mercosur, l'OTAN, l'UE et l'Union africaine (UA) conditionnent, sinon l'adhésion, du moins le maintien du membership d'un État au respect des règles démocratiques.

---

7. Sur ce sujet, voir Diane Éthier, « Is Democracy Promotion Effective ? Comparing Conditionality and Incentives », *Democratization*, 3, 1 (2003), 99-121.

En vertu du droit international, il ne suffit pas cependant qu'un État possède un système de gouvernement. Il faut que ce système soit effectif, c'est-à-dire « que les individus qui se présentent comme étant qualifiés pour parler au nom de l'État puissent faire respecter de manière durable les normes qu'ils édictent par la majeure partie, sinon la totalité de leur population sur leur territoire[8] ». Dans les faits, il est rare qu'un État cesse d'être reconnu par la communauté internationale s'il s'avère incapable de mettre fin à une guerre civile ou à une rébellion sévissant à l'intérieur de ses frontières. Une telle décision, en effet, peut être interprétée comme une violation du principe de non-ingérence et elle peut dans certains cas aller à l'encontre du droit à l'autodétermination des nations opprimées. Ainsi, l'opération *Restore Hope* menée par les États-Unis et les Casques bleus de l'ONU en Somalie, en 1992, a été justifiée par des raisons humanitaires — nourrir la population acculée à la famine — et non par l'absence de toute autorité gouvernementale capable de mettre fin à une guerre prolongée entre clans tribaux rivaux. Les massacres répétés de populations par les organisations islamistes fondamentalistes terroristes en Algérie au cours des années 1990 ont incité la France à s'interroger sur l'effectivité du gouvernement algérien et la pertinence d'une intervention internationale, mais ces questionnements n'ont pas eu de suite.

Les représentants de l'État. Les autorités qui représentent l'État sur la scène internationale varient selon la nature du système politique et la répartition des pouvoirs en matière de politique étrangère. Dans les régimes semi-présidentiels, comme ceux de la France et de la Russie, les principaux représentants de l'État sont le président de la République, le premier ministre et le ministre des Affaires étrangères. Dans les régimes présidentiels comme celui des États-Unis, ces fonctions sont assumées par le président et le secrétaire d'État. Dans les monarchies constitutionnelles, comme la Grande-Bretagne, l'Espagne, le Canada, et les républiques parlementaires, comme l'Allemagne et l'Italie, c'est le chef du gouvernement et son ministre des Affaires étrangères qui sont les principaux représentants de l'État, car le chef officiel de l'État (monarque ou président) n'a que des pouvoirs honorifiques ou symboliques. Ces autorités

---

8. Gonidec et Charvin, *Relations internationales*, 30.

sont assistées dans leurs fonctions par plusieurs autres personnes, notamment les divers ministres du gouvernement et le corps diplomatique.

Une personnalité juridique internationale

La personnalité juridique internationale de l'État signifie qu'il a, en tant que personne morale ou collectivité humaine possédant une assise territoriale et des individus qualifiés pour agir en son nom, des droits et des obligations ayant une portée et une dimension internationales[9].

La première conséquence de la personnalité juridique internationale de l'État est qu'il a une continuité dans le temps. L'État continue d'exister même s'il subit des modifications territoriales (cession, sécession, conquête, annexion) et des changements violents ou anticonstitutionnels de régime politique. C'est la raison pour laquelle les nouveaux gouvernements déclarent fréquemment qu'ils respecteront les obligations internationales de leurs prédécesseurs. C'est également la raison pour laquelle le droit international dissocie la reconnaissance des États, par l'établissement de relations diplomatiques *de jure* ou *de facto*, des changements de gouvernement.

La deuxième conséquence de la personnalité juridique internationale des États est que les actes dont les gouvernants sont les auteurs ne leur sont pas imputables personnellement, mais le sont à l'État lui-même, ce dernier étant considéré comme une entité distincte de ceux qui agissent en son nom. La troisième conséquence est qu'en vertu de leur personnalité juridique internationale, les États sont responsables des actes que commettent leurs ressortissants (individus ou personnes morales) dans un pays étranger. Dans les faits, ce principe est très difficile à appliquer parce qu'il n'existe aucun traité ou accord international écrit sur le sujet. Ce sont les diverses règles coutumières du droit international public et privé qui déterminent les modalités de réparation des dommages causés à un État par les gouvernants ou les ressortissants d'un autre État. Cette situation explique que les poursuites criminelles et civiles, relatives au naufrage du pétrolier américain Exxon Valdez au large des côtes de l'Alaska, à la plongée d'un avion d'Air India dans les eaux du R.-U. et à l'explosion d'une usine de la firme américaine Union Carbide en Indes

---

9. Charte des droits et des devoirs des États, adoptée par l'ONU en 1974.

dans les années 1980, ne sont toujours pas réglées, ou ont exigé des décennies de procédures devant les tribunaux. L'histoire suivante, rapportée par *La Presse* du 28 mai 2009, illuste la longueur et la complexité de ces litiges. Après la guerre du Golfe de 1991, la Kuwait Airways Corporation (KAC) a intenté deux poursuites contre la Iraqi Airways Company (IAC) et contre le gouvernement de la république d'Irak devant les tribunaux britanniques pour la saisie de certains de ses avions durant le conflit. En 2008, les tribunaux anglais condamnent IAC et le gouvernement irakien à verser respectivement à la KAC des montants équivalents à 1 milliard et 84 milliards de dollars canadiens. Ces jugements tardant à être appliqués, la KAC se présente devant les tribunaux québécois en 2008 pour obtenir un droit de saisie sans ordonnance (*i.e.* sans que l'IAC et l'Irak n'en soient avisés) de deux immeubles de Montréal appartenant à l'État irakien et de quelques avions commandés par l'IAC à Bombardier qui sont alors en construction. Une firme d'avocats québécoise, rétribuée par l'Irak, parvient toutefois à faire annuler la saisie au motif que l'Irak bénéficie d'une immunité étatique au Canada et non au Royaume-Uni. La cause est portée en appel par la KAC, mais entretemps Bombardier livre à l'IAC les avions commandés. En avril 2009, la Cour d'appel du Québec donne raison aux défenseurs de l'Irak. La KAC soumet alors sa cause à la Cour suprême du Canada. Près de 20 ans plus tard la cause est toujours en suspens.

La souveraineté

Du XVIIe au XXe siècle, la souveraineté des États a constitué le principal fondement du droit international, malgré les critiques formulées à son endroit par l'école libérale. Celle-ci, on le sait, s'est toujours opposée au nationalisme et au protectionnisme des États, prônant la libéralisation des échanges, l'extension de la démocratie et la suprématie des droits individuels sur ceux des États. La mondialisation et l'universalisation du modèle démocratique, au XXe siècle, ont contribué à une érosion de la souveraineté des États et favorisé l'adhésion d'un nombre de plus en plus grand de penseurs et d'acteurs à la conception libérale du droit international. La crise des modèles nationalistes de développement, la troisième vague de transitions démocratiques et la fin de la guerre froide ont entraîné une remise en question de plus en plus importante du bien-fondé de la souveraineté inaliénable des États et des principes s'y rattachant, tel celui de la non-ingérence dans les affaires intérieures d'un État. En témoignent le recours de plus en plus fréquent à la conditionnalité économique et politique par les OI ou les agences d'aide nationales et la multiplication des interventions unilatérales non sollicitées de l'ONU ou de l'OTAN dans divers pays, au nom des droits humanitaires (ex. Somalie 1992, Bosnie-Herzégovine, 1995, Kosovo, 1999).

Néanmoins, la souveraineté demeure jusqu'à ce jour la caractéristique juridique la plus importante de l'État aux yeux du droit international. D'un point de vue négatif, elle peut être définie comme l'absence de subordination à l'égard d'un autre État ou d'une entité internationale. De là découle le principe de l'égalité juridique des États (un État = une voix) qui est appliqué au sein de plusieurs OI. La souveraineté ainsi conçue implique qu'un État peut refuser d'appliquer telle règle ou norme adoptée par les autres États. Cependant, en agissant de la sorte, ce dernier s'expose à des pénalités diverses (discrédit, perte d'avantages, représailles) de la part des autres États tout en risquant d'être contesté par son opinion publique. Par ailleurs, l'égalité juridique des États ne signifie nullement la disparition des inégalités de fait entre petites, moyennes et grandes puissances. D'un point de vue positif, la souveraineté implique l'exclusivité, l'autonomie et la plénitude de la compétence. *L'exclusivité de la compétence* signifie que, sauf accord international, seules les autorités qualifiées de l'État, à l'exclusion de toutes les autres, peuvent exercer des actes de contrainte dans le cadre de l'espace national. Ainsi, les corps policiers d'un État ne peuvent poursuivre un ressortissant sur le territoire d'un autre État. Toutefois, l'État de ce ressortissant peut obtenir son extradition s'il existe un accord en ce sens avec l'État concerné. Cependant, si d'autres lois de cet État, telle une loi relative aux réfugiés politiques, ont préséance sur cet accord d'extradition, celle-ci peut s'avérer impossible. *L'autonomie de la compétence* signifie que les autorités qualifiées de l'État ont la liberté pleine et entière de décision. Cela implique qu'elles ne peuvent être soumises aux injonctions, directives et ordres formulés par une autorité extérieure. C'est de ce principe que découle la règle de non-ingérence dans les affaires intérieures d'un autre État, à moins que cette intervention n'ait été formellement sollicitée par l'État concerné. La situation se complique lorsqu'il existe deux gouvernements dans un État — un gouvernement en poste mais chancelant et un gouvernement dans l'opposition sur le point de prendre le pouvoir – et qu'une demande d'intervention est sollicitée par l'un ou l'autre. Le problème est alors de savoir s'il faut obtempérer à la demande d'intervention d'une faction ou au refus d'intervention de l'autre faction. La *plénitude de la compétence* signifie qu'aucun domaine n'échappe au pouvoir de juridiction de l'État, un principe qui légitime l'existence d'États théocratiques (Iran, Afghanistan des Talibans, Arabie saoudite) ou communistes (Corée du Nord, Cuba). Cependant, tout État a la possibilité de laisser ou de transférer les secteurs d'activité qu'il désire aux acteurs de la société civile ou à une autorité extérieure (ex.: privatisation d'entreprises publiques, transfert de nombreuses compétences des États membres de l'UE aux institutions de l'Union).

La reconnaissance internationale

Lorsque les cinq éléments constitutifs mentionnés sont réunis, l'État existe comme réalité. Cependant, pour qu'il puisse véritablement participer à la vie internationale, il doit être reconnu par les autres États. Cela étant dit, un État non reconnu peut néanmoins entretenir des relations *de facto* avec d'autres États (ce fut le cas de la Rhodésie du Sud après sa déclaration unilatérale d'indépendance en 1965). Cela démontre que l'existence de l'État est un phénomène distinct de sa reconnaissance. Il n'en demeure pas moins qu'un État privé de reconnaissance est condamné à l'isolement, à l'autarcie économique et à l'appauvrissement. C'est la raison pour laquelle les nouveaux États sont généralement prêts à se soumettre à plusieurs exigences de la communauté internationale – et des grandes puissances en particulier – pour être reconnus (ex. Slovaquie, Croatie, Slovénie, Bosnie-Herzégovine, Montenegro, Kosovo). Étant donné que la reconnaissance d'un État est un acte discrétionnaire de chaque État, il arrive qu'elle soit prématurée et qu'elle intervienne avant que l'État concerné ne possède les cinq caractéristiques constitutives mentionnées. Il existe néanmoins une limite juridique à ce pouvoir discrétionnaire – l'interdiction de reconnaître un État en violation des règles du droit international. La Russie et la Serbie ont contesté la déclaration unilatérale d'indépendance du Kosovo (2008) devant la Cour internationale de Justice. L'avis de la Cours, rendu en juillet 2010, soutient que cette déclaration «est conforme au droit international en général», mais ne se prononce pas sur la qualité d'État souverain du Kosovo. Jusqu'à maintenant, la déclaration unilatérale d'indépendance du Kosovo a été reconnue par 69 pays, dont le Canada, les États-Unis et 22 États membres de l'UE. Parmi les nombreux États qui ont refusé d'entériner cette déclaration se trouvent la Russie, la Chine, l'Inde, l'Espagne, la Grèce, Chypre, la Roumanie et la Slovaquie. Les seules OI qui ont accepté le Kosovo comme membre, jusqu'à maintenant, sont le FMI et la Banque mondiale. Il est peu probable que le Kosovo soit admis à l'ONU, comme il le souhaite, car toute nouvelle admission requiert un vote des deux tiers des 192 membres de l'Assemblée générale. Les déclarations unilatérales d'indépendance de l'Ossétie du Sud et de l'Abkhazie — régions que revendique la Géorgie — n'ont été reconnues par aucun État, sauf la Bosnie[10].

Les organisations internationales

Éléments constitutifs[11]

Les organisations internationales (OI) sont des organisations dont les membres sont exclusivement les gouvernements centraux des États. Leurs caractéristiques sont similaires à certains égards et différentes à d'autres égards de celles des États dont elles sont une émanation.

Processus de création et structures

Alors qu'un État est créé soit par la force, soit par la négociation d'une entente (constitution) entre diverses forces politiques, toute OI naît d'un accord (charte, traité) entre deux ou plusieurs États, auquel chaque État adhère individuellement[12]. La constitution d'un État définit la nature des institutions politiques, leurs pouvoirs respectifs et leurs règles de fonctionnement. Elle comporte des règles d'amendement et des règles d'interprétation de ses dispositions. La charte d'une OI est similaire à la constitution d'un État. Elle définit la nature, les pouvoirs et les règles de

---

10. Pour plus d'information voir le site de la Cour internationale de Justice : www. icj-cij.org.

11. Sur ce point, voir notamment Gonidec et Charvin, *Relations internationales*, 92-150 ; Pierre Weiss, *Les organisations internationales* (Paris : Nathan, 1998), 12-27.

12. Cette affirmation doit être nuancée. Certaines OI, telle l'Organisation pour la sécurité et la coopération en Europe (OSCE), se sont dotées d'une charte ou d'un traité constitutif quelques années après leur fondation.

fonctionnement des organes de l'organisation; elle contient des règles d'amendement et d'interprétation de ses dispositions. Lors de sa création, toute OI négocie avec un de ses États membres l'octroi d'une portion de territoire pour l'établissement de son siège social.

Au sein des États, la répartition du pouvoir emprunte différentes formes. Dans les États unitaires (ex.: France, Portugal, Grèce, Indonésie, Japon), le pouvoir est concentré entre les mains du gouvernement central; dans les États fédéraux (ex.: Canada, Russie, Allemagne, États-Unis, Australie, Brésil), le gouvernement central conserve la majorité des pouvoirs mais une partie plus ou moins importante d'entre eux sont confiés aux gouvernements régionaux. L'ampleur de cette délégation de pouvoirs détermine le degré de centralisation d'une fédération. Dans les confédérations, les gouvernements régionaux détiennent plus de pouvoirs que le gouvernement central. Aucun État ne possède à notre époque une véritable structure confédérale. Par contre, toutes les OI sont des confédérations.

> La confédération est une formule d'union entre États, formalisée par des procédés juridiques variés. Elle s'oppose à la fédération par une différence essentielle: la fédération est une unité politique et juridique constituée d'un seul État, internationalement souverain, regroupant des unités plus petites dont l'autonomie peut être forte mais qui, internationalement, ne sont pas des États; la confédération est au contraire une pluralité d'États qui seuls ont l'existence internationale[13].

Les OI sont des confédérations d'États plus ou moins centralisées. On dit d'une OI qu'elle est centralisée lorsque ses décisions ont un caractère obligatoire pour les États membres. C'est le cas des résolutions du Conseil de sécurité de l'ONU et des directives du Conseil de l'UE. À l'inverse, une OI est décentralisée lorsque ses décisions n'ont pas de caractère obligatoire pour les États membres. La majorité des OI sont décentralisées.

Règles d'adhésion

C'est l'obtention de la nationalité qui permet à un individu ou à une personne morale d'adhérer à un État. C'est la signature de la Charte d'une

---

13. Paul Reuter et Jean Combacau, *Institutions et relations internationales* (Paris: Presses universitaires de France, 1982), 287.

OI qui permet à un État d'adhérer à cette dernière. Ni l'adhésion à un État ni l'adhésion à une OI ne sont inconditionnelles ou automatiques. Seuls les étrangers qui répondent aux critères fixés par la loi de naturalisation d'un pays peuvent obtenir la nationalité de ce dernier. L'admission au sein d'une OI est conditionnelle au respect des dispositions de sa Charte par un pays candidat. En outre, l'admission d'un nouvel État membre doit être acceptée par l'organe restreint ou plénier d'une OI. Cela signifie que cette admission fait souvent l'objet de négociations entre les États membres. Ces derniers peuvent décider d'imposer au pays candidat des conditions d'adhésion qui ne sont pas inscrites dans la Charte de l'organisation. Ainsi, durant les années 1970, la Communauté européenne (CE) a conditionné l'adhésion de la Grèce, de l'Espagne et du Portugal à l'instauration préalable de la démocratie dans ces trois pays, bien que cette condition n'était pas inscrite dans le traité de Rome de 1957 à l'origine de la CE.

Nature et prérogatives des organes constitutifs

Tous les États disposent d'un organe restreint (exécutif), d'un organe plénier (Parlement), d'un appareil administratif, d'un ensemble hiérarchisé de tribunaux, d'une police et d'une armée. En règle générale, chaque OI comprend un organe restreint (où siègent quelques États membres), un ou plusieurs organes pléniers (où tous les États membres sont représentés), un appareil administratif ou secrétariat. Cependant, seules quelques OI disposent d'un ou plusieurs tribunaux et aucune ne possède une police ou une armée propre. Les OI à vocation stratégique disposent d'une force d'intervention militaire, mais celle-ci est constituée par les contingents des armées des États membres. Il n'existe pas d'armée supranationale.

Les pouvoirs attribués à chacun de ces organes varient en fonction de la nature autoritaire ou démocratique, présidentielle ou parlementaire des régimes politiques des États et de la nature des OI. Il n'y a pas de règle absolue ou de modèle universel à cet égard.

Dans les États démocratiques, le pouvoir de décision, soit l'adoption des lois, est dévolu au Parlement (régimes parlementaires) ou partagé entre le Parlement et le président (régimes présidentiels). Le pouvoir d'exécution, soit l'application des lois, est confié au gouvernement. Dans les États autoritaires, le véritable pouvoir décisionnel en matière législative est monopolisé par l'organe exécutif; le Parlement ne fait qu'entériner les lois édictées par le chef de l'État et son gouvernement. Dans certaines OI, telle l'ONU, le pouvoir de décision est concentré entre les mains de l'organe restreint, l'assemblée générale n'ayant qu'un pouvoir de recommandation. Dans d'autres OI, telles l'OTAN, l'Organisation mondiale du commerce (OMC) et l'OEA, l'organe restreint ne fait qu'appliquer les décisions adoptées par l'assemblée générale des États membres. Dans d'autres OI, tel le FMI, le pouvoir de décision est partagé entre l'organe restreint et l'organe plénier. Dans les États et les OI, le rôle de l'appareil administratif est d'appliquer les décisions adoptées par l'organe plénier ou restreint.

Il en va autrement pour les tribunaux et la police. Tous les États possèdent une structure hiérarchisée de tribunaux qui ont le pouvoir de juger et de punir les citoyens qui contreviennent aux lois nationales. L'exécution des sentences est garantie par l'existence de corps policiers qui ont le mandat de contraindre les citoyens à obéir aux ordres et verdicts des cours. En revanche, le pouvoir de sanction des instances juridictionnelles internationales est beaucoup plus limité, puisqu'en raison de la souveraineté inaliénable des États et de l'absence d'une police supranationale, l'application des jugements qu'ils prononcent contre des États fautifs dépend de la collaboration volontaire de ces derniers. Il est vrai que les OI ont des pouvoirs de contrainte (sanctions économiques, suspension de certains droits et privilèges, expulsion, etc.) mais ceux-ci sont difficiles à exercer puisqu'ils exigent l'accord des États membres. En réalité, la soumission ou la non-soumission d'un État au jugement d'une cour internationale dépend des bénéfices (support de son opinion publique, défense de ses intérêts, etc.) et des pertes (détérioration de ses relations avec certains partenaires, sanctions des autres États, etc.) liés à chaque attitude.

Les tribunaux pénaux internationaux — Tribunal pénal international du Rwanda (TPIR), Tribunal pénal international de l'ex-Yougoslavie (TPIY), tribunaux pénaux pour la Sierra Leone, le Timor oriental, le Cambodge, le Liban et la Cour pénale internationale (CPI)[14]— possèdent

14. La Commission du droit international de l'Assemblée générale de l'ONU a tenté sans succès de faire adopter par les États un projet de cour criminelle internationale en 1953. Un nouveau projet, présenté en 1996, a conduit à l'adoption du Statut de Rome créant la CPI en 1998. Celle-ci a commencé à siéger à La Haye (Pays-Bas) en 2002. Elle

des pouvoirs plus étendus puisqu'ils peuvent accuser, juger et condamner à l'emprisonnement tout individu (dirigeant, militaire, policier, fonctionnaire, etc.) responsable de génocide, de crime de guerre, de crime d'agression et de crime contre l'humanité. Cependant, la tenue des procès et l'application des sentences ne sont possibles que si l'État d'origine de la personne accusée accepte de l'arrêter et de la traduire devant ces tribunaux. Or cette collaboration n'est pas assurée. Premièrement, si tous les États sont tenus de se soumettre aux décisions des tribunaux pénaux internationaux créés par le Conseil de sécurité, tel n'est pas le cas pour la CPI qui émane d'un traité international (le Statut de Rome). Seuls les pays ayant ratifié ce statut sont soumis à l'autorité de la CPI[15]. Deuxièmement, les États peuvent contester un ordre d'extradition ou de comparution du TPIY, du TPIR ou de la CPI en arguant qu'il contrevient à leur droit interne et constitue une ingérence dans leurs affaires intérieures. Dans un tel cas, seules les menaces de représailles des autres États peuvent éventuellement convaincre un pays récalcitrant de se soumettre aux ordres d'une juridiction pénale internationale[16]. Le tribunal international qui détient le pouvoir de sanction le plus effectif est la Cour de justice européenne de l'UE (CJUE). Instance juridique suprême de l'UE, celle-ci interprète et applique le droit communautaire ; elle se prononce sur tous les recours en cette matière qui lui sont soumis par les institutions et les

n'est compétente que pour les crimes commis depuis juillet 2002. Si la CPI est permanente, les tribunaux pénaux internationaux créés par le Conseil de sécurité (TPR, TPY, tribunaux créés en 2004 pour le Timor oriental, la Sierra Leone et le Cambodge) sont temporaires et le nombre de personnes jugées par ces derniers, limité. Voir Morin, Rigaldies et Turp, *Droit international public, Tome I*, 467-486.

15. Le Statut de Rome a été adopté le 17 juillet 1998 par la Conférence des Nations Unies pour l'établissement d'une Cour pénale internationale ; il est entré en vigueur le 1er juillet 2002. En avril 2009, 108 États étaient membres de la CPI : 39 pays européens, 30 pays africains, 23 pays latino-américains, le Canada, 7 pays asiatiques et 8 pays de l'Océanie. Près de la moitié des États n'ont donc pas signé ou ratifié le traité de Rome, dont la Russie, les États-Unis, Israël, la Chine et la majorité des pays asiatiques.

16. En juin 2001, c'est la menace des États-Unis et de l'UE de ne pas verser l'aide promise de 1,3 milliard de dollars US à la République fédérale de Yougoslavie qui a convaincu le gouvernement yougoslave de livrer au TPIY l'ex-président Slobodan Milosevic, accusé de crimes de guerre en raison du massacre des Albanais du Kosovo par l'armée serbe. Par contre, le mandat d'arrêt lancé par la CPI contre le président du Soudan en 2008, en raison des crimes de guerre et des crimes contre l'humanité commis au Darfour, n'a pas eu de suite jusqu'à maintenant, faute d'appui de la Communauté internationale.

États membres de l'UE. Ces derniers respectent beaucoup plus systématiquement les arrêts de la CJUE, non seulement parce qu'ils ont un caractère obligatoire et que la Cour peut imposer des amendes à ceux qui n'appliquent pas ses arrêts, mais parce qu'ils ont tous intérêt à ce que le droit communautaire soit respecté, étant fortement interdépendants les uns des autres. Ceci tend à démontrer que plus l'interdépendance des États est approfondie, plus ces derniers sont prêts à se soumettre à l'autorité d'une instance judiciaire supranationale. On peut donc prévoir que si l'intégration continentale et internationale continue à progresser, la capacité des tribunaux internationaux d'imposer le respect du droit international augmentera.

Des raisons identiques expliquent l'inégalité de la puissance militaire des États et des OI. La quasi-totalité des États possèdent une armée dont la mission principale est de défendre l'intégrité et la sécurité du territoire national. Par contre, aucune OI ne possède sa propre armée. Les forces militaires dont disposent certaines d'entre elles — ONU, OTAN, OEA, Union africaine (UA) — sont essentiellement constituées par les contingents de soldats fournis par les États membres. En outre, seule l'OTAN possède une structure de commandement militaire intégrée constituée des représentants des états-majors des États membres. La mission des armées multilatérales est de prévenir et de résoudre les conflits entre les États qui sont situés dans leur zone d'opération (planétaire dans le cas de l'ONU, régionale dans les autres cas). Du point de vue militaire, les OI n'ont donc aucune autonomie, étant entièrement dépendantes des décisions et contributions des États membres. Cette situation est due au fait que les États, en particulier les plus puissants, refusent de déléguer leur souveraineté en matière militaire à une autorité supranationale.

Pouvoirs, ressources et représentation

Les OI possèdent des pouvoirs moins étendus que ceux des États. Leur personnalité juridique internationale leur confère le droit de conclure des traités et des conventions internationales, d'assurer une protection diplomatique à leurs agents, de saisir une juridiction internationale, de jouir de privilèges et d'immunités, et d'établir des missions dans différents pays. À l'égard de leurs États membres, elles ont des pouvoirs d'évocation et de discussion, de délibération, de gestion, de contrôle juridictionnel et administratif et de contrainte indirecte.

Les OI ont une autonomie de financement plus restreinte que les États car si ces derniers peuvent contraindre, sous peine d'amendes ou d'emprisonnement, tous les citoyens à contribuer au budget de l'État sous la forme de taxes et d'impôts, il est beaucoup plus difficile pour une OI d'obliger un État membre à verser sa cotisation à l'organisation. Ainsi, malgré les demandes insistantes du secrétaire général de l'ONU et les critiques des États membres, le Congrès américain a suspendu le paiement de sa cotisation équivalant à 25 % du budget de l'ONU pendant plusieurs années, plaçant cette dernière dans une situation de crise financière. En outre, les États bénéficient d'un grand nombre de ressources propres (droits de douane, revenus des entreprises publiques, tarification de leurs services, etc.) que ne possèdent pas les OI. À l'exception de l'UE qui, depuis 1970, a progressivement remplacé les contributions nationales des États membres par des ressources propres qui ont garanti son indépendance financière (prélèvements agricoles, droits de douane du tarif extérieur commun, pourcentage des recettes de la taxe sur la valeur ajoutée perçue par les États membres), les revenus que procurent aux OI leurs activités propres représentent une fraction marginale de leur budget. Par ailleurs, alors que les États peuvent emprunter sur le marché financier national ou international sans autorisation des contribuables, les OI doivent obtenir l'aval des États membres pour effectuer de telles opérations. Enfin, s'il est vrai que les OI peuvent recevoir des dons, à l'instar des États, ces derniers constituent un élément négligeable de leurs revenus.

Un autre élément distingue les OI des États. Alors que le personnel des organes restreint et large des États démocratiques est élu indirectement ou directement par les citoyens, celui des organes restreint et large des OI est nommé par les gouvernements centraux des États membres.

Évolution historique

Les premières confédérations d'États ont été les Cités grecques de la Béotie, de Corinthe et du Péloponnèse au Ve siècle avant Jésus-Christ. Par la suite et jusqu'au XXe siècle, les confédérations d'États sont demeurées des phénomènes exceptionnels. On peut citer le cas des Ligues des villes marchandes de l'Italie et de l'Allemagne du Nord durant le Moyen Âge, de la Confédération suisse, établie en 1389, et de la confédération

des États-Unis d'Amérique, créée en 1781 à l'issue de la guerre d'indépendance, dont l'existence sera de courte durée puisqu'elle sera convertie
en une fédération par la Constitution de 1787. Au XIXe siècle, la formation
de compagnies multinationales et l'expansion des échanges commerciaux
impulsées par la révolution industrielle incitèrent les États à établir des
OI à caractère technique et administratif dans le but d'améliorer les
transports, les communications et le commerce. Afin de permettre une
gestion commune des fleuves européens par les États riverains, le Congrès
de Vienne de 1815 instaura la Commission centrale pour la navigation du
Rhin ; en 1856, le Congrès de Paris institua la Commission européenne
du Danube. Suivirent l'établissement de l'Union internationale des télécommunications (UIT) en 1865 et de l'Union postale universelle (UPU)
en 1874. D'autres OI, telles que l'Organisation de l'industrie sucrière et
l'Institut agricole international, furent également mises sur pied.

La première OI à vocation politique ayant pour mission de maintenir
la paix et la stabilité de la société internationale sera la SDN, créée en
1920 à l'issue de la Première Guerre mondiale (1914-1918). La SDN établit
un système de sécurité collective, selon lequel l'atteinte à la sécurité de
l'un des membres serait « *ipso facto* [...] un acte de guerre contre tous les
autres membres de la Société ». Parallèlement, est constituée l'Organisation internationale du travail (OIT), doublement novatrice, puisqu'elle
vise à promouvoir une harmonisation des normes du travail afin d'empêcher une concurrence sauvage entre les travailleurs syndiqués ou
bénéficiant d'avantages sociaux et ceux qui n'ont aucune protection, tout
en instituant le principe des délégations tripartites pour les États (un
représentant des syndicats, un représentant du patronat et deux représentants du gouvernement central par pays).

Le système des organisations internationales après 1945[17]

Il faut toutefois attendre la deuxième moitié du XXe siècle pour voir se
constituer un véritable système d'OI, résultante de la crise économique

---

17. Sur les organisations internationales de la période 1945-1990, voir notamment
Weiss, *Les organisations internationales* ; Charles Zorgbibe, *Les organisations interna-
tionales* (Paris : Presses universitaires de France, 4e éd., 1997), 3-6 ; Marie-Claude
Smouts, *Les organisations internationales* (Paris : Armand Colin, 1995) ; Philippe
Moreau Desfarges, *Les organisations internationales contemporaines* (Paris : Le Seuil,
1996).

TABLEAU 2.1

Le système des organisations internationales après 1945[1]

ORGANISATIONS INTERNATIONALES DU BLOC OCCIDENTAL	ORGANISATIONS INTERNATIONALES EST-OUEST	ORGANISATIONS INTERNATIONALES DU BLOC COMMUNISTE
Alliances stratégiques	CSCE/OSCE (1975)	**Alliance stratégique**
OTAN (1949)		Pacte de Varsovie (1955)
ANZUS (1951-1987)		
OTASE (1954-1977)	**ORGANISATIONS INTERNATIONALES UNIVERSELLES**	**Économique**
UEO (1955-2000)		CAEM (1949)
OEA (1948)		
NORAD (1951)	Systèmes des Nations Unies (1945)	
Pacte de Bagdad (1955)		

Économiques
OECE/OCDE (1948)
CECA (1951)
CEE/EURATOM (1957)
AELE (1958)
GATT (1947)

ORGANISATIONS INTERNATIONALES des PED

Politiques	Économiques
Ligue arabe (1945)	OPEP (1960)
MPNA (1955)	ANSEA (1966)
OUA (1963)	CEDEAO (1970)
OCI (1969)	CARICOM (1973)

Politiques
Conseil de l'Europe (1949)

1. Cette liste des OI de l'après-guerre n'est pas exhaustive. Pour une liste plus complète assortie du nom des États membres de ces OI, voir les dictionnaires des relations internationales cités dans les références à la fin du volume.

des années 1930, du deuxième conflit mondial, de la guerre froide et de la décolonisation des pays d'Afrique et d'Asie.

Durant la période 1920-1945, les États-Unis affirment leur suprématie économique, politique et militaire sur l'Empire britannique et les autres puissances coloniales européennes. Le président américain de l'époque, Franklin Delano Roosevelt, et son équipe de fonctionnaires et conseillers sont des démocrates libéraux. Ils croient fermement qu'une autre dépression économique majeure et un troisième conflit mondial ne pourront être évités que par la mise sur pied d'OI centrées sur les objectifs suivants : (1) favoriser l'essor du commerce entre les pays capitalistes industrialisés par la stabilisation des monnaies et le maintien de l'équilibre des balances des paiements, la réduction des barrières tarifaires et non tarifaires aux échanges et le renforcement de l'intégration économique européenne; (2) atténuer les disparités économiques entre pays riches et pays pauvres grâce au financement par les premiers de programmes d'assistance aux seconds; (3) garantir la paix mondiale par la création d'un régime de sécurité collective universel capable d'imposer la paix par la force aux États en conflit. Ceci explique que les États-Unis aient assumé un rôle de leader lors des conférences qui donnèrent naissance aux organisations vouées à ces missions — FMI, General Agreement on Tariffs and Trade (GATT), Banque mondiale, ONU — entre 1941 et 1957. Pendant la guerre, tous leurs alliés, y compris l'URSS, se montrèrent favorables à ce programme, mais ce consensus ne résistera pas à la division du monde entre le camp communiste et le camp capitaliste au lendemain du conflit.

Les Américains et leurs alliés occidentaux n'acceptèrent pas que l'URSS favorise l'installation de régimes communistes dans les pays de l'Europe centrale et orientale situés dans la zone d'influence qui lui avait été concédée par les accords de Yalta (février 1945) et qu'elle appuie la lutte des partis communistes pour la conquête du pouvoir en Chine (1945-1949) et en Corée (1945-1948). Dès 1947, le président Harry Truman, qui avait succédé à Franklin Delano Roosevelt en 1945, adoptera une nouvelle politique étrangère fondée sur le principe de l'endiguement (*containment*) de l'expansion communiste. Cette décision sanctionnera la fin de l'alliance américano-soviétique et le début de la guerre froide. Celle-ci aura d'importantes répercussions sur le système des OI. Elle incitera l'URSS à boycotter le FMI et à opposer son veto aux résolutions du Conseil de sécurité proposées par les États-Unis et leurs alliés, empêchant ainsi l'ONU de remplir son mandat de maintien de la paix. En outre, la guerre froide introduira une dynamique conflictuelle au sein de l'assemblée générale et de plusieurs OI du système des Nations Unies, les États-Unis et l'URSS utilisant ces tribunes pour tenter de renforcer leurs appuis et leur influence au sein de la communauté internationale. La guerre froide incitera également les États-Unis et leurs alliés à créer une série d'OI régionales en vue de protéger leurs intérêts militaires, économiques et politiques contre la menace communiste, stratégie à laquelle l'URSS ripostera en créant son propre bloc d'OI régionales.

La décolonisation des pays d'Afrique et d'Asie, au cours de la période 1945-1965, processus favorisé par le déclin économique et militaire des puissances coloniales européennes (Grande-Bretagne, France, Belgique, Allemagne, Italie) et asiatique (Japon), contribuera également à modifier la configuration des OI en suscitant le regroupement des PED au sein de diverses OI relativement autonomes des blocs occidental et communiste. L'émergence d'un troisième bloc tiers-mondiste sera d'ailleurs encouragée ouvertement par la RPC ou indirectement par diverses moyennes puissances du camp occidental désireuses de limiter le poids de l'influence américaine et soviétique au sein du système international. Le Mouvement des pays non alignés constitua l'expression la plus éloquente de cette tentative d'autonomisation du tiers-monde. Il fut constitué en 1955 à l'initiative de la RPC, de l'Inde, de l'Indonésie et d'autres États asiatiques en vue de faire contrepoids à l'Organisation du traité de l'Asie du Sud-Est (OTASE), créée en 1954 par les États-Unis, la Grande-Bretagne et leurs alliés — Australie, Nouvelle-Zélande, Philippines, Thaïlande et Pakistan — en vue de lutter contre la subversion communiste dans la région.

> Le Mouvement des pays non alignés jeta les bases du neutralisme, doctrine structurée autour de dix principes de la coexistence pacifique : respect des droits de l'homme, respect de la souveraineté et de l'intégrité territoriale de toutes les nations, non-intervention et non-ingérence dans les affaires intérieures des États, refus de recourir à des arrangements de défense collective destinés à servir les intérêts particuliers des grandes puissances, règlement de tous les conflits internationaux par des moyens pacifiques, etc.[18].

En outre, la décolonisation permit une forte augmentation du nombre et de l'influence des PED au sein de l'assemblée générale de l'ONU et des institutions du système des Nations Unies. Ce changement de rapport de force, dans un contexte marqué par la paralysie du Conseil de sécurité, responsable du maintien de la paix, permit aux PED d'imposer à l'ONU un agenda centré sur l'aide au développement plutôt que sur la résolution des conflits interétatiques.

La guerre froide connut son apogée durant les treize premières années de l'après-guerre (1947-1960) ; la mort de Staline en 1953, le xxᵉ Congrès

---

18. Weiss, *Les organisations internationales*, 119.

du PCUS de 1956 et ses retombées favorisèrent l'avènement d'une période de dégel ou de détente à partir de la seconde moitié des années 1960 qui se concrétisa notamment par la négociation des accords Salt I (1969-1972) et Salt II (1973-1979) et le développement progressif des échanges économiques et technologiques Est-Ouest. C'est l'addition de ces expériences de dialogue et de coopération qui explique la création d'une première OI Est-Ouest, en 1975 à Helsinki : la Conférence sur la sécurité et la coopération en Europe (CSCE).

Dans l'ensemble, comme le montre le tableau 2.1, le système des OI de l'après-guerre fut donc caractérisé par l'existence de quatre blocs : les OI majoritairement universelles du système des Nations Unies ; les OI régionales ou interrégionales du bloc occidental dominées par les États-Unis ; les OI régionales ou interrégionales du bloc communiste dominées par l'URSS ; les OI interrégionales ou régionales des PED.

Le système des organisations internationales au tournant du xxie siècle

Durant le dernier quart du xxe siècle, trois séries de changements ont modifié en profondeur les relations internationales et le système des OI : la crise des modèles de développement économique nationalistes, tant à l'Est qu'à l'Ouest, qui conduira la très grande majorité des États à adopter un modèle de développement néolibéral ; la crise des régimes politiques autoritaires — capitalistes et communistes — et leur remplacement par des régimes démocratiques ; la fin de la guerre froide. La principale conséquence de ces bouleversements fut l'instauration d'un nouvel ordre unipolaire, caractérisé par l'hégémonie des États-Unis et l'expansion du modèle américano-occidental fondé sur le capitalisme et la démocratie[19].

À la suite de la Deuxième Guerre mondiale, la quasi-totalité des États — capitalistes et communistes — ont opté pour des modèles de développement introvertis ou nationalistes dans le cadre desquels la croissance économique reposait sur l'expansion du marché interne, soutenue par l'intervention de l'État et des politiques commerciales protectionnistes. Cependant, les États capitalistes ont également soutenu la libéralisation

---

19. John Ikenberry, « Liberal hegemony and the future of American postwar order », *in* T. V. Paul et John Hall (dir.), *International Order and the Future of World Politics* (Cambridge : Cambridge University Press, 1999), 123.

TABLEAU 2.2[1]

Le système des organisations internationales au tournant du xxie siècle

ORGANISATIONS INTERNATIONALES MONDIALES (ÉTATS MEMBRES ORIGINAIRES DE TOUTES LES RÉGIONS)		
POLYVALENTES	**SPÉCIALISÉES**	
ONU	CNUCED	Coopération Nord-Sud
Commonwealth	UNESCO	Éducation et culture
	OACI	Aviation civile
	FAO	Agriculture et alimentation
	OIT	Normes du travail
	OMC	Libéralisation des échanges
	Francophonie	Éducation et culture
	FMI	Stabilisation et ajustement des économies
	Banque mondiale	Aide aux PED
ORGANISATIONS INTERNATIONALES INTERRÉGIONALES (ÉTATS MEMBRES ORIGINAIRES DE DEUX CONTINENTS OU PLUS)		
POLYVALENTES	**SPÉCIALISÉES**	
CEI	OTAN	Sécurité
	OSCE	Coopération politique
	MPNA	Coopération politique
	OPEP	Gestion du pétrole
	G-7	Coopération économique
	OCDE	Coopération économique
	BERD	Aide aux PECO
	APEC	Intégration économique
	GUUAM	Sécurité
	Ligue arabe	Coopération politique
ORGANISATIONS INTERNATIONALES RÉGIONALES (ÉTATS MEMBRES ORIGINAIRES D'UN SEUL CONTINENT)		
POLYVALENTES	**SPÉCIALISÉES**	
UE	ALENA	Intégration économique
ANSEA	MERCOSUR	Intégration économique
CEDEAO	BID	Aide aux PED
UA	CEEAC	Intégration économique
OEA	Conseil nordique	Coopération politique
	OCE	Coopération économique
	Conseil de l'Europe	Coopération politique
	AELE	Commerce

1. Ce tableau ne fournit pas une liste exhaustive des OI actuelles. Pour une liste plus complète de ces dernières, assortie d'informations sur leurs dates de création et leurs membres, voir notamment *L'État du monde*, rubriques « Les organisations internationales » et « Les organisations régionales ».

progressive des échanges de marchandises et des flux de capitaux en vue de financer leur développement autocentré. Cette conciliation des logiques protectionniste et libérale était d'ailleurs conforme à l'approche social-démocrate du nouvel ordre économique mondial, défini par les Accords de Bretton Woods de 1944, le GATT (1947) et le traité de Rome instituant la CE (1957), qui faisait consensus au sein d'un grand nombre de pays. L'expérience a démontré que ces deux logiques ne pouvaient être indéfiniment compatibles, ce dont était fort conscient John Maynard Keynes, un des principaux artisans du consensus de Bretton Woods, qui considérait qu'à long terme le libéralisme l'emporterait nécessairement sur le protectionnisme. La contradiction entre ces deux dynamiques du développement fut largement responsable de la crise économique qui, à partir de 1975, se traduisit par un déclin de la croissance, une hausse de l'inflation, une augmentation de l'endettement et des déficits budgétaires des gouvernements, et un déséquilibre des balances des paiements. Cette crise força les États à adopter des modèles néolibéraux de développement dans le cadre desquels la croissance dépend de l'augmentation des exportations et de la productivité, objectifs impliquant une diminution de l'intervention de l'État au sein du marché et la libéralisation des échanges.

Si la crise économique n'a pas eu d'impacts politiques significatifs sur les démocraties, celles-ci offrant aux partis politiques et aux groupes d'intérêt la possibilité de négocier une répartition plus équitable de ses coûts, elle a aggravé la crise de légitimité de plusieurs dictatures, contribuant à la vague de transitions de l'autoritarisme à la démocratie qui a déferlé successivement sur l'Europe du Sud, l'Amérique latine, l'Asie de l'Est, l'Europe centrale et orientale, et l'Afrique entre 1973 et 1995[20]. Elle a également été l'un des principaux déterminants de l'enchaînement des évènements qui ont conduit à la disparition du bloc communiste et à la fin de la guerre froide. L'aggravation de la crise économique de l'URSS, au début des années 1980, en raison notamment de son engagement militaire en Afghanistan, a en effet hypothéqué sa capacité à concurrencer le

---

20. Sur la relation entre la crise économique et les transitions de l'autoritarisme à la démocratie, voir Stephen Haggard et Robert Kaufman, *The Political Economy of Democratic Transitions* (Princeton : Princeton University Press, 1995) ; Diane Éthier, « Des relations entre libéralisation économique, transition démocratique et consolidation démocratique », *Revue internationale de politique comparée*, 8, 3 (2001).

développement de la puissance militaire américaine. Elle explique qu'en 1985, le nouveau secrétaire général du PCUS, Mikhaïl Gorbatchev, ait accepté la proposition du gouvernement Reagan d'abandonner son projet de bouclier spatial et de négocier une réduction des armements stratégiques américains et soviétiques en Europe, en contrepartie de la mise en œuvre par les autorités soviétiques de réformes axées sur la privatisation de l'économie et la démocratisation du système politique. Ces réformes — la perestroïka et la glasnost — ont créé des conditions favorables à la disparition de la tutelle du PCUS sur le système politique soviétique et à l'abandon par Moscou de sa politique d'intervention au sein des États membres du pacte de Varsovie et des républiques de l'URSS. La crise économique et la disparition de toute menace d'intervention soviétique ont renforcé les mouvements de dissidence contre les régimes communistes dans les pays de l'Europe de l'Est, et contre la tutelle de Moscou dans les républiques de l'URSS, mouvements qui ont abouti à l'effondrement du communisme au sein du bloc de l'Est et à l'éclatement de l'URSS entre 1989 et 1991[21].

Ces bouleversements ont entraîné la disparition des OI du bloc communiste, le Pacte de Varsovie et le Conseil d'assistance économique mutuelle (CAEM) étant dissous dès 1991. Ils ont également eu un impact important sur l'ONU. Comme le souligne Marie-Claude Smouts, un désir de coopération sans précédent entre les Grands va replacer le Conseil de sécurité au cœur du dispositif onusien dès 1988. Ce nouveau climat d'entente va permettre à l'ONU de remporter plusieurs succès entre 1988 et 1992 : règlement de la guerre entre l'Iran et l'Irak, retrait des troupes soviétiques d'Afghanistan, désarmement des *contras* soutenus par les Américains au Nicaragua, envoi de missions de paix au Guatemala et au Salvador, indépendance de la Namibie, expulsion des troupes iraquiennes du Koweït. Il va également inciter l'ONU à augmenter le nombre et l'importance de ses opérations, tout en changeant leur nature. Aux opérations traditionnelles de maintien de la paix s'ajouteront des

---

21. Les mouvements de dissidence étaient soutenus par les États-Unis et par plusieurs autres acteurs occidentaux. Le scénario des évènements qui ont conduit à la fin de la guerre froide est fort bien expliqué par Magaret Thatcher dans ses mémoires, *10, Downing Street* (Paris : Albin Michel, 1993).

opérations de rétablissement de la paix, de reconstruction nationale et d'imposition de la paix pour des raisons humanitaires[22].

Plusieurs de ces nouvelles missions seront toutefois des échecs. Ces résultats démontreront que les difficultés de l'ONU à remplir efficacement son rôle de gendarme de la paix ne peuvent être attribuées uniquement aux antagonismes de la guerre froide. Elle tiennent à la nature même de son système de sécurité collective, fondé sur l'idée optimiste de l'après-guerre que cinq grandes puissances aux intérêts divergents peuvent coopérer de manière permanente en vue de sauvegarder la paix mondiale. Elles renforceront le sentiment que, dans le contexte du nouvel ordre international post-guerre froide, ce sont les interventions multilatérales ou les organisations régionales placées sous le leadership de Washington qui sont les plus en mesure d'imposer la paix. Cependant, les interventions des États-Unis et de l'OTAN en Afghanistan (en 2001) et celle de la coalition dirigée par les États-Unis en Irak (en 2003), dont le succès a été très mitigé jusqu'à maintenant, éroderont sérieusement cette confiance dans la capacité de pacification de l'hégémonie américaine. Ce désabusement sera alimenté par l'inaptitude des autres puissances à constituer des régimes de sécurité collective régionaux efficaces. Ainsi, les États de l'Europe de l'Ouest ne parviendront pas à faire de l'Union de l'Europe occidentale (UEO — dissoute en 2000) et de la politique étrangère et de sécurité commune (PESC) de l'UE une alternative crédible à l'OTAN ; la Russie ne réussira pas à transformer la Communauté des États indépendants (CEI) en un système de sécurité collective performant ; l'Organisation de l'unité africaine (OUA), en dépit de sa conversion en Union africaine (UA) en 2001, s'avérera impuissante à résoudre les conflits entre États africains ; les pays asiatiques seront incapables de se doter de systèmes de défense autonomes, à la suite de la dissolution de l'Organisation du traité de l'Asie du Sud-Est (OTASE), en 1977, et de l'alliance entre l'Australie, la Nouvelle-Zélande et les États-Unis (ANZUS), en 1987. Le Groupe de Shanghai, créé en 2001 par la Russie et la Chine, dont sont aussi membres le Kazakhstan, le Kirghiztan, le Tadijikistan et l'Ouzbékistan, et auquel participent comme observateurs *ad hoc* l'Iran,

---

22. Smouts, *Les organisations internationales*, 139-143. Sur l'évolution des missions des Casques bleus depuis 1990, voir le site de l'ONU et le site www.operationspaix. net.

l'Inde, le Pakistan et la Mongolie, n'est pas une alliance de sécurité collective dotée de forces militaires. Il s'agit d'une organisation de coopération économique et de sécurité régionale, qui vise notamment à lutter contre le terrorisme et à réduire l'influence américaine en Asie centrale.

La période des années 1990 sera également caractérisée par la transformation des OI à vocation économique. D'une part, plusieurs des ex-pays communistes et NPI du tiers-monde adhéreront aux organisations économiques du bloc occidental, en particulier l'OCDE, et à celles du système des Nations Unies : l'OMC et le FMI, entre autres. D'autre part, on assistera à un progrès sans précédent de la libéralisation des échanges dans le cadre de l'Uruguay Round (1986-1993), qui remplacera le GATT par l'OMC, une organisation dotée de pouvoirs accrus en matière de règlement des litiges commerciaux. Sur le plan régional, ce mouvement se traduira par l'approfondissement et l'élargissement du processus d'intégration européenne et la constitution de nouvelles zones de libre-échange, unions douanières, marchés communs et espaces de coopération économique en Europe, en Amérique du Nord et du Sud, en Afrique et en Asie.

L'intégration des marchés deviendra la priorité de la plupart des OI, tant celles à vocation économique, que celles à vocation politique ou stratégique, la mondialisation étant désormais considérée comme la dynamique la plus susceptible d'assurer l'enrichissement, la coopération et la bonne entente des nations. Plusieurs OI, dont le FMI, la Banque mondiale, l'UE, la Banque européenne de reconstruction et de développement (BERD), le Conseil de l'Europe, l'OTAN, l'OSCE, l'OEA, l'UA et le Mercosur décideront donc de conditionner désormais leurs programmes d'aide (militaire, financière ou autre) à l'adoption par les États receveurs de réformes destinées à libéraliser leur système économique et à démocratiser leur régime politique. Parallèlement, on assistera à une réduction importante de l'aide non conditionnelle aux PED et au déclin des OI spécialisées dans l'assistance aux pays du tiers-monde, telles que l'Organisation des Nations Unies pour le développement industriel (ONUDI), le Programme des Nations Unies pour le développement (PNUD) et la Conférence des Nations Unies sur le commerce et le développement (CNUCED).

Ces transformations modifieront la configuration des OI à plusieurs égards : celles-ci seront de moins en moins fondées sur des critères idéologiques et politiques : les OI du bloc occidental accueilleront dans leurs rangs plusieurs PED et ex-pays communistes ; le nombre des OI interrégionales et régionales augmentera substantiellement, notamment dans le domaine économique. La classification des OI fera donc désormais appel à des critères neutres, tels l'origine géographique (mondiale, interrégionale, régionale) des États membres et le domaine de spécialisation de l'organisation plutôt qu'à des critères idéo-politiques (voir tableau 2.2).

L'Organisation des Nations Unies[23]

Les étapes de la création de l'ONU

Le projet de créer une véritable organisation internationale universelle plus efficace que la SDN en matière de maintien de la paix a été conçu par les Alliés durant la Deuxième Guerre mondiale ; mais ce sont en réalité trois hommes qui ont décidé de ses principales orientations : Franklin Delano Roosevelt, Winston Churchill et Joseph Staline, dans une moindre mesure. Le gouvernement nationaliste chinois de Chiang Kai-shek a été associé marginalement à ces décisions et les forces de la France libre du général de Gaulle ont été tenues à l'écart, comme le montrent les participants aux conférences de fondation de l'ONU (voir tableau 2.3).

En août 1941, le premier ministre britannique Winston Churchill et le président américain Franklin Delano Roosevelt, dont le pays n'est pas encore entré en guerre[24], se rencontrent dans le plus grand secret sur le *Augusta* et le *Prince of Whales,* qui se croisent dans l'Atlantique Nord, afin d'établir les principes d'une future organisation universelle internationale. La Charte de l'Atlantique, adoptée le 14 août 1941, stipule : 1) qu'aucun agrandissement territorial ne devra être recherché par les États signataires ; 2) qu'il ne pourra y avoir de modification territoriale sans l'accord des intéressés ; 3) que chaque peuple pourra choisir librement la forme de son gouvernement ; 4) que la paix future sera garantie par la sécurité internationale, la réduction générale des armements, la

---

23. Un des ouvrages les plus complets sur l'évolution de l'ONU depuis 1945 est : Thomas Weiss et Sam Saws (dir.), *The Oxford Handbook on the United Nations* (Oxford : Oxford University Press, 2007).

24. C'est la destruction par les Japonais de leur flotte du Pacifique, à Pearl Harbor, le 7 décembre 1941, qui provoqua l'entrée en guerre des États-Unis.

TABLEAU 2.3

Les étapes de la création de l'ONU

ÉVÈNEMENT	DÉCISIONS
14 août 1941 • Charte de l'Atlantique • Navires *Augusta* et *Prince of Whales* dans l'océan Atlantique • Winston Churchill, Franklin D. Roosevelt	Aucun agrandissement territorial ne devra être recherché par les États signataires. Aucune modification territoriale sans l'accord des intéressés. Chaque peuple pourra choisir librement son système de gouvernement. La paix sera garantie par la sécurité internationale, la réduction des armements, la liberté des mers, le libre accès aux matières premières. Les États signataires devront coopérer en matière de développement économique et social.
1er janvier 1942 • Déclaration des Nations Unies • Washington (D.C.) • États-Unis et 25 pays alliés contre l'Axe	Ajoute le respect de la liberté religieuse aux principes de la Charte de l'Atlantique.
30 octobre 1943 • Déclaration de Moscou • Moscou • Mêmes participants que ci-dessus	Proclame la nécessité d'établir le plus tôt possible une OI fondée sur le principe d'une égale souveraineté de tous les États pacifiques, grands et petits, afin d'assurer la paix et la sécurité internationale.
Juillet 1944 • Conférence monétaire et financière des Nations Unies • Bretton Woods (New Hampshire, États-Unis) • États-Unis, Grande-Bretagne et 43 pays alliés contre l'Axe	Définition des paramètres du futur ordre économique international. Création du FMI et de la Banque mondiale.
Août à octobre 1944 • Conférence de Dumbarton Oaks • Washington (D.C.) • États-Unis, Grande-Bretagne, URSS, Chine	Adoption des principales règles organisationnelles de l'ONU.
4 au 11 février 1945 • Conférence de Yalta • Yalta (Ukraine) • Joseph Staline, Winston Churchill, Franklin D. Roosevelt	Décision d'accorder un droit de veto à cinq des membres permanents du Conseil de sécurité : États-Unis, Grande-Bretagne, URSS, Chine, France.
25 avril au 26 juin 1945 • Conférence de San Francisco • San Francisco • 51 États alliés contre l'Axe	Signature de la charte constitutive de l'ONU.
24 octobre 1945 • Entrée en fonction de l'ONU • Londres	

liberté des mers, le libre accès aux matières premières; 5) que les États signataires devront coopérer en matière de développement économique et social. Le 1er janvier 1942, les États-Unis, désormais impliqués dans le conflit mondial, et les 25 autres États en guerre contre les puissances de l'Axe (Allemagne, Italie, Japon) et leurs supporteurs signent la Déclaration des Nations Unies à Washington. Celle-ci reprend les principes de la Charte de l'Atlantique en y ajoutant celui de la liberté religieuse[25]. Le 30 octobre 1943, les mêmes États signent la Déclaration de Moscou qui proclame «la nécessité d'établir, aussitôt que possible, une organisation internationale fondée sur le principe d'une égale souveraineté de tous les États pacifiques, grands et petits, afin d'assurer le maintien de la paix et de la sécurité internationale». En juillet 1944, se tient la Conférence monétaire et financière des Nations Unies à Bretton Woods dans l'État américain du New Hampshire. Fruit d'un compromis entre les propositions américaines et britanniques, elle définit les paramètres du futur ordre économique international et crée le FMI et la Banque mondiale. Entre août et octobre 1944, les États-Unis, la Grande-Bretagne, l'URSS et la Chine, invitée à se joindre aux discussions uniquement en septembre 1944, définissent les règles de fonctionnement de la future ONU lors d'une conférence secrète qui se déroule au domaine de Dumbarton Oaks à Washington. Entre le 4 et le 11 février 1945, la Conférence de Yalta décide notamment qu'un droit de veto sera accordé à chacun des cinq membres permanents du futur Conseil de sécurité de l'ONU: États-Unis, URSS, Chine, France, Grande-Bretagne. La France, qui ne participe pas à cette conférence malgré la reconnaissance du gouvernement provisoire du général de Gaulle en octobre 1944, obtient un statut de membre permanent avec droit de veto grâce au premier ministre britannique, Winston Churchill, qui parvient à contrer l'opposition du président américain Franklin Delano Roosevelt[26]. L'ONU est officiellement créée lors de la

25. «Les Nations Unies» était le nom donné aux Alliés de la Deuxième Guerre mondiale. Franklin D. Roosevelt proposera de donner ce nom à l'organisation universelle imaginée par les Alliés.

26. Le président Roosevelt n'a jamais considéré les forces françaises libres dirigées par le général de Gaulle, depuis Londres, comme un allié important dans la guerre contre les puissances de l'Axe. Cette attitude n'est pas étrangère aux tensions qui marqueront les relations franco-américaines durant la période où le général de Gaulle sera au pouvoir (1958-1969) en France. Winston Churchill était beaucoup plus méfiant à l'égard de l'URSS communiste que Roosevelt. Sa volonté de voir la France participer

Conférence de San Francisco qui se réunit entre le 25 avril et le 26 juin 1945. Cinquante et un États en guerre contre l'Axe signent sa Charte. L'ONU entre officiellement en fonction le 24 octobre 1945 après avoir été ratifiée par les cinq membres permanents du Conseil de sécurité et la majorité des 51 États signataires initiaux. Elle siégera à Londres jusqu'à ce que la construction de son siège social à New York soit complétée au début des années 1950. La dissolution de la SDN devint effective le 31 juillet 1947[27].

Les différences entre l'ONU et la SDN

La SDN, entrée en fonction en 1920, est issue du traité de Versailles (28 avril 1919)[28] qui mettait fin à la Première Guerre mondiale entre l'Allemagne et les États de l'Entente (France, Grande-Bretagne, Italie, États-Unis)[29]. Bien que le président libéral américain Woodrow Wilson fut le principal inspirateur et instigateur de la SDN, le Sénat américain refusa de ratifier le traité de Versailles, de telle sorte que les États-Unis ne furent jamais membres de l'organisation. Celle-ci suscita néanmoins un véritable engouement en Europe en renforçant la conviction que la guerre était écartée à tout jamais. Dans les faits, toutefois, la SDN ne réussit qu'à régler des conflits mineurs et elle fut incapable de s'opposer à la politique de réarmement et à l'esprit revanchard de l'Allemagne nazie qui menèrent au déclenchement de la Deuxième Guerre mondiale en 1939. Cet échec incita les fondateurs de l'ONU à doter la nouvelle organisation d'une charte différente de celle de la SDN, afin d'accroître son efficacité en matière de maintien de la paix. Huit éléments en particulier distinguent les deux organisations (voir tableau 2.4).

au club des Cinq du Conseil de sécurité était motivée par le désir de marginaliser le plus possible l'influence de l'URSS au sein du Conseil. Voir André Kaspi, *Franklin Roosevelt* (Paris: Fayard, 1988).

27. Pour des informations plus complètes sur les conférences qui ont conduit à la création de l'ONU et sur les évènements de la Deuxième Guerre mondiale, voir le site Internet du *Avalon Project of the Yale Law School* (www.yale.edu/lawweb/avalon).

28. La Charte de la SDN est constituée par les 26 articles du traité de Versailles qui lui sont consacrés. Pour une analyse des négociations du traité de Versailles, voir Margaret Macmillan, *Paris 1919* (New York: Random House, 2002).

29. La Russie, alliée de l'Entente durant la guerre, signa une paix séparée avec l'Allemagne (traité de Brest-Litovsk de 1917) après la victoire de la révolution bolchevique.

TABLEAU 2.4

Société des Nations en comparaison de l'Organisation des Nations Unies

SDN	ONU
1. La charte de la SDN est constituée par 26 articles du traité de Versailles mettant fin à la Première Guerre mondiale.	La charte de l'ONU est indépendante des traités mettant fin à la Seconde Guerre mondiale.
2. La SDN n'était pas une organisation.	L'ONU est une organisation universelle.
3. La charte de la SDN lui interdit de s'impliquer dans des conflits entre États non membres et dans des traités mettant fin à des conflits.	La charte de l'ONU lui permet de s'impliquer dans des conflits entre États non membres et dans des traités mettant fin à des conflits.
4. En matière de maintien de la paix, le Conseil de la SDN ne peut adopter que des recommandations à l'unanimité.	En matière de maintien de la paix, le Conseil de sécurité de l'ONU peut adopter des décisions obligatoires pour tous les États membres de l'organisation s'il rallie la majorité des 15 États membres du Conseil incluant l'assentiment ou l'abstention des cinq membres permanents : URSS/Russie, Chine, France, Royaume-Uni, États-Unis.
5. La charte de la SDN n'interdit pas aux États de recourir à la force armée contre d'autres États.	La charte de l'ONU interdit à tous les États de recourir à la force armée contre un autre État sauf en cas d'agression.
6. La SDN ne dispose d'aucune force armée.	L'article 47 du chapitre 7 prévoit la création d'une force multinationale permanente sous le contrôle du CS et d'un état-major supranational capable d'imposer par la force la cessation des hostilités entre États. L'article 47 ne sera jamais appliqué. L'alternative sera la création des casques bleus, armées *ad hoc* formées par les contingents de soldats fournis par les États membres et placés sous le contrôle du CS.
7. La SDN n'a aucun pouvoir d'intervention en matière de relations économiques internationales.	L'ONU supervise ou contrôle plusieurs organisations qui visent à assurer la stabilité économique des nations, à promouvoir les échanges entre elles ou à soutenir le développement des pays pauvres.
8. Les recommandations de l'Assemblée générale de la SDN sont adoptées à l'unanimité.	Les recommandations de l'Assemblée générale de l'ONU sont adoptées à la majorité simple ou des deux tiers.

1. La SDN était fondée sur le principe du respect du traité de Versailles qui imposait de lourdes réparations à l'Allemagne et un nouvel ordre politique favorable aux puissances victorieuses de la Première Guerre mondiale. Cette situation fut largement responsable des conflits ultérieurs entre l'Allemagne d'une part, la France, la Grande-Bretagne et leurs Alliés d'autre part. Afin d'éviter de tels conflits, la Charte de l'ONU a été élaborée sur une base indépendante des traités mettant fin à la Deuxième Guerre mondiale.

2. La SDN ne parvint jamais à avoir un caractère universel. Cinquante-huit pays y participèrent réellement bien que soixante-trois, dont les États-Unis, envisagèrent d'y adhérer. Cette situation favorisa la persistance de conflits entre vainqueurs et vaincus tout en empêchant l'organisation de résoudre les différends entre États membres et États non membres. L'ONU, en comparaison, est universelle, étant ouverte à tous les États qui acceptent et appliquent les principes de sa Charte.

3. La Charte de la SDN lui interdisait de s'impliquer dans des conflits entre États non membres et dans des traités mettant fin à des conflits. L'ONU peut s'impliquer dans des conflits entre États non membres et dans des traités mettant fin à des conflits.

4. Les pouvoirs du Conseil de la SDN en matière de maintien de la paix étaient très limités puisque ses membres ne pouvaient adopter que des recommandations à l'unanimité. Le Conseil de sécurité de l'ONU détient des pouvoirs beaucoup plus importants puisqu'il peut adopter des résolutions qui ont un caractère obligatoire pour tous les États membres de l'ONU si celles-ci sont entérinées par la majorité des quinze États membres du Conseil (onze avant 1963), incluant l'assentiment ou l'abstention des cinq membres permanents.

5. La Charte de la SDN n'interdisait pas le recours à la force. Le Pacte Brian-Kellogg de 1928 condamnera la guerre, mais l'absence de définition du terme « guerre » permettra aux États de qualifier leurs agressions militaires contre d'autres États de simples « incidents ». La Charte de l'ONU, par contre, interdit explicitement le recours à la force armée d'un État contre un autre État.

6. La SDN ne disposait d'aucune force armée. L'article 47 du chapitre 7 de la Charte de l'ONU prévoit la création d'une force multinationale permanente sous le contrôle du Conseil de sécurité et d'un état-major supranational capable d'imposer par la force la cessation des hostilités entre États. L'article 47 ne sera jamais appliqué mais l'ONU créera les Casques bleus, armées *ad hoc* constituées de soldats fournis par les États membres et placés sous l'autorité du Conseil de sécurité.

7. La SDN n'avait aucun pouvoir d'intervention en matière économique contrairement à l'ONU.

8. Les recommandations de l'Assemblée générale de la SDN étaient adoptées à l'unanimité alors que celles de l'ONU sont entérinées par une majorité simple ou des deux tiers.

Comme le souligne Gerbet, c'est la philosophie de la SDN qui constitua la principale cause de la faiblesse de sa structure et de ses mécanismes. La France voulait « une SDN forte, capable de surveiller l'Allemagne, de faire respecter les traités de paix, disposant à cet effet d'une force militaire, véritable instrument de force collective ». L'Angleterre et les États-Unis étaient hostiles à ce « militarisme international » ; ils estimaient qu'une force armée risquait de limiter la souveraineté des États ; n'ayant pas de souci de sécurité vis-à-vis de l'Allemagne, ils ne voulaient pas d'une « société coercitive » mais d'une « société par bonne volonté », avec le simple engagement de recourir à la médiation internationale en cas de litige. Craignant de voir le droit corrompu par l'usage de la force mise à son service, ils considéraient que la SDN, reflet de l'opinion publique internationale, devait agir en exerçant une pression morale sur les États en vue du maintien de la paix[30]. En apparence, ce débat semble opposer deux conceptions différentes : la conception réaliste de la France et la conception libérale des pays anglo-saxons. En réalité, au-delà de ces discours philosophiques, chaque puissance défendait sa position géopolitique et ses intérêts particuliers.

L'ONU est l'incarnation d'un compromis entre les visions réaliste et libérale des relations internationales, les dispositions de la Charte en matière de maintien de la paix s'inspirant davantage de la première et les pouvoirs dévolus aux organisations à vocation économique du système des Nations Unies relevant davantage de la seconde. Le fait que la Deuxième Guerre mondiale ait été déclenchée à la suite de la plus grave dépression économique de l'Histoire a contribué à sensibiliser les réalistes à l'argument des libéraux selon lequel les guerres sont largement causées par les inégalités économiques. Désormais, cette dimension sera de plus en plus prise en compte, tant par les décideurs que par les théoriciens des relations internationales.

---

30. Pierre Gerbet, *Les organisations internationales* (Paris : Presses universitaires de France, 1972), 18.

Les principaux organes de l'ONU

Comme l'indique le tableau 2.5, le dispositif institutionnel central de l'ONU comprend l'Assemblée générale des États membres (192 en 2009)[31], le Conseil de sécurité (15 États membres depuis 1963), la Cour internationale de justice, le Conseil économique et social, le Conseil de tutelle et le Secrétariat.

L'Assemblée générale. Organe de délibération, l'assemblée générale est le seul des six principaux organes de l'ONU où prévaut l'égalité juridique des États, *i.e.* où un État = un vote. Elle tient une session régulière annuelle (de septembre à février), et des sessions extraordinaires sur demande du Conseil de sécurité. Elle fonctionne en séance plénière ou en commissions. La majorité des sujets à l'ordre du jour d'une session sont discutés dans les six commissions : désarmement et sécurité internationale ; économie et finances ; questions humanitaires, sociales et culturelles ; questions politiques spéciales (non abordées par la première commission) et décolonisation ; administration et budget ; droit international. Lorsque nécessaire, l'Assemblée crée des groupes de travail *ad hoc* Au fil des années, les États membres (51 en 1946, 192 en 2009) se sont regroupés au sein de cinq réseaux : Asie, Afrique, Amérique latine et Caraïbes, Europe orientale, Europe occidentale et autres. Bien que ces coalitions soient fluctuantes, elles servent, dans divers débats, à défendre les intérêts communs des États d'une même région.

> L'Assemblée générale est essentiellement un forum de discussion et un organe délibérant, qui peut discuter toutes questions ou affaires rentrant dans le cadre de la Charte de San Francisco. Elle peut notamment attirer l'attention du Conseil de sécurité sur des situations dangereuses pour le maintien de la paix et, le cas échéant, faire des recommandations, étant cependant entendu que c'est le Conseil de sécurité qui, au premier chef, est compétent en la matière[32].

Elle dispose des pouvoirs suivants : a) discuter et adopter des résolutions, déclarations et conventions, non contraignantes, sur toute question

---

31. La Suisse étant devenu membre officiel de l'ONU en mars 2002, tous les États reconnus comme tels par la communauté internationale sont désormais membres de l'organisation à l'exception du Vatican et de quelques micro-États du Pacifique.

32. Weiss, *Les organisations internationales*, 30.

TABLEAU 2.5

Le système des Nations Unies

COUR INTERNATIONALE DE JUSTICE

- Principaux et autres comités de session
- Comités permanents et organes ad hoc
- Autres organes subsidiaires et apparentés

▲ UNRWA : Office des secours et des travaux des Nations Unies pour les réfugiés de Palestine au Proche-Orient

■ AIEA : Agence internationale de l'énergie atomique

▲ INSTRAW : Institut international de recherche et de formation pour la protection de la femme

▲ PNUCID : Programme des Nations Unies pour le contrôle international des drogues

▲ HCDH : Haut commissariat aux droits de l'homme

▲ PNUEH : Programme des Nations Unies pour les établissements humains

▲ CNUCED : Conférence des Nations Unies sur la coopération et le développement

▲ PNUD : Programme des Nations Unies pour le développement

▲ UNIFEM : Fonds de développement des Nations Unies pour la femme

▲ VNU : Volontaires des Nations Unies

▲ PNUE : Programme des Nations Unies pour l'environnement

▲ FNUAP : Programme des Nations Unies pour la population

▲ HCR : Haut Commissariat des Nations Unies pour les réfugiés

▲ UNICEF : Fonds des Nations Unies pour l'Enfance

▲ UNICRI : Institut international de recherche des Nations Unies sur la criminalité et la justice

▲ UNIDIR : Institut international de recherche des Nations Unies pour le désarmement

▲ UNITAR : Institut International des Nations Unies pour la Formation et la recherche

▲ UNOPS : Bureau des Nations Unies pour les services d'appui aux projets

▲ UNU : Université des Nations Unies

ASSEMBLÉE GÉNÉRALE

CONSEIL ÉCONOMIQUE ET SOCIAL

▲ FAO : Organisation des Nations Unies pour l'alimentation et l'agriculture

▲ CIC : Centre international du commerce (CNUCED, OMC)

• **COMMISSIONS TECHNIQUES**

Commission du développement social

Commission des droits de l'homme

Commission des stupéfiants

Commission pour la prévention du crime et la justice sociale (ajout à l'organigramme)

Commission de la science et de la technologie au service du développement

Commission du développement durable

Commission de la condition de la femme

Commission de la population et du développement

Commission de statistiques

COMMISSIONS RÉGIONALES

Commission économique pour l'Afrique (CEA)

Commission économique pour l'Europe (CEE)

Commission économique pour l'Amérique latine (CEPAL)

Commission économique et sociale pour l'Asie et le Pacifique (CESAP)

Commission économique et sociale pour l'Asie occidentale (CESAO)

COMITÉS DE SESSION ET COMITÉS PERMANENTS

ORGANES D'EXPERTS AD HOC ET APPARENTÉS

CONSEIL DE SÉCURITÉ

■ OIT : Organisation internationale du travail

■ FAO : Organisation des Nations Unies pour l'alimentation et l'agriculture

■ UNESCO : Organisation des Nations Unies pour l'éducation, la science et la culture

■ OMS : Organisation mondiale de la santé

GROUPE DE LA BANQUE MONDIALE

■ BIRD : Banque internationale de reconstruction et de développement

■ AID : Association internationale de développement

■ SFI : Société financière internationale

■ AMGA : Agence multilatérale de garantie des investissements

■ FMI : Fonds monétaire international

■ OACI : Organisation de l'aviation civile internationale

■ UPU : Union postale universelle

■ UIT : Union internationale des télécommunications

■ OMM : Organisation météorologique mondiale

■ OMI : Organisation maritime internationale

■ OMPI : Organisation mondiale de la propriété intellectuelle

■ FIDA : Fonds international de développement agricole

■ ONUDI : Organisation des Nations Unies pour le développement industriel

■ OMC : Organisation mondiale du commerce

• Commission spéciale des Nations Unies (Irak)

• Tribunal pénal international pour l'ex-Yougoslavie

• Tribunal pénal international pour le Rwanda

• Comités permanents et organes ad hoc

• Comité d'état-major

MISSIONS ET OPÉRATIONS DE MAINTIEN DE LA PAIX (EN COURS)

FINUL (Liban)

MANUTO (Timor oriental)

MINUEE (Éthiopie et Érythrée)

MINUK (Kosovo)

MINURSO (Sahara occidental)

MINUSIL (Sierra Leone)

MONUC (République démocratique du Congo)

MONUG (Géorgie)

MONUIK (Irak, Koweit)

ONUST (Moyen-Orient)

UNAMA (Afghanistan)

UNFICYP (Chypre)

UNMOGIP (Inde et Pakistan)

CONSEIL DE TUTELLE

SECRÉTARIAT

Cabinet du secrétaire général

Bureau des services de contrôle interne

Bureau des affaires juridiques

Département des affaires politiques

Département des affaires de désarmement

Département des opérations de maintien de la paix

Bureau de coordination des affaires humanitaires

Département des affaires économiques et sociales

Département des affaires de l'Assemblée générale et des services de conférence

Département de l'information

Département de la gestion

Bureau du coordonnateur des Nations Unies pour les questions de sécurité

Bureau des Nations Unies à Genève

Bureau des Nations Unies à Vienne

Signification des symboles

▲ Programmes et organes des Nations Unies

■ Agences spécialisées et autres organisations autonomes

• Autres commissions et comités ad hoc et organes apparentés ou affaire découlant de la Charte ; b) admettre ou rejeter la candidature d'un nouvel État membre proposée par le Conseil de sécurité ; c) désigner les membres non permanents du Conseil de sécurité et les membres du Comité économique et social et du Conseil de tutelle ; d) voter le budget et décider de toute question relative à l'administration de l'organisation ; f) recevoir les rapports du Conseil de sécurité et des autres organes de l'organisation ; g) désigner le secrétaire général et les juges de la Cour internationale de justice conjointement avec le Conseil de sécurité. Les décisions sont prises à la majorité simple lorsqu'il s'agit de questions de procédure et à la majorité des deux tiers lorsqu'il s'agit de questions de fond (paix et sécurité, admission des États membres, budget). Un certain nombre de résolutions sont adoptées sans vote, à la suite des consultations informelles entre les délégations des États membres.

Le Conseil de sécurité. Le Conseil de sécurité comprend cinq membres permanents – la République populaire de Chine (RPC), qui a remplacé Taïwan en 1971, la France, le Royaume-Uni, les États-Unis et la Russie (qui occupe le siège de l'URSS depuis 1991) et dix membres non permanents élus pour deux ans. Les membres non permanents ne peuvent assumer deux mandats consécutifs. La représentation des diverses régions géographiques est l'un des principaux critères sur lesquels se fonde l'assemblée générale pour choisir les membres non permanents du Conseil de sécurité. L'élection au Conseil de sécurité ne va pas de soi. Près de la moitié des membres de l'ONU n'y ont siégé qu'une seule fois, et près du quart n'y ont jamais participé.

Le Conseil de sécurité est le seul organe de l'ONU qui détient un pouvoir de décision en matière de maintien de la paix. C'est également la seule instance dont les décisions ont un caractère obligatoire pour tous les États membres de l'organisation. L'autre prérogative importante du Conseil est la recommandation de la candidature d'un nouvel État membre et du secrétaire général à l'assemblée générale. Toutes les décisions portant sur le maintien de la paix exigent la majorité qualifiée, soit 9 voix sur 15 incluant l'approbation, l'abstention ou la non-participation au vote des cinq membres permanents. En d'autres termes, pour qu'une décision soit adoptée, il faut qu'elle recueille la majorité des voix et qu'aucun des cinq membres permanents n'oppose son veto. Un seul de ces derniers peut donc bloquer une décision du Conseil relativement au maintien de la paix, ce qui confère à la France, aux États-Unis, à la Russie, au Royaume-Uni et à la Chine un pouvoir énorme.

Lorsqu'il s'agit de questions de procédure ou de décisions qui doivent être soumises à l'Assemblée générale, comme l'admission de nouveaux États membres ou l'élection du secrétaire général, le veto des cinq membres permanents est sans effet. Ainsi, en 1971, bien que les États-Unis aient opposé leur veto à la candidature de la RPC, celle-ci a été acceptée parce qu'elle a recueilli la majorité des deux tiers à l'Assemblée générale.

Tout État membre de l'ONU qui n'est pas membre du Conseil de sécurité peut participer aux délibérations de celui-ci s'il juge que ses intérêts sont affectés par ces dernières ou s'il est impliqué dans un différend examiné par le Conseil.

Les pouvoirs spécifiques du Conseil de sécurité sont définis dans les chapitres VI, VII, VIII et IX de la Charte de l'ONU. En résumé, ses pouvoirs consistent : (1) à rechercher un règlement pacifique de tout différend interétatique susceptible de menacer la sécurité internationale (chapitre VI) ; (2) à agir, par la force armée si nécessaire, en vue de résoudre toute situation qui menace la paix internationale (chapitre VII).

Le Conseil économique et social. Cet organe est formé de 54 États membres élus pour trois ans par l'Assemblée générale. Son mandat est très large, ce qui peut expliquer qu'il a souvent été critiqué pour son manque d'efficacité. Premièrement, il supervise le travail de 25 comités qui élaborent des politiques sur autant d'aspects de sa mission économique et sociale (statistiques, population et développement social, droits de la personne, condition de la femme, trafic de stupéfiants, énergie et développement durable, etc). Deuxièmement, il reçoit les rapports des agences spécialisées et instances de l'ONU à vocation économique et sociale et coordonne leurs travaux. À ce titre, il est le principal maître d'œuvre des conférences internationales de l'ONU qui traitent de questions économiques et sociales. Il est la porte d'entrée de l'ONU pour les ONG qu'il a introduites comme consultants auprès des commissions et institutions qu'il supervise.

Le Conseil de tutelle. Cet organe était chargé de superviser l'administration des territoires placés sous tutelle, à la fin de la Deuxième Guerre mondiale. Ce régime concernait des territoires encore placés sous mandat de la SDN et parfois transférés à une autre puissance administrante, comme les États-Unis qui avaient pris le relais du Japon dans les îles Mariannes, Carolines et Marshall du Pacifique. L'importance du Conseil de tutelle a diminué au fur et à mesure que les onze territoires sous tutelle accédaient progressivement à l'indépendance. Après l'accession, en novembre 1993, des îles Palau (Micronésie) au statut d'État souverain lié aux États-Unis par un accord de libre-association, la mission du Conseil de tutelle a été suspendue en 1994. Sa reconversion est à l'ordre du jour.

La Cour internationale de justice. La Cour internationale de justice est le seul exemple de juridiction internationale universelle à compétence générale[33]. Elle siège à La Haye (Pays-Bas) et regroupe tous les États membres de l'ONU et les États non membres recommandés par le Conseil de sécurité. Elle possède une double compétence : d'une part, elle donne des avis consultatifs sur des questions juridiques qui lui sont transmises par les organes et agences de l'ONU responsables devant l'Assemblée générale ; d'autre part, elle se prononce sur les différends entre États membres lorsqu'elle est saisie par ces derniers. La Cour est formée de quinze juges dont le mandat est de neuf ans. Tous les trois ans, l'Assemblée générale et le Conseil de sécurité élisent, à la majorité absolue, 5 des 15 juges. Ces derniers, renommés pour leur très haute compétence en droit international, peuvent être réélus pour plus d'un mandat consécutif.

Le Secrétariat. Le secrétaire général dirige la lourde bureaucratie administrative de l'ONU. Il bénéficie d'une autonomie politique qui lui permet d'attirer l'attention du Conseil de sécurité sur toute question qu'il juge importante. Il peut également agir à titre de médiateur dans les conflits internationaux. Sa fonction la plus importante demeure toutefois l'arbitrage des conflits internes à l'organisation. Par conséquent, le choix du secrétaire général est un processus complexe et difficile qui consiste à trouver un candidat acceptable, tant pour les cinq membres permanents du Conseil que pour les deux tiers des membres de l'Assemblée générale. Ceci explique que tous les candidats qui ont occupé ce poste depuis 1945 provenaient de pays relativement neutres ou indépendants des grandes

---

33. Elle a remplacé la Cour permanente de justice internationale créée comme organe indépendant de la SDN en 1919.

puissances : Trygve Lie, Norvégien (1946-1953), Dag Hammarskjöld, Suédois (1953-1961), Sithu U Thant, Birman (1961-1971), Kurt Waldheim, Autrichien (1972-1981), Javier Perez de Cuellar, Péruvien (1982-1991), Boutros Boutros-Ghâli, Égyptien (1991-1995), Kofi Annan, Ganéen (1996-2006), Ban Ki-moon, Sud-Coréen (depuis 2006). Le secrétaire général est élu pour cinq ans et rééligible.

L'évolution de l'ONU

Pendant la guerre froide. Bien que sa Charte lui confère des pouvoirs beaucoup plus étendus que ceux de la SDN en matière de maintien de la paix, l'ONU ne sera pas en mesure de les exercer pleinement pendant la guerre froide (1947-1990) en raison des conflits entre les cinq membres permanents du Conseil de sécurité[34]. Entre autres choses, ces conflits empêcheront le fonctionnement du Comité d'état-major onusien, constitué des chefs des états-majors des Cinq Grands, prévu à l'article 47 ; ils priveront l'ONU des forces aériennes qu'en vertu de l'article 45 les États membres devaient tenir à sa disposition en permanence ; ils confineront la plupart des interventions de l'ONU à des opérations de maintien de la paix. L'envoi de troupes onusiennes en Corée, en 1950, exception à cette règle, ne fut possible que parce que le représentant de l'URSS ne participa pas à la décision, son pays boycottant alors le Conseil de sécurité pour protester contre l'attribution du siège de la Chine à Taïwan. La paralysie du Conseil incitera le secrétaire d'État des États-Unis, Dean Acheson, à présenter à l'Assemblée générale de l'ONU, le 3 novembre 1950, la proposition de « l'Union pour le maintien de la paix ». Celle-ci stipulait qu'en cas de blocage au Conseil de sécurité, lors d'un vote sur une question de procédure (qui n'exige pas l'accord des Cinq Grands), la majorité des membres de l'Assemblée générale pouvait convoquer une session spéciale d'urgence de cette dernière afin de prendre position sur un conflit. L'objectif d'Acheson était d'utiliser l'Assemblée générale, alors dominée

---

34. Entre 1946 et 1986, 212 résolutions du Conseil de sécurité ont été bloquées par veto. Sur ce nombre, 114 provenaient de l'URSS, 54 des États-Unis, 25 du R.-U., 16 de la France et 3 de la Chine. Source : David M. Malone, « Security Council », *in* Weiss et Daws, *The Oxford Handbook on the United Nations*, 121. Selon Michael G. Roskin et Nicholas O. Berry, *The New World of International Relations* (Upper Saddle River, NJ : Prentice Hall, 3ᵉ éd., 1997), 356, les États-Unis n'ont utilisé leur droit de veto qu'à partir de 1971.

par des alliés des États-Unis, pour faire pression sur le Conseil de sécurité. L'adoption de la proposition Acheson permit à l'Assemblée générale de se prononcer sur certains conflits internationaux (ex. : condamnation de l'intervention chinoise en Corée du Nord, à la suite du veto soviétique, le 4 novembre 1956 ; demande d'arrêt de l'expédition de Suez, à la suite du veto de la France et de l'Angleterre, le 4 novembre 1956 ; condamnation de l'intervention soviétique à Budapest, à la suite du veto de l'URSS, en 1956). Ces prises de position eurent cependant très peu d'impact sur le déroulement des conflits en cours.

La paralysie du Conseil de sécurité et la modification de la composition de l'Assemblée générale en faveur des PED, à la suite de l'adhésion des nouveaux États indépendants d'Afrique et d'Asie, contribuèrent à faire de l'ONU une organisation davantage vouée à l'aide au développement qu'au maintien de la paix. Les PED imposèrent leur agenda pour le développement à l'Assemblée générale et influencèrent l'expansion du système des Nations Unies, la majorité des nouvelles institutions créées durant les années 1960 et 1970 ayant pour mission de les assister dans divers domaines : CNUCED (1964), Institut des Nations Unies pour la formation et la recherche (UNITAR − 1965), ONUDI (1967), Fonds des Nations Unies pour les activités en matière de population (FNUAP − 1967), Fonds international de développement agricole (FIDA − 1977), Université des Nations Unies (UNU − 1976), etc. En dépit du caractère strictement consultatif de la majorité de ces instances, les PED obtiendront des avantages significatifs de la part des pays riches, notamment une augmentation de l'aide au développement et des concessions commerciales ; mais le « nouvel ordre économique international », réclamé par le groupe des 77 durant les années 1970, ne verra jamais le jour. Cependant, les États-Unis perdront l'influence prépondérante qu'ils exerçaient sur l'Assemblée générale et le système des Nations Unies durant la période 1945-1970, ce qui alimentera leur critique de « l'inefficacité » et du « déficit démocratique » de l'ONU.

Après la guerre froide. La restauration d'une économie de marché et de la démocratie dans les pays de l'ex-bloc communiste soviétique, la disparition de l'URSS et l'engagement de la RPC sur la voie du capitalisme et d'une relative libéralisation politique ont mis fin à la guerre froide et atténué les antagonismes au Conseil de sécurité, entre la Russie et la RPC d'une part, les États-Unis, la France et la Grande-Bretagne d'autre part. Le nombre des résolutions adoptées au Conseil de sécurité a presque doublé, passant de 593 (entre 1945 et 1986) à 1010 (entre 1987 et 2005). Le pourcentage des résolutions bloquées par le veto d'un membre permanent, qui était de 85 % au cours de la première période, est tombé à 15 % au cours de la seconde[35]. Entre 1988 et 1994, ce nouveau climat d'entente a permis au Conseil de s'engager dans un nombre sans précédent d'interventions dont plusieurs iront au-delà du maintien de la paix pratiqué durant la guerre froide. Fondées sur les articles 45 à 47 de la Charte, auxquelles les Cinq Grands accepteront désormais de recourir, elles seront centrées sur le rétablissement de la paix (ex. : Namibie, 1989-1990 ; Angola, 1991-1995 ; Haïti, 1996-1997) l'imposition de la paix (ex. Somalie, 1992-1993 ; Bosnie-Herzégovine et Croatie, 1992-1995) et/ou la reconstruction nationale post-conflit (ex. Cambodge, 1992-1995 ; Bosnie, 1995-2000 ; Kosovo, 1999 à aujourd'hui ; Afghanistan, 2001 à aujourd'hui).

Comme nous l'avons mentionné précédemment, plusieurs de ces missions seront toutefois des échecs ou des demi-réussites. Le principal facteur qui explique ces résultats décevants est qu'en dépit d'un meilleur climat d'entente au sein du Conseil de sécurité, les cinq membres permanents demeurent souvent divisés en raison de leurs intérêts nationaux spécifiques. Lorsqu'ils ne parviennent pas à s'entendre, le Conseil de sécurité s'avère incapable de donner un mandat clair aux Casques bleus et de leur fournir les ressources militaires et logistiques essentielles au succès de leur mission. Les problèmes inhérents à la machine onusienne (lenteurs bureaucratiques, improvisation, lourdeur de la chaîne de commandement, etc.) et le manque d'expérience de l'ONU en matière de guerres civiles, d'administration civile et de reconstruction nationale sont également responsables des résultats mitigés d'un certain nombre d'opérations de paix post-guerre froide. Cela explique que l'ONU ait décidé de confier de plus en plus souvent ces interventions à des coalitions d'États membres et/ou à des OI régionales (telles l'OTAN, l'UE, l'OEA et l'UA). Elle a également impliqué les organisations non gouvernementales (ONG) et plusieurs programmes et institutions spécialisées des Nations Unies dans ses missions de reconstruction nationale, d'administration civile,

---

35. « David M. Malone, Security Council », *in* Wess et Daws, *The Oxford Handbook of the United Nations*, p. 121.

d'observation des élections et de secours à des populations en détresse. La multiplication des intervenants a toutefois pour effet de complexifier la coordination des opérations et de retarder la résolution des problèmes sur le terrain. Enfin, le bilan des opérations post-guerre froide tend à démontrer que même lorsqu'une intervention de l'ONU dispose du soutien de l'ensemble des membres du Conseil de sécurité et d'importantes ressources financières, logistiques, militaires et civiles, il demeure très difficile, sinon impossible, d'imposer la paix ou la reconstruction nationale à un pays au sein duquel les forces domestiques demeurent en conflit ouvert ou larvé. Le succès d'une mission dépend au premier chef de la volonté de tous les acteurs nationaux de conclure la paix et de travailler collectivement au rétablissement de la stabilité politique et au développement économique et social de leur pays.

La fin de la guerre froide a également permis au Conseil de sécurité de recourir beaucoup plus fréquemment à des sanctions contre les États qui violent ses résolutions ou la charte de l'ONU. Alors qu'entre 1945 et 1990 seules la Rhodésie du Sud et l'Afrique du Sud avaient été la cible de sanctions, 35 résolutions impliquant des sanctions ont été adoptées à l'encontre de 15 pays — majoritairement africains — et de Al-Qaida et des talibans entre 1990 et 2005. L'expérimentation de ces mesures de représailles a démontré que les dirigeants des pays visés pouvaient facilement profiter de certaines de ces sanctions (telles les embargos sur les importations et les armes) en recourant au marché noir, alors que leurs populations étaient les principales victimes de ces dernières. Le Conseil de sécurité a donc révisé sa politique de sanctions afin de privilégier les mesures qui pénalisent les dirigeants des pays cibles (notamment le gel de leurs investissements et leur interdiction de séjour à l'étranger).

Parallèlement à la multiplication des opérations de maintien de la paix et des sanctions, on a assisté à une remise en question du caractère absolu et intangible de la souveraineté des États. À l'Assemblée générale comme au Conseil de sécurité et dans d'autres instances de l'ONU, une nouvelle vision plus libérale du droit international, selon laquelle les droits des individus, des minorités nationales et des peuples priment sur ceux des États, a acquis de plus en plus d'influence. Bien que cette nouvelle conception soit rejetée par de nombreux États, il est possible qu'elle s'affirme de plus en plus en raison des progrès de la démocratie, de l'implication de plus en plus prononcée des ONG au sein de l'ONU, et de la limitation de la souveraineté des États dans le contexte de la mondialisation.

Les premières années de l'après guerre froide ont également été marquées par une détérioration de la situation financière de l'ONU. En raison d'une augmentation de ses dépenses, dans le domaine du maintien de la paix notamment, et du refus de plusieurs États membres, dont les États-Unis, de payer leurs cotisations en retard et de l'autoriser à emprunter, l'ONU s'est retrouvée aux prises avec un très lourd déficit budgétaire, qui atteignait 2,2 milliards de dollars en 1995. Certains ont expliqué cette situation par l'insatisfaction des États-Unis et de plusieurs États occidentaux envers la mauvaise gestion de la bureaucratie onusienne, qui demeure relativement inefficace malgré les salaires et comptes de dépenses très élevés de ses milliers de fonctionnaires. La situation financière de l'ONU s'est améliorée en 2001, lorsque les États-Unis et d'autres pays ont payé leurs arriérés pour l'inciter à s'impliquer dans la lutte contre le terrorisme. La gouvernance de l'ONU demeure néanmoins problématique, malgré les timides tentatives de réformes de Boutros Boutros-Ghali et Kofi Annan.

L'aide au développement qui s'était imposée comme principale préoccupation de l'ONU durant la guerre froide a perdu de son importance depuis 1990. Le recentrage de l'ONU sur le maintien de la paix n'est pas le seul facteur qui explique cette évolution. La crise économique et l'adhésion aux vertus du libéralisme ont incité les principaux États donateurs à diminuer leur aide et à remettre en question l'efficacité des programmes d'assistance des décennies antérieures. Une nouvelle approche de l'aide, plus directive et plus conforme aux valeurs du capitalisme libéral et de la démocratie, a été adoptée par les institutions et les partenaires de la Banque mondiale en 1992. L'aide est désormais octroyée aux entreprises privées plutôt qu'aux gouvernements ; elle est conditionnelle à la mise en œuvre de réformes favorables à la libéralisation de l'économie, à l'amélioration de la bonne gouvernance et au respect des droits de la personne ; elle est de plus en plus liée à la création de nouveaux marchés et opportunités d'investissement pour les firmes des pays donateurs. De leur côté, les PED ne sont plus ni en mesure ni désireux de poursuivre une stratégie de confrontation avec les pays riches. L'échec de leur lutte en faveur d'un nouvel ordre économique international et les nombreuses autres mutations auxquelles ils ont été confrontés depuis les années 1970 ont fait éclater la coalition du tiers-monde et sérieusement érodé les idéologies nationaliste et anti-impérialiste qui lui donnaient sa cohésion et sa légitimité. On assiste donc, depuis 1990, à un affaiblissement de l'influence du bloc des PED et au déclin des organisations des Nations Unies nées grâce à cette influence.

Bilan et perspectives de l'action de l'ONU. La plupart des auteurs réalistes et libéraux reconnaissent l'échec du système de sécurité collective de l'ONU — qui n'a fonctionné que deux fois en cinquante ans, lors des guerres de Corée (1951-1953) et du Golfe (1991) — et admettent l'existence de graves problèmes administratifs et financiers au sein du système des Nations Unies. Cependant, alors que pour les réalistes et néoréalistes le bilan de l'action de l'ONU est essentiellement négatif, confirmant les limites de la coopération internationale lorsque celle-ci n'est pas dirigée par un hégémon, les libéraux et néolibéraux font une évaluation plus nuancée et positive.

Selon Stanley Hoffman, les 50 premières années de l'ONU ont été remarquables en raison de la multiplicité des fonctions assumées par l'organisation. L'ONU a contribué au développement de la coopération entre les États, notamment dans les domaines économique, social et écologique. Elle a participé à la définition des normes de la légitimité internationale au moyen de traités, de déclarations et de politiques, telles celles adoptées en faveur de la décolonisation et de l'abolition de l'apartheid. L'action juridique de l'ONU a amené les États à reconnaître l'importance de la souveraineté des États en matière de droit international et l'importance du respect des droits de la personne en matière de droit interne. En outre, s'il est vrai qu'elle n'est pas parvenue à résoudre les conflits internationaux, conformément aux dispositions du chapitre VII de sa Charte, l'ONU s'est montrée très innovatrice en matière de maintien de la paix. Les limites de l'action de l'ONU en ce qui a trait au maintien de la paix ne peuvent, selon Hoffman, être uniquement attribuées aux conflits d'intérêts entre les puissances permanentes du Conseil de sécurité. Elles tiennent au fait que la majorité des conflits qui déchirent la planète depuis 50 ans sont des conflits internes à caractère ethnique et religieux. S'il est difficile pour l'ONU de résoudre ces conflits par le maintien ou l'imposition de la paix, elle peut cependant contribuer à la limitation de ces conflits en faisant de la prévention, de la médiation et de l'aide humanitaire, conformément aux dispositions prévues par le chapitre VI de sa Charte[36].

Les acteurs transnationaux

En science politique, il est courant d'établir une distinction entre les relations internationales, i.e les rapports que nouent les gouvernements nationaux, régionaux et locaux des États en dehors ou au sein des OI, et les relations transnationales, i.e les liens que tissent les individus et les organisations non gouvernementales (ONG) de divers pays. La littérature sur le sujet ignore les individus et accorde une attention prépondérante à deux catégories d'ONG : les FMN et les ONG légales à but non lucratif, qui défendent des causes humanitaires, notamment l'aide aux PED, la promotion de la démocratie et des droits de la personne, la protection de l'environnement. Elle s'intéresse peu aux autres ONG légales (par exemple les petites et moyennes entreprises [PME] qui ont des activités à l'étranger ou encore les ONG à but non lucratif comme les associations internationales de syndicats, de partis politiques, de mouvements religieux, de scientifiques, de professionnels et d'artistes) et ignore largement les ONG illégales (réseaux criminels, mouvements révolutionnaires, nébuleuses terroristes). Cette section traite des acteurs transnationaux en fonction de la littérature existante. Elle se concentre donc principalement sur les FMN et les ONG «humanitaires», tout en accordant une attention secondaire aux individus et aux ONG illégales.

Les individus

Il n'existe aucune compilation des relations transnationales effectuées par les individus. Pourtant, ces dernières sont multiples et importantes. Pour s'en convaincre, on peut consulter les statistiques de l'ONU sur les flux migratoires ou touristiques qui ont augmenté de façon très considérable au cours des trente dernières années. Mais ces flux ne représentent qu'une partie des relations transnationales individuelles. Il faut également considérer les transactions économiques et financières transfrontalières

---

36. Stanley Hoffman, «Thoughts on the UN at Fifty», *in* S. Hoffman, *World Disorders. Troubled Peace in the Post-Cold War Era* (Boulder/New York/Oxford: Rowman & Littlefield Publishers, 1998), 177-189.

qu'effectuent les citoyens (achat d'actions, d'immeubles, de terrains, placements de sommes d'argent dans des paradis fiscaux, etc.) ; les revenus que les immigrants transfèrent à leurs familles dans leurs pays d'origine, et ceux que perçoivent les artistes, les professionnels et les scientifiques pour leurs prestations à l'étranger. Bien que les balances de paiements des différents pays tiennent compte de ces transactions, elles ne les distinguent pas de celles effectuées par les ONG à but lucratif (PME, FMN) et à but non lucratif. Certaines banques centrales comptabilisent cependant les sommes d'argent envoyées par les travailleurs immigrants vers leur pays d'origine. En 2009, ces sommes atteignaient, en dollars US, 42 milliards aux États-Unis, 16,2 milliards en Arabie saoudite et plus de 6 milliards en Suisse. Elles constituaient un revenu de 52 milliards pour l'Inde, 49 milliards pour la Chine, 26 milliards pour le Mexique, 19 milliards pour les Philippines et entre 7 et 9 milliards pour la Pologne, le Nigeria, la Roumanie, le Bangladesh, l'Égypte et le Vietnam. L'absence d'évaluation systématique et fiable des relations transnationales individuelles est certainement un problème, car ces dernières ont un impact majeur sur la société internationale. Mais comment les comptabiliser, alors qu'elles ont pris une ampleur sans précédent dans le cadre de la mondialisation et qu'une multitude d'entre elles sont de nature virtuelle, se concrétisant à travers les sites Internet des organisations gouvernementales et non gouvernementales, les messageries électroniques, les réseaux sociaux comme Facebook et Twitter, les télécopieurs et les téléphones traditionnels, cellulaires ou satellitaires ? On retiendra cependant que la multiplication exponentielle des communications quotidiennes entre des millions d'individus de divers pays est un phénomène nouveau, qui modifie en profondeur les relations transnationales. Il faut souhaiter que les spécialistes s'y intéressent davantage dans un proche avenir.

Les firmes multinationales

Selon Gilpin, les FMN sont des entreprises qui ont des succursales dans deux pays ou plus[37]. Cette définition englobe plusieurs PME qui ont des bureaux ou des usines à l'étranger. Par exemple, le cabinet d'avocats

---

37. Robert Gilpin, *Political Economy. Understanding the International Economic Order* (Princeton : Princeton University Press, 2001).

québécois Fasken Martineau a désormais des bureaux à Londres et Paris. Elle serait donc une FMN selon cette définition. Mais les auteurs néo-réalistes, marxistes, néomarxistes et néolibéraux qui ont étudié le phénomène des FMN se sont concentrés sur les grandes corporations qui ont des succursales à travers le monde et dont le chiffre d'affaires est souvent supérieur à celui du PIB des pays d'accueil. Les FMN sont souvent considérées comme une catégorie spécifique d'ONG. Or, elles n'en sont pas toutes. Si la plupart sont aujourd'hui entre les mains d'intérêts privés, plusieurs demeurent totalement ou en partie la propriété d'un gouvernement et/ou sont soumises au contrôle direct ou indirect de ce dernier (ex. Gazprom, Électricité de France, Statoil, Petrobras).

Depuis l'Antiquité, et plus particulièrement depuis les débuts du capitalisme à l'aube du XVIIe siècle, des entreprises commerciales, manufacturières et bancaires, indépendantes ou dépendantes du financement, du contrôle ou de la protection des gouvernements, se sont installées dans des marchés étrangers afin d'exploiter leurs ressources naturelles et leur main-d'œuvre, vendre leurs marchandises ou leurs services et réaliser des investissements directs ou de portefeuille. Les FMN ont cependant connu une expansion sans précédent à partir du début des années 1970. Deux facteurs expliquent cette expansion : la crise du modèle keynésien, qui a incité plusieurs entreprises à délocaliser une partie de leur production vers les pays du tiers-monde ; le remplacement du modèle keynésien par le modèle néolibéral qui a entraîné une libéralisation des échanges beaucoup plus grande qu'auparavant et encouragé la mondialisation des FMN (voir chapitre 4). Selon Gilpin, en 1999, la CNUCED recensait environ 60 000 FMN non financières qui contrôlaient quelque 500 000 filiales, contre à peine 7000, 20 ans plus tôt. Des pans entiers des économies des PED passent sous leur contrôle. On leur attribue au moins 25 % de la production mondiale. En 1998, leurs ventes de biens et de services s'élevaient à 11 trillions de dollars US, beaucoup plus que l'ensemble des exportations mondiales évaluées à 7 trillions de dollars US. Elles contrôlaient le tiers des avoirs productifs détenus par le secteur privé dans le monde, quelques centaines d'entre elles détenant une position prépondérante à cet égard. Elles assumaient près des trois quarts des échanges mondiaux de biens manufacturés, dont une bonne partie découle du commerce intrafirme, *i.e.* des échanges qu'elles font avec leurs filiales.

Quoique impressionnants, ces chiffres sont désormais dépassés. Selon Willetts[38], en 2008, le nombre des FMN non financières atteignait 77 200. Alors que Gilpin, en 2003, soutenait que la majorité des FMN étaient concentrées dans les PD, Willetts constate que les FMN sont aujourd'hui établies dans 138 pays : 35 étant des PD et 103 des pays émergents, dont 31 situés en Afrique. Si l'origine des FMN les plus riches demeure largement occidentale − parmi les 100 FMN possédant le niveau le plus élevé d'actifs, 53 sont ouest-européennes et 25 américaines −, de plus en plus de FMN originent de moyennes puissances industrialisées, comme le Canada, la Suède et l'Australie, d'ex-pays communistes comme la Russie, ou de NPI comme la Chine, la Malaisie, la Corée du Sud, Singapour, le Brésil et l'Inde, et deviennent des concurrents redoutables des FMN américaines et européennes. On n'a qu'à penser à Bombardier (FMN québécoise) et Embraer (FMN brésilienne) qui concurrencent désormais Boeing et Airbus dans le domaine des avions et à Bombardier qui est l'une des quatre principales FMN de construction de trains à grande vitesse sur le plan mondial.

Dans le contexte de la libéralisation des échanges, qui a acquis une portée sans précédent avec l'Uruguay Round du GATT (1986-1993), les FMN exercent un contrôle énorme sur les économies nationales car elles peuvent délocaliser leurs activités dans tel ou tel pays en fonction des coûts de production (salaires, prix des matières premières) ou des avantages (faibles taux d'imposition, prêts garantis, subventions, énergie à bas prix, etc.) que leur concèdent les gouvernements. Dans un tel contexte, les PD sont de moins en moins concurrentiels par rapport aux NPI. Selon l'OCDE, ce sont les FMN qui sont principalement à l'origine de l'industrialisation des PED et de l'émergence d'une NDIT entre le Nord et le Sud. Dans la mesure où elles influencent l'offre et la demande de monnaie et de capitaux, les FMN, notamment financières, exercent un contrôle sur les politiques de taux de change et de taux d'intérêt des banques centrales des différents pays. Il faut également mentionner l'importance considérable du commerce intrafirme qui n'est pas comptabilisé dans la balance des paiements des pays, et qui fausse les données sur la situation

---

38. Peter Willetts, «Transnational Actors and International Organizations in Global Politics», *in* John Baylis, Steve Smith et Patricia Owens (dir.) *The Globalization of World Politics* (Oxford : Oxford University Press, 2008), 330-350.

économique d'un État. Par exemple, le déficit commercial des États-Unis, qui est très important, est largement dû au fait que les nombreuses FMN américaines importent de leurs succursales ou de sous-traitants étrangers une large partie, sinon la majorité, des produits qu'elles vendent sur le marché américain. Ainsi, la plupart des biens vendus par Wal-Mart sont fabriqués en Chine.

Tous les auteurs le constatent : la puissance des FMN est énorme et concourt à l'affaiblissement de la souveraineté des États. Faut-il pour autant conclure que les FMN sont devenues les principaux acteurs du système international et qu'elles dictent désormais la politique étrangère des États ? Si plusieurs auteurs, tels Cox et Rosenau[39], tendent à accréditer cette idée, la plupart reconnaissent, à l'instar de Gilpin, que les FMN demeurent soumises aux règles du droit international et des droits nationaux édictées par les gouvernements[40]. Ces derniers sont par ailleurs des bailleurs de fonds très importants des FMN : octroi de prêts et de garanties de prêts pour les aider à réaliser des projets, les convaincre d'investir dans leur pays plutôt qu'ailleurs, leur permettre de se restructurer en cas de faillite, etc. Les plans de sauvetage de la Réserve fédérale et du Conseil du trésor américains qui ont permis à Bank of America, Merryl Linch, Goldman Sachs, General Motors et Chrysler de survivre, lors de la crise de 2008-2009, sont une ilustration éloquente du pouvoir que conservent les gouvernements à l'endroit des FMN. Enfin, soulignons que si la mondialisation a augmenté la puissance des FMN, elle a également permis aux groupes d'intérêts et aux individus de différents pays de créer des coalitions et des réseaux à l'encontre de ces dernières. Dans les démocraties, qui sont nettement plus nombreuses que dans le passé, la politique étrangère des États est plus que jamais l'enjeu d'un arbitrage entre les demandes des FMN, des autres groupes d'intérêts et des citoyens. Elle est le résultat d'un jeu à somme variable et non d'un jeu à somme nulle attribuant tous les bénéfices aux FMN et tous les coûts aux autres acteurs.

---

39. Robert Cox, *The Political Economy of a Plural World* (Londres/New York : Routledge, 2002) ; James Rosenau, *Along the Domestic-Foreign Frontier : Exploring Governance in a Turbulent World* (Cambridge : Cambridge University Press, 1997) ; *id.*, *Distant Proximities : Dynamics Beyond Globalization* (Princeton : Princeton University Press, 2003).

40. Robert Gilpin, *Political Economy. Understanding the Internationial Eonomic Order.*

Les ONG légales

Il n'existe aucune recension relativement complète et fiable des ONG légales transnationales, formelles ou informelles. Le régistre de la World Association of Non-Governmental Organizations (WANGO) fait état, en 2009, de 43 000 ONG légales (à l'exclusion des FMN). Bien que ce nombre soit certainement en deçà de la réalité, cette compilation est intéressante dans la mesure où elle montre que la majorité de ces ONG sont d'origine nord-américaine ou européenne (voir tableau 2.6). Selon Ahmed et Potter[41], les ONG légales (incluant les FMN) se sont multipliées depuis 1945 en raison de quatre facteurs : la décolonisation des pays d'Afrique et d'Asie ; les progrès de la démocratie durant les années 1970 et 1980 et à la suite de la guerre froide ; l'approfondissement de la libéralisation des échanges et les innovations fulgurantes dans le domaine des communications depuis 1980. Cependant, comme nous l'avons déjà souligné, ce sont les ONG à but non lucratif et à vocation humanitaire, d'origine nord-américaine et européenne, qui ont surtout retenu l'attention des chercheurs.

La première raison est que le nombre de ces ONG a beaucoup augmenté à partir de 1990, lorsque la Banque mondiale et les agences d'aide gouvernementales des principaux pays donateurs de l'OCDE ont décidé de conditionner leur aide aux PED au respect de la bonne gouvernance et des droits de la personne par ces derniers, tout en confiant la mise en œuvre de leurs programmes à des ONG, afin de réduire leurs coûts, dans le contexte de la lutte contre les déficits budgétaires, conséquence de la crise du modèle keynésien (voir chapitre 4)[42]. La deuxième raison est que plusieurs moyennes puissances, comme le Canada, désireuses d'augmenter leur influence au sein de l'ONU, ont fait campagne en faveur de l'intégration de certaines de leurs ONG humanitaires auprès du Comité économique et social, de la Commission des droits de l'homme et de l'Organisation des Nations Unies pour la science, l'éducation et la culture

---

41. Shama Ahmed et David M. Potter, *NGO'S in International Politics* (Bloomfield : Kuanarian Press Inc., 2006).

42. Voir le résumé de la littérature sur le sujet dans : Diane Ethier, « Is Democracy Promotion Effective ? Comparing Conditionality and Incentives », *Democratization*, 10 (1) 2003 : 99-121.

TABLEAU 2.6

Répartition géographique des membres de la World Association of Non-Governmental Organizations

RÉGION	NOMBRE D'ONG		% DU TOTAL
Amérique du Nord	Canada :	1 163	2,4
	États-Unis :	21 493	44,7
Amérique centrale		299	0,6
Amérique du Sud		559	1,2
Europe de l'Ouest		9 237	19,2
Europe de l'Est et Russie		8 298	17,2
Afrique	Afrique du Nord :	174	0,3
	Afrique noire :	2 819	5,8
Moyen-Orient		624	1,2
Asie centrale		2 330	4,8
Asie du Sud-Est		850	1,7
Asie de l'Est		381	0,7
Océanie		620	1,2
TOTAL		48 047	

(UNESCO), en tant que consultants et observateurs[43]. L'ONU a acquiescé à ces demandes. Plus de 600 ONG participent aux conférences annuelles des ONG de l'ONU. Grâce à leur présence, à titre de consultants, au sein de plusieurs des 25 commissions du Comité économique et social, elles sont devenues des acteurs majeurs des conférences internationales de l'ONU. Elles étaient 1 400 au Sommet de la Terre de Rio de Janeiro en 1992, et ont mobilisé 40 000 supporteurs lors de la Conférence de Beijing sur les femmes en 1997. La troisième raison est la fin de la guerre froide, qui a permis au Conseil de sécurité de cautionner plusieurs interventions de la Communauté internationale dans des conflits internes afin non seulement de restaurer la paix, mais de reconstruire les institutions économiques, sociales et politiques des pays visés. Ces opérations de

43. Voir Andrew F. Cooper, John English et Ramesh Thaky (dir.), *Enhancing Global Governance* (Tokyo : The United Nations University, 2002).

nationbuilding, très complexes, ont exigé la participation de nombreuses OI et ONG impliquées dans le secours aux populations civiles en détresse, l'aide au développement, l'organisation de sociétés civiles autonomes (création de médias d'information indépendants, de syndicats et autres groupes de pression) et la mise en place d'institutions politiques démocratiques (aide à la création de nouveaux partis politiques, observation des élections, etc.). La fin de la guerre froide a également incité les États-Unis et leurs alliés européens à promouvoir l'établissement de la démocratie, notamment dans les pays de l'ex-bloc communiste soviétique et les anciennes républiques de l'URSS, par diverses stratégies, dont la conditionnalité et les leviers. Plusieurs OI et ONG humanitaires ont été impliquées dans ces stratégies, avec des succès inégaux[44]. Une quatrième raison, évoquée par Sidney Tarrow[45], est le développement d'Internet qui a permis aux ONG humanitaires, opposées à la mondialisation capitaliste, de créer ou de consolider leurs réseaux, de diffuser plus largement leurs revendications et leurs actions, et d'organiser de très vastes rassemblements, comme les forums sociaux mondiaux, qui ont attiré l'attention des médias et des spécialistes. Lors du Forum social mondial de Mumbai en 2004, les ONG ont mobilisé plus de 100 000 participants! L'engouement des ONG, des médias d'information et des spécialistes pour ces forums a cependant nettement diminué depuis, à cause de l'incapacité des participants anti ou altermondialistes de se doter d'un programme commun de réformes. Selon Willetts, Ahmed et Potter et plusieurs autres auteurs, une cinquième raison explique l'attention prépondérante accordée aux ONG humanitaires par les spécialistes: l'influence qu'ont acquise les théories critiques des relations internationales, centrées par l'idée post-guerre froide que les valeurs démocratiques priment sur tout le reste.

---

44. Sur les opérations de promotion de la démocratie des ONG occidentales et leurs succès mitigés, voir notamment: Thomas Carothers, *Critical Mission. Essays on Democracy Promotion* (Washington D.C.: Carnegie Endowment for International Peace, 2004); Camille Grangloff, *L'import-export de la démocratie: Serbie, Géorgie, Ukraine, Kirghizistan* (Paris: l'Harmattan, 2008).
45. Sidney Tarrow, Douglas McAdam et CharlesTilly (dir.), *Dynamic of Contention* (Cambridge: Cambridge University Press, 2001); Sidney Tarrow, *The Transnational Activism* (Cambridge: Cambridge University Press, 2005).

Les ONG illégales

Les ONG transnationales illégales sont des mouvements ou des réseaux plus ou moins structurés dont les activités transfrontalières contreviennent au droit interne des États et au droit international. Certaines, comme les mafias de divers pays, se livrent uniquement à des activités criminelles (trafics de drogues, de prostitués, d'armes, d'organes humains, d'immigrants, etc.) afin de s'enrichir. D'autres poursuivent des objectifs politiques (indépendance nationale, promotion d'une révolution islamiste, lutte contre des envahisseurs étrangers, etc.), en ayant recours à des méthodes de lutte armée non conventionnelles (milices, guérillas, stratégies terroristes telles que l'enlèvement d'otages, le détournement ou la destruction d'avions civils, l'assassinat de citoyens par des bombes ou des kamizazes) et le recours à des trafics criminels pour se financer. Le phénomène des ONG illégales a toujours existé au cours de l'histoire, mais il est demeuré largement inconnu en raison de l'incapacité des États à coopérer pour le circonscrire. Les échanges d'informations entre les agences de renseignement et les corps policiers des États occidentaux sont désormais beaucoup plus importants, mais ces informations demeurent secrètes pour des raisons évidentes de sécurité nationale. Il est donc impossible de connaître le nombre des ONG illégales et de mesurer leur ampleur par rapport à celle des périodes antérieures de l'histoire.

◆

Les progrès rapides de la libéralisation des échanges, l'essor prodigieux des transports et des communications, l'augmentation du nombre et de la puissance des FMN, la prolifération des ONG légales et l'extension de leur influence au sein du système international ont contribué à diminuer le pouvoir des États. Néanmoins, à l'aube du XXIe siècle, les États et les OI demeurent les acteurs majeurs des relations internationales, puisqu'ils ont conservé le pouvoir de réglementer les activités de tous les autres acteurs dans les différentes sphères de l'activité humaine. La légitimité du pouvoir des États est même plus grande qu'auparavant à cause des progrès de la démocratie qui font qu'un grand nombre de gouvernements sont désormais élus au suffrage universel. Les ONG ont une légitimité beaucoup plus faible puisque leurs dirigeants ne sont pas élus, mais nommés par un groupe restreint d'organismes ou d'individus. En outre, la plupart des ONG humanitaires demeurent dépendantes des subventions et de l'appui du gouvernements. Les FMN, pour leur part, ont très souvent besoin du support du gouvernement de leur pays pour concurrencer les FMN étrangères et pour surmonter une crise ou une menace de faillite.

La multiplication des OI est l'indice que les États coopèrent davantage entre eux que dans le passé, en raison de leur interdépendance de plus en plus prononcée. Toutefois, cette coopération demeure volontaire, les États étant libres de signer et de ratifier les accords conclus dans le cadre des OI. Les limites imposées à la souveraineté ou à la plénitude, à l'exclusivité et à l'autonomie de la compétence des États par la coopération internationale sont donc relatives. Contrairement à ce que souhaitaient les libéraux, les OI n'ont pas acquis un caractère suprational qui leur permettrait d'imposer leur volonté aux États souverains. L'UE, qui est à ce jour l'OI la plus centralisée, demeure une organisation intergouvernementale ou une confédération dans le cadre de laquelle le pouvoir de décision repose sur le consentement de la majorité ou de la totalité des États membres. Si tous les États souverains sont égaux en droit, ils demeurent inégaux dans les faits, leur pouvoir au sein du système international étant proportionnel à leur puissance, économique et militaire notamment, et à leur capacité de conclure des alliances avec d'autres États. Les progrès de la démocratie font cependant en sorte que l'équilibre des forces entre les États est, davantage qu'hier, déterminé par les tendances de l'opinion publique et le lobbying des ONG. En définitive, on retiendra que la majorité des théories des relations internationales (réaliste, néoréaliste, libérale, néolibérale, constructiviste) conviennent qu'en dépit du déclin du pouvoir des États, ces derniers demeurent les principaux décideurs des relations internationales.

CHAPITRE 3

La politique étrangère des États

Les études de politique étrangère laissent apparaître une grande diversité dans les conceptions des auteurs. Ainsi, pour Janice **Stein**, c'est un ensemble de comportements qui traduisent les préoccupations d'un État[1].

Pour James **Rosenau**, c'est « la ligne d'action que les responsables officiels d'une société nationale suivent pour présenter ou modifier une situation dans le système international afin qu'elle soit compatible avec les objectifs définis par eux-mêmes ou leurs prédécesseurs[2] ». Pour K. J. **Holsti**, ce sont « les orientations, les engagements et les actions qui caractérisent le rôle national d'un État[3] ». Pour d'autres, elle correspond soit « aux principes qui orientent l'action des gouvernements dans certaines circonstances, tels que les doctrines Stimson, Monroe ou Hallstein », soit « aux engagements pris et garantis par des traités », soit encore « à l'ensemble des actions et des décisions exécutées chaque jour par une organisation bureaucratique[4] ».

Si on résume ces définitions, on peut conclure que la politique étrangère est l'ensemble des principes, orientations, programmes, ententes,

1. Janice Stein, « L'analyse de la politique étrangère : à la recherche de groupes de variables dépendantes et indépendantes », *Études internationales*, 3 (1971).

2. James Rosenau, « Moral Fervor, Systematic Analysis and Scientific Consciousness in Foreign Policy Research », *in* Austin Ranney (dir.), *Political Science and Public Policy* (Chicago : Markham, 1968), 197-236.

3. K. J. Holsti, « National Role Conceptions in the Study of Foreign Policy », *International Studies Quarterly*, 14, 3 (1970), 233-309.

4. Charles Zorgbibe, *Les relations internationales* (Paris : Presses universitaires de France, 5ᵉ édition, 1994), 55.

institutions et actions qui caractérisent les relations d'un État avec les autres États. Il est important d'ajouter que, pour les réalistes, la politique étrangère est circonscrite aux relations diplomatiques et stratégiques et vise essentiellement à préserver ou à maximiser la puissance militaire et politique de l'État national. Pour les néoréalistes, la politique étrangère concerne également la puissance économique et technologique des États. Pour les autres théories classiques des relations internationales, elle couvre l'ensemble des relations extérieures d'un État et vise à défendre, non pas l'intérêt national, concept jugé artificiel et vide de sens, mais les intérêts particuliers de certains acteurs de la société : les citoyens, selon les libéraux ; la classe qui contrôle les moyens de production et le pouvoir politique, selon les marxistes ; les diverses factions des élites économiques qui se partagent le pouvoir politique, selon les néomarxistes ; les groupes d'intérêt de la société civile, selon les néolibéraux. Quant aux théories critiques des relations internationales, elles soutiennent que la politique étrangère des États n'est pas déterminée par leurs intérêts matériels objectifs, mais par les valeurs idéologiques et culturelles des gouvernements et des divers groupes sociaux.

Qui décide ?

Les détenteurs du pouvoir exécutif central

Selon le droit constitutionnel interne et le droit international public, les principaux décideurs de la politique étrangère sont les détenteurs du pouvoir exécutif central d'un État. Cette règle ne souffre pas d'exception. Même dans les États de type confédéral, où les gouvernements régionaux détenaient davantage de compétences que le gouvernement central, ce sont les dirigeants de ce dernier qui contrôlaient la politique étrangère. Cette centralisation du pouvoir de décision répond à trois impératifs principalement : préserver la confidentialité ou le secret de la politique étrangère, essentielle à la sécurité de l'État ; sauvegarder la cohésion interne de l'État national face aux autres puissances ; assurer une prise de décision rapide dans les situations d'urgence ou de crise. Cela étant dit, les modalités d'application de cette règle fluctuent selon la nature du régime politique. Dans les régimes autoritaires, la politique étrangère est décidée par le chef de l'État. Dans les monarchies constitutionnelles et les républiques parlementaires démocratiques, c'est le premier ministre (ou son équivalent : chancelier, président du conseil) et son cabinet qui décident, puisqu'ils sont les véritables détenteurs du pouvoir exécutif. Le chef de l'État — monarque ou président — est exclu du processus de décision car il n'a que des pouvoirs formels ou honorifiques. Dans les régimes présidentiels démocratiques, les décisions de politique étrangère sont prises par le président. Dans les régimes semi-présidentiels démocratiques, le président est le principal décideur de la politique étrangère, mais il doit avoir l'aval du premier ministre pour certaines questions. Le partage des pouvoirs entre le président et le chef du gouvernement dans les régimes semi-présidentiels varie selon les dispositions de la Constitution.

Le Parlement national

Dans les États démocratiques, le Parlement national joue également un rôle important dans la décision de la politique étrangère puisque la Constitution oblige les gouvernants à soumettre un certain nombre d'actes (ex. : déclarations de guerre, traités et accords internationaux) au vote des chambres. Ainsi, en 1920, le Sénat américain a refusé d'entériner le traité de Versailles qui créait la SDN, malgré le soutien du président Wilson à ce dernier. Tous les traités relatifs à l'élargissement ou à la modification de l'UE doivent être ratifiés par les Parlements — ou les citoyens — des États membres. Le Parlement peut également, par le biais de certaines de ses prérogatives, appuyer, modifier ou imposer l'abandon d'une décision de politique étrangère. En rejetant l'augmentation des dépenses militaires que réclamait le président Nixon, le Congrès américain a contribué au désengagement des États-Unis du Vietnam en 1972-1973. En 1991, les parlementaires américains ont refusé de renouveler la procédure du *fast-track,* en vertu de laquelle le président peut négocier un accord commercial et le soumettre ensuite au Congrès pour approbation ou rejet sans possibilité d'amendement. Cette décision a incité les États impliqués dans les négociations commerciales du GATT, notamment l'UE, à se montrer plus conciliants vis-à-vis des demandes de l'administration Bush, ce qui a permis de conclure l'Uruguay Round en décembre 1993. La même année, la Chambre des communes britannique a approuvé le traité de Maastricht, malgré l'opposition de plusieurs membres du gouvernement conservateur de John Major. Évidemment, les décisions du Parlement varient selon la majorité dont dispose le parti gouvernemental au sein de ce dernier.

Les citoyens et les gouvernements régionaux

Dans plusieurs États démocratiques, les citoyens ont un pouvoir en matière de politique étrangère puisque la Constitution oblige ou donne le choix à l'exécutif de soumettre certaines décisions — conscription, adhésion à une organisation internationale, conclusion de conventions et traités internationaux — à un référendum populaire. Même lorsque ce référendum est consultatif, le pouvoir des citoyens demeure important puisqu'il est politiquement très difficile pour un gouvernement de ne pas tenir compte de l'opinion exprimée par la majorité des électeurs. Au Danemark, un premier référendum sur le traité de Maastricht a été perdu en 1992. Le second, tenu en 1993, a été gagné. En 1994, 52,2 % des Norvégiens ont refusé, lors d'un référendum, l'adhésion de leur pays à l'UE. En 2006, le président Chirac a soumis le projet d'une constitution européenne à un référendum, qui a été rejeté par une faible majorité, comme aux Pays-Bas. Ce double échec a obligé l'UE à modifier son projet de constitution. Le traité de Lisbonne, issu de cette révision, a été rejeté lors d'un premier référendum en Irlande, en 2008, puis accepté lors d'un second référendum, en 2009. Le recours à des référendums, lorsque des questions très complexes comme l'adhésion à une OI ou à un traité international sont en jeu, est toutefois l'objet d'un débat. Plusieurs spécialistes et les pays anglo-saxons sont réfractaires à de telles consultations, arguant qu'il est alors facile pour les partis et divers groupes de manipuler l'opinion publique dans le sens de leurs intérêts. Selon eux, il est préférable de laisser la décision aux parlementaires élus, plus informés et compétents. Cette opinion n'est pas nouvelle. Platon et Aristote critiquaient les effets pervers de la démocratie directe au IVe siècle avant J.-C.

Il est possible pour les gouvernements régionaux de conclure divers types d'ententes internationales dans les domaines de juridiction que leur concède la Constitution de leur pays, à la condition que ces ententes s'inscrivent dans le cadre des lois nationales et qu'elles soient agréées par le gouvernement central. Les limites de l'action internationale des gouvernements régionaux découlent non seulement du droit constitutionnel interne, mais aussi du droit international. Selon la Convention de Vienne sur le droit des traités de 1969 : « Tout État a la capacité de conclure des traités. Les membres d'une union fédérale peuvent avoir la capacité de conclure des traités si cette capacité est admise par la Constitution fédérale et dans les limites indiquées dans la dite Constitution[5]. » Notons à cet égard que les ententes internationales signées par les provinces canadiennes depuis 1965 sont considérées comme des arrangements administratifs sans caractère obligatoire ou contraignant par les autorités fédérales.

Les facteurs qui influencent la décision

Selon Valerie **HUDSON**[6], les théories de la politique étrangère ont été développées par les Américains au cours de la période postérieure à 1950. Certaines insistent sur une catégorie spécifique de facteurs, d'autres sont multifactorielles et pluridisciplinaires. Certaines privilégient une méthodologie hypothético-déductive et quantitative, alors que d'autres utilisent une approche inductive et qualitative. Aucune ne fait l'unanimité, notamment parce qu'il est très difficile, sinon impossible, de démontrer avec des preuves tangibles à l'appui qu'une décision a été déterminée par telle ou telle catégorie de variables. L'étude de la politique étrangère comporte nécessairement une part de spéculation car le processus de décision est très complexe et opaque. Plusieurs acteurs domestiques et étrangers, de même que de nombreux facteurs objectifs et subjectifs (la puissance économique, politique et stratégique relative du pays, sa position géographique, la nature autoritaire ou démocratique de son régime politique, la psychologie et la culture des dirigeants, les ententes conclues avec d'autres États, etc.), sont susceptibles d'influencer différemment les quelques personnes responsables de la décision finale. Comment démontrer l'impact de ces diverses influences sur chacune d'entre elles et comment expliquer qu'elles aient privilégié telle option plutôt qu'une autre au terme de leurs délibérations ? Cela est très difficile. D'une part,

---

5. « Document sur la position du gouvernement fédéral en matière de conclusion des Traités du Canada », *in* Jacques-Yvan Morin, Francis Rigaldies, Daniel Turp, *Droit international public. Tome II – Document d'intérêt canadien et québécois* (Montréal : Éditions Thémis, 1997), 1.

6. Valerie M. Hudson, *Foreign Policy Analysis* (Boulder/New York/Toronto : Rohman & Littlefield Publishers Inc., 2007).

les informations objectives relatives à la prise de décision (rapports et autres documents utilisés par les dirigeants, procès-verbaux de leurs réunions) demeurent très souvent secrètes pendant des décenies, sinon des siècles, pour des raisons de sécurité nationale. D'autre part, les autres sources d'information accessibles aux chercheurs (entrevues avec les décideurs, mémoires et biographies de ces derniers, etc.) sont générale-ment biaisées. Les théories de la prise de décision méritent toutefois d'être exposées, car elles nous renseignent sur les divers acteurs, facteurs et mécanismes les plus susceptibles d'orienter la politique étrangère des États.

Les perceptions et la personnalité des dirigeants

Selon la théorie psycho-politique, développée entre autres par Kenneth **BOULDING** et T. B. **MILLAR**[7], les décisions des leaders politiques, en politique étrangère comme dans d'autres domaines, sont principalement influencées par leurs perceptions de la réalité qui sont faites des valeurs qu'ils ont intériorisées au fil des années, de l'appréciation qu'ils portent sur leur État comme sur celui des pays tiers, de leurs informations, de l'attirance ou de la répulsion qu'ils éprouvent face à tel interlocuteur ou fait international, de leur prédisposition à agir ou à temporiser. Étudier la politique étrangère c'est « sonder la pensée de ceux qui ont pris les déci-sions, découvrir leur image du monde et de leur propre système politique, déceler les faits qui ont constitué pour eux des facteurs et comprendre la façon dont ils en ont tenu compte ». Or, quels sont les principaux facteurs qui influencent les perceptions ou l'image du monde des décideurs? Selon l'approche la plus ancienne, c'est leur personnalité, soit leurs structures affectives et les valeurs auxquelles ils adhèrent en raison de leur histoire familiale. Divers auteurs ont tenté d'expliquer la politique étrangère de certains hommes d'État tels Hitler, Staline et Woodrow Wilson par les caractéristiques de leur personnalité psychique, caractéristiques induites de l'étude de leur biographie et de leurs comportements vis-à-vis de leurs proches, de leurs collègues et de leur environnement social et interprétées à l'aide des modèles fournis par la psychologie ou la psychanalyse.

---

7. Kenneth Boulding et T. B. Millar, *The Image* (Ann Arbor: University of Michigan Press, 1956).

Les calculs coûts/bénéfices des dirigeants

Selon la théorie des choix rationnels, dérivée de la théorie réaliste de Hans Morgenthau et de la pensée économique néoclassique, ce ne sont pas les perceptions et la personnalité des leaders politiques qui orientent leurs choix de politique étrangère mais leur raison. Cela signifie qu'ils cherchent en tout temps à parvenir à une solution optimale. Ils doivent donc choisir, parmi les options qui s'offrent à eux, celle qui impliquera des coûts minimaux et des bénéfices maximaux en regard de l'intérêt national. La possibilité pour les décideurs de choisir l'option qui offre le meilleur rapport coûts/bénéfices dépend toutefois de la quantité, de la qualité et de la fiabilité des informations dont ils disposent sur les enjeux, les causes et les conséquences prévisibles des différentes options disponibles. La théorie des jeux, très proche de la théorie de l'acteur rationnel, compare la prise de décision à un jeu stratégique dont les principales règles sont les suivantes : 1) chaque joueur est rationnel et fonde son appréciation sur un calcul coûts/bénéfices ; 2) chaque joueur dispose de plusieurs options qui permettent de préserver ou de maximiser les gains tout en limitant les coûts ou les risques ; 3) l'issue du jeu est incertaine car elle dépend de l'ordre de préférence dans lequel chaque joueur classe les options disponibles ; néanmoins, elle se traduit toujours par la coopération ou un conflit entre les participants. Dans le premier cas (jeu à somme variable), la décision résulte d'un compromis entre certaines options privilégiées par les participants. Dans le second cas, ou bien aucune décision n'est adoptée, ou bien la décision reflétera le choix d'un seul participant (jeu à somme nulle). Selon Charles **HERMANN**[8] la dynamique du processus de décision dépend de l'attitude, directive ou conciliante, du chef de l'État. Ce dernier impose-t-il sa vision des choses ou recherche-t-il un consensus parmi les décideurs ? Cette donnée ne dépend pas nécessairement de la nature du régime politique : les premiers ministres des régimes parlementaires ou les présidents des régimes présidentiels ou semi-présidentiels démocratiques peuvent être plus directifs que les présidents des républiques autoritaires, dont le pouvoir est basé sur l'appui d'un clan ou d'un réseau clientéliste.

---

8. Charles Hermann, « Decision Structure and Process Influences on Foreign Policy », *in* Maurice A. East, S. A. Salmore and C. Hermann (dir.), *Why Nations Act* (Beverley Hills, CA : Sage, 1978), 69-102.

Les marchandages bureaucratiques

Selon l'approche bureaucratique, préconisée notamment par Graham **ALLISON** et Morton **HALPERIN**[9], il est erroné de croire que le choix des décideurs est basé sur un calcul coûts/bénéfices prenant en compte l'intérêt national. Ce dernier est une vue de l'esprit car l'État n'est qu'un regroupement d'organisations plus ou moins reliées entre elles, au sommet desquelles siègent les dirigeants politiques. Dans sa forme extrême, la décision en politique étrangère résulte d'un marchandage entre groupes ou personnes au sein de l'appareil gouvernemental ; elle reflète la logique des buts et des moyens recherchés par chacune des organisations (ministères, services, départements, agences) dans la lutte institutionnelle. De plus, parce que les ressources varient considérablement entre les bureaucraties, certaines sont plus efficaces quand vient le temps des pressions et du marchandage. Des coalitions se créent parfois afin de promouvoir une option plutôt qu'une autre. De plus, les organisations ont une tendance naturelle à résister aux tentatives de changement de leurs orientations et missions, et choisiront plutôt de poursuivre les opérations routinières bien connues et moins risquées. Pour faire contrepoids à l'influence des organisations, le pouvoir central dispose d'agences inter-organisationnelles dont la mission est de réglementer et de coordonner le travail bureaucratique, en vue d'atteindre le seuil optimal désiré dans l'élaboration des politiques. La théorie «cybernétique» de John **STEINBRUNER** compare en ce sens le processus de décision à un mécanisme de thermostat, celui-ci n'étant pas activé avant que la température n'excède les limites tolérables du système[10].

Les rapports de force économiques

Selon les marxistes, les néomarxistes et plusieurs néolibéraux et néoréalistes, la politique étrangère des États est principalement déterminée par leur puissance économique, qui est le fondement de leur pouvoir militaire et politique. La politique extérieure des États varie en fonction

9. Graham Allison, *Essence of Decision* (Boston : Little Brown and Company, 1971) ; Morton Halperin, *Bureaucratic Politics and Foreign Policy* (Washington DC : The Brookings Institution, 1974).

10. John Steinbruner, *The Cybernetic Theory of Decision* (Princeton : Princeton University Press, 1974).

de leur niveau de développement, de l'importance et de la rentabilité de leurs échanges commerciaux et financiers et de leur capacité subséquente d'influencer les règles et les institutions des relations économiques internationales. Selon ces théories, les acteurs économiques les plus puissants exercent donc une influence prépondérante sur les décisions de la politique étrangère. L'évaluation de cette influence diffère cependant selon les auteurs. Robert Cox soutient, à l'instar des marxistes, que les groupes oligopolistiques multinationaux dictent aux États leur politique extérieure. La néoréaliste Susan **STRANGE** affirme que les gouvernements jouent désormais un rôle de leader uniquement en matière de sécurité. Dans le domaine de l'économie, de la finance, du commerce, de la recherche et de l'innovation technologique, le pouvoir de décision appartient aux FMN. Robert Gilpin, un autre néoréaliste, reconnaît que la croissance phénoménale des FMN a érodé sérieusement l'autonomie de décision des États, mais ces derniers et les organisations économiques gouvernementales conservent le pouvoir de réglementer le fonctionnement des marchés et l'activité des FMN[11].

Les rapports de force politiques

Selon la plupart des auteurs réalistes et néoréalistes, la politique étrangère est principalement déterminée par la puissance militaire et politique des États et les modalités d'équilibre de cette puissance au sein du système international. Kenneth Waltz, Morton Kaplan, Michael Brecher, David Singer et Kim Nossal[12], parmi d'autres, ont montré que l'histoire moderne a été caractérisée par divers systèmes d'équilibre : le système multipolaire des XVIIIe et XIXe siècles, le système bipolaire de la période 1945-1990, le système unipolaire post-guerre froide. Chacun d'eux a modifié la position

---

11. Susan Strange, *Retreat of the State : the Diffusion of Power in the World Economy* (Ithaca : Cornell University Press, 1996) ; Robert Gilpin, *Global Political Economy* (Princeton : Princeton University Press, 2001) ; Robert Cox, *The Political Economy of a Plural World* (Londres/New York : Routledge, 2002).

12. Kenneth Waltz, *Theory of International Politics* (Reading, Mass : Addison-Wesley, 1979) ; Morton Kaplan, *System and Process in International Politics* (New York : Wiley, 1967) ; Michael Brecher, « Système et crise en politique internationale », *in* Korany *et al.*, *Analyse des relations internationales*, 73-107 ; David Singer, *Human Behavior and International Politics* (Chicago : Rand McNally, 1965) ; Kim Richard Nossal, *The Patterns of World Politics* (Scarborough : Prentice Hall, 1998).

politique et militaire des États, leurs alliances stratégiques et la nature conflictuelle ou pacifique de leurs relations. Kaplan et Holsti[13] ont analysé les impacts des systèmes politiques internationaux sur la conception que se font les dirigeants de leur rôle — en tant que chefs ou membres d'un bloc, d'une coalition ou sous-système d'alliés. Selon eux, c'est cette conception qui façonne leur image de la réalité et les orientations de leur politique extérieure.

Les pressions des acteurs domestiques

Selon la théorie néolibérale, les intérêts économiques des divers groupes de pression influencent largement les décisions de la politique étrangère. Quoique néolibéral, Karl DEUTCH soutient que le lobbying de ces acteurs n'est pas uniquement motivé par leurs intérêts économiques. Les élites politiques (membres du pouvoir exécutif, du Parlement, de la haute fonction publique et des appareils de partis), les médias d'information, les notables (le petit pourcentage de la population qui suit de près les débats politiques et sert de relais sociologique) et l'ensemble des citoyens qui participent aux élections peuvent également influencer les décisions de la politique étrangère. Chaque palier transmet des messages et exerce une influence sur les autres paliers. Le flux principal est descendant, à partir de l'élite économique ou politique. Mais, parfois, des communications directes s'établissent entre les paliers inférieurs (électeurs, notables, médias) et influencent les paliers supérieurs. Les dirigeants tentent de réduire les conflits ou les tensions dans les messages transmis par ces différentes catégories d'acteurs, en faisant des choix de politique étrangère qui équilibreront les demandes en provenance du système national de décision. Toutefois, l'application de ces choix provoque des impacts qui obligent les dirigeants à modifier ou à ajuster les orientations de leur politique étrangère. Celle-ci est donc déterminée par l'autorégulation des flux d'information et leur rétroaction. En raison de ces deux mécanismes, le résultat d'une politique est souvent différent, sinon contraire à l'intention initiale des leaders politiques[14].

---

13. K. J. Holsti, «National Role Conceptions in the Study of Foreign Policy».

14. Karl Deutsch, *Nationalism and Social Communication* (Cambridge, Mass: MIT Press, 1966) et *The Nerves of Government* (New York: Free Press, 1963).

À titre d'exemple, Deutsch rappelle que, lorsque le gouvernement américain décida d'installer des bases militaires à l'étranger, au début de la guerre froide, il fut soumis à une double pression interne : celle du département de la Défense, qui souhaitait établir de nombreuses bases aériennes et navales afin d'assurer la sécurité de l'Alliance atlantique, et celle des départements des Affaires étrangères et des Finances, alors préoccupés par les risques politiques et financiers de l'opération. La volonté d'équilibrer ces pressions contradictoires conduit la Maison-Blanche à implanter des bases militaires dans les pays sous-développés à régime autoritaire souvent corrompu. Après autorégulation, l'intention initiale — la défense de la démocratie libérale — fut convertie en alliance avec des dictatures rétrogrades. Jean-Pierre Cot fournit un autre exemple. En 1967, le gouvernement égyptien, confronté à l'aggravation de la tension régionale au Proche-Orient, aux rumeurs de complot en Syrie et aux informations fausses fournies par les services secrets soviétiques, décréta le blocus du détroit de Tiran, demanda le retrait des Casques bleus de l'ONU et précipita le conflit avec Israël, contrairement à son intention initiale.

La culture identitaire des États

Selon la théorie constructiviste, la politique étrangère est principalement déterminée par la culture des États et la façon dont ils se perçoivent les uns les autres. Pour Alexander **WENDT**, dont la théorie s'inspire notamment de celle de Hedley Bull, trois cultures déterminent le comportement des États : celle de Hobbes, en vertu de laquelle les États sont des ennemis les uns pour les autres ; celle de Locke, selon laquelle les États sont des partenaires rivaux ; et celle de Kant, selon laquelle les États sont des amis[15]. Wendt n'explique pas clairement pourquoi les États adhèrent à l'une ou l'autre de ces cultures, mais la littérature constructiviste associe largement le comportement méfiant, coopératif ou amical des États à leur degré d'attachement aux valeurs démocratiques. Celui-ci ne dépend pas du niveau de modernisation économique et sociale de l'État, mais d'un apprentissage de ces valeurs, grâce aux transformations culturelles et

15. Alexander Wendt, *Social Theory of International Politics* (Cambridge : Cambridge University Press, 1999).

institutionnelles de leurs sociétés et à leur participation à des organisations internationales et réseaux dominés par les pays occidentaux[16]. La théorie constructiviste complète la théorie libérale de la paix démocratique qui prétend que les démocraties ne se font pas la guerre en raison de leurs normes et de leurs institutions communes, sans expliquer l'origine de ces normes et institutions[17].

L'application de la politique étrangère est caractérisée par deux approches ou comportements fondamentaux : la stratégie et la diplomatie. Machiavel associe la première à la force du lion et la seconde à la ruse du renard. Raymond Aron est plus prosaïque. Selon lui, la stratégie est « la conduite d'ensemble des opérations militaires » ou « l'action qui n'exclut pas le recours à la force armée » alors que la diplomatie est « la conduite du commerce avec les autres unités politiques, l'art de convaincre sans employer la force[18] ». En fait, ces concepts ont donné lieu à plusieurs définitions plus ou moins larges. Avant de compléter ces formulations liminaires, notons que, dans la réalité, ces deux dimensions sont étroitement imbriquées. Les conflits militaires ne sont pas uniquement basés sur l'emploi des armes ; ils font appel à plusieurs comportements non violents inhérents à la ruse diplomatique tels l'espionnage, la manipulation de l'information et la négociation. Les relations diplomatiques, de leur côté, sont souvent influencées par la puissance militaire des États et les menaces ou risques d'interventions armées.

---

16. Voir notamment Matha Finnemore, *National Interest in International Society* (Ithaca : Cornell University Press, 1996) ; Francisco G. Duina, *Harmonizing Europe* (New York : State University of New York Press, 1999) ; Maria Green Cowles, James Caporaso et Thomas Risse, *Transforming Europe* (Ithaca : Cornell University Press, 2001) ; Kevin Featherstone et Claudio M. Radaelli, *The Politics of Europeanization* (Oxford : Oxford University Press, 2003).

17. Bruce Russett, *Grasping The Democratic Peace* (Princeton : Princeton University Press, 1993) ; Michael Doyle, *Ways of War and Peace. Realism, Liberalism and Socialism* (New York/Londres : W.W. Norton, 1997).

18. Raymond Aron, *Paix et guerre entre les nations*.

La diplomatie

L'essence de la diplomatie

Aucun État ne peut défendre ses intérêts sans tenir compte de ceux des autres États, chaque pays étant une composante de la communauté des nations. L'indépendance des États n'est pas synonyme d'isolement ou de repli sur soi. Le fait d'entretenir des relations avec les autres États est une dimension essentielle de l'autorité et de la légitimité d'un État. Ces relations reposent sur l'habileté à obtenir la reconnaissance, l'appui et des avantages des autres États. Comme l'affirmait Jean-Jacques Rousseau, un État ne peut bien se connaître lui-même et progresser qu'au contact des autres États. Tous les États, y compris les plus puissants, sont dépendants, à des degrés divers, des autres États. L'interdépendance des États s'est constamment accrue au cours de l'histoire, au fur et à mesure que se développaient les relations de diverses natures entre les sociétés nationales, de telle sorte qu'aujourd'hui les politiques nationales de chaque État sont largement déterminées par l'environnement international. Selon Watson :

> Les États qui sont conscients que leurs politiques nationales sont affectées par tout ce qui se produit à l'extérieur ne se contentent pas d'observer l'autre à distance. Ils ressentent le besoin d'entrer en dialogue avec lui. Le dialogue entre États indépendants — les rouages par lesquels leurs gouvernements conduisent ce dialogue, et les réseaux de promesses, de contrats, d'institutions et de codes de conduite qui en résultent — constituent la substance de la diplomatie[19].

Quoique pertinente, cette définition est problématique à deux égards. D'une part, elle ne met pas suffisamment l'accent sur l'aspect conflictuel des relations diplomatiques. En réalité, celles-ci visent fréquemment à résoudre un conflit par la négociation. Toutefois, une négociation implique souvent le recours à des comportements inamicaux qui contreviennent à l'esprit du dialogue, par exemple l'utilisation de pressions assorties de menaces de représailles (sanctions commerciales, embargo économique, suppression de l'aide déjà consentie, etc.) ou d'un recours limité à la

---

19. A. Watson, *The Evolution of International Society* (Londres : Routledge, 1992), 14-15. Pour une revue de la littérature sur la diplomatie, voir Christer Jönsson, « Diplomacy, Bargaining and Negotiation », *Handbook of International Relations* (Londres : Sage Publications, 2001), 212-235.

force[20]. D'autre part, cette définition n'insiste pas assez sur la dimension illégale de la diplomatie. S'il est juste de dire que celle-ci est largement basée sur le droit international, il est également vrai qu'elle fait souvent appel à des pratiques qui violent la lettre ou l'esprit du droit international : tentatives de corruption des interlocuteurs, guerres psychologiques, propagande, bluff, méthodes d'espionnage contraires aux lois nationales et internationales[21].

Dans le cadre de cette section, nous analyserons les principaux instruments de la diplomatie (la négociation et le droit international) et les principales institutions de sa mise en œuvre (les ambassades et les consultats).

Les fondements de la négociation

Selon P. A. Toma et R. F. Gorman, « la négociation et le marchandage sont la raison d'être et le principal instrument de la diplomatie. Toute entente entre États est le résultat d'une négociation et d'un échange[22]. » Une négociation est une forme d'interaction par laquelle des individus, des groupes ou des États cherchent explicitement à parvenir à une sorte d'entente. Elle est le premier stade du processus de solution d'un problème ou d'un conflit, le second stade étant le marchandage.

Les prérequis d'une négociation. **Pour qu'une négociation sérieuse s'amorce,** il faut que les parties aient soit des intérêts communs à trouver un arrangement ou une solution à un différend, soit un intérêt complémentaire à échanger des concessions qu'ils ne pourraient obtenir unilatéralement. Cependant, les États peuvent parfois s'engager dans une fausse négociation (bluff, jeu) pour diverses raisons : plaire à leur opinion publique, sauvegarder leur image internationale, obtenir de l'information, tromper l'adversaire afin de préparer une attaque militaire, maintenir le contact

---

20. Cette « diplomatie coercitive » a été analysée par Alexander L. George, *Forceful Persuasion : Coercive Diplomacy as an Alternative to War* (Washington, DC : United States Institute of Peace Press, 1991) et Alexander L. George et William E. Simons (dir.), *The Limits of Coercive Diplomacy* (Boulder : Westview Press, 1994).

21. Sur la guerre psychologique et la propagande, voir Peter A. Toma et Robert F. Gorman, *International Relations : Understanding Global Issues* (Pacific Grove, CA : Brooks/Cole Publishing Company, 1991), 190-207.

22. *Ibid.*, 166.

avec l'ennemi durant un conflit, etc. Donc, le but d'une négociation n'est pas toujours de trouver un arrangement. Cependant, toute négociation sérieuse exige l'existence d'intérêts communs ou complémentaires et la bonne foi des parties.

La phase préliminaire d'une négociation. Au cours de cette phase, les parties tentent d'identifier leurs intérêts communs afin d'évaluer les chances d'aboutir à un règlement. Chaque État cherche à obtenir de l'autre un exposé clair et explicite de ses demandes. Normalement, à ce stade, chaque partie ne dévoile que ses attentes maximales. D'une manière plus générale, cet échange exploratoire sert à établir un climat de confiance et les règles d'un accommodement.

La délimitation de la négociation. Lorsque la phase préliminaire a été franchie avec succès, chaque partie tente de connaître les demandes minimales de ses interlocuteurs et les concessions que chacun est prêt à faire. L'énoncé des demandes maximales et minimales permet en effet de cerner le contenu de ce qui est négociable et d'évaluer les stratégies d'alliance possibles, lorsque la négociation implique plus de deux parties. Évidemment, l'intérêt de chacun est de camoufler ses véritables intentions quant à ses demandes minimales, tout en parvenant à découvrir celles des autres partenaires. Si l'écart entre les demandes minimales et maximales est jugé trop grand, ou bien la négociation achoppe, ou encore les participants acceptent de réviser à la baisse leurs attentes.

La négociation proprement dite. La négociation proprement dite est une discussion, parfois très longue et complexe, afin d'en arriver à un compromis entre les demandes maximales et minimales de chacun. Lorsque les négociations internationales se déroulent entre États d'inégale force, ce qui est fréquemment le cas, les concessions acceptées par les plus faibles sont plus importantes que celles consenties par les plus forts. Toute entente issue d'une négociation multilatérale est caractérisée par une distribution inégale des gains et des pertes (entente à somme variable). Chaque participant réalise des gains absolus et/ou relatifs[23], mais dans

---

23. Les gains absolus sont des avantages nets que gagne un État lors d'une négociatioin. Les gains relatifs impliquant que sans avoir obtenu d'avantages nets, un État a amélioré sa position par rapport aux autres, en raison des concessions ou pertes acceptées par ces derniers.

des proportions variables. Une négociation bilatérale peut aboutir à une entente à somme variable ou à une entente à somme nulle, dans le cadre de laquelle l'une des parties gagne tout, alors que l'autre perd tout. Ce deuxième type d'entente est moins rare qu'on pourrait le croire, certains États ayant intérêt à accepter un accord désavantageux pour ne pas nuire à leurs relations avec un État plus puissant. Lorsque l'entente issue de la négociation est rejetée, ou la négociation s'arrête, ou elle se transforme en marchandage.

Le marchandage. Le marchandage peut être vu comme un moyen de résoudre les différends entre les parties quant aux termes de l'entente proposée par diverses sortes de tractations. Le but de chaque acteur est d'inciter l'autre à réduire ses demandes minimales tout en haussant ses propres demandes maximales. L'issue du marchandage dépend de l'habileté des négociateurs à deviner les faiblesses et les points forts de leurs opposants et à les influencer ; mais elle dépend surtout de la position de force ou de faiblesse réelle de chaque partie. Les principaux instruments du *bargaining* international sont les menaces de sanctions (mesures commerciales protectionnistes, réduction ou suppression de l'aide militaire ou économique, condamnation par une organisation internationale, etc.) et les promesses de récompense (augmentation des investissements, libéralisation des échanges commerciaux, adhésion à une organisation internationale, etc.). Les possibilités de marchandage de chaque État sont donc proportionnelles à ses ressources économiques, militaires et politiques. La finalité du marchandage est d'en arriver à une entente qui offre des avantages relatifs à chaque partenaire.

La dynamique des négociations internationales décrite par Toma et Gorman s'inspire du réalisme et de la théorie des jeux. Le cours et l'issue d'une négociation sont essentiellement déterminés par les calculs d'intérêts et les évaluations coûts/bénéfices des États. Bien que cette thèse soit admise par la grande majorité des auteurs, plusieurs considèrent que d'autres facteurs influencent significativement ou décisivement une négociation internationale : l'histoire et le régime institutionnel des États, la psychologie et la culture des négociateurs, les variables contextuelles (objet du litige, nature des relations antérieures des parties, intervention ou non d'un ou plusieurs médiateurs, stratégies et tactiques des médiateurs,

TABLEAU 3.1

Processus d'une négociation internationale

PRÉREQUIS

Intérêts communs ou complémentaires des États à négocier.

PHASE PRÉLIMINAIRE

Identification des intérêts communs et des chances d'aboutir à un règlement.

Chaque partie essaie de connaître les demandes des autres parties.

Chaque partie expose ses demandes maximales.

Tentative d'établir un climat d'entente.

DÉLIMITATION DE LA NÉGOCIATION

Chaque partie tente de connaître les demandes minimales
des autres parties sans dévoiler les siennes.

Évaluation de l'écart entre les demandes minimales
et maximales de chaque partenaire.

Évaluation des concessions que chaque partie est prête à faire.

Si les demandes minimales de certains États sont jugées excessives,
effort en vue de les convaincre de les réviser à la baisse.

NÉGOCIATION

Discussion afin d'en arriver à un compromis entre
les demandes minimales et maximales de chaque partie.

En cas d'échec, abandon de la négociation ou tentative de marchandage.

MARCHANDAGE

Chaque partie essaie d'obtenir le maximum et de convaincre les autres
d'accepter le minimum par l'utilisation de jeux, débats, persuasion,
promesses de récompenses et menaces de sanctions.

TYPES D'ENTENTES POSSIBLES

Négociation multilatérale

Entente à somme variable : gains et pertes inégales pour chaque partie.

Négociation bilatérale

Entente à somme variable ou entente à somme nulle :
gains pour une partie et pertes pour l'autre.

caractère bilatéral ou multilatéral des discussions)[24]. L'idée selon laquelle une négociation internationale est subdivisée en différentes phases fait par contre l'unanimité. Tous les spécialistes reconnaissent qu'une négociation est précédée d'une phase préliminaire durant laquelle les parties tentent de s'entendre sur la nature du problème à résoudre et la façon de parvenir à un règlement. Tous admettent que la conclusion d'une entente requiert des concessions préalables de la part des parties et le recours au marchandage dans plusieurs cas. Les accords d'Oslo de 1992 et les accords de Dayton de 1995 sont souvent cités comme exemples d'ententes inachevées qui ont marqué le début d'un processus de marchandage entre les États impliqués.

La portée du droit international

Le droit international public est à la fois le fondement et le résultat des négociations internationales. Ses principaux éléments constitutifs sont les coutumes, *i.e.* les comportements des États durables dans le temps qui ont acquis une portée juridique, et les ententes juridiques (conventions, traités, chartes, protocoles, etc.) conclues par les États dans un cadre bilatéral ou multilatéral. Les sources auxiliaires du droit international sont la doctrine, *i.e.* les interprétations que font les spécialistes des règles et de la jurisprudence, *i.e.* l'ensemble des décisions et arbitrages édictés par les tribunaux internationaux.

Si, comme le soutiennent plusieurs spécialistes, tous les actes juridiques du droit international sont le résultat d'une négociation visant à solutionner un différend entre États·, et si une négociation sérieuse n'est possible que lorsque les parties ont des intérêts communs à trouver un arrangement ou un intérêt complémentaire à échanger des concessions, il faut conclure que l'extension de la portée du droit international dans

24. Pour une meilleure connaissance de ces autres approches, voir notamment Glen Fisher, *International Negotiation : A Cross-Cultural Perspective* (Chicago : Intercultural Press, 1980) ; Howard Raiffa, *The Art and Science of Negotiation* (Cambridge : Harvard University Press, 1981) ; Charles Lockart, *Bargaining in International Conflict* (New York : Columbia University Press, 1979) ; Guy Olivier Faure et Jeffrey Z. Rubin (dir.), *Culture and Negotiation* (Newbury Park : Sage, 1993) ; William I. Zartman et Jeffrey A. Rubin (dir.), *Power and Negotiation* (Ann Harbor : Michigan University Press, 2000) ; Marieke Kleiboer, *The Multiple Realities of International Mediation* (Boulder : Lynne Rienner, 1998).

les relations diplomatiques dépend de l'approfondissement de la convergence des intérêts des États, processus lui-même lié à la nature des transformations de la société internationale. Selon les réalistes et les néoréalistes, les transformations qu'a connues la société internationale au cours du xxᵉ siècle n'ont pas atténué les contradictions entre les intérêts nationaux des États souverains, de telle sorte que la diplomatie demeure fondée sur la puissance ou sur la persuasion, le compromis et la menace d'user de la force armée. Selon les néolibéraux, par contre, les changements qui ont marqué l'évolution du système international depuis 1945 ont considérablement renforcé l'interdépendance et les intérêts communs des États, favorisant une plus grande coopération des gouvernements et la multiplication des ententes juridiques bilatérales et multilatérales. Selon eux, la diplomatie est donc beaucoup plus aujourd'hui qu'hier déterminée par le droit international.

Si ces controverses doctrinales tiennent aux *a priori* normatifs des différentes écoles de pensée, elles sont également alimentées par l'interprétation que font les auteurs des problèmes posés par l'application du droit international. Pour les réalistes, ces derniers témoignent de l'inefficacité du droit international ; pour les néolibéraux, il s'agit de difficultés qui peuvent être solutionnées avec le temps et qui ne remettent pas en question les progrès du droit dans les relations diplomatiques. Parmi les nombreux problèmes qui limitent la portée du droit international, sept sont particulièrement importants.

Premièrement, les seules ententes juridiques internationales négociées par les États qui ont un caractère obligatoire pour ces derniers sont celles qu'ils ont librement signées et ratifiées. La signature d'une entente internationale est une formalité non contraignante, et seule sa ratification oblige les États à l'appliquer. La ratification par le gouvernement ou le Parlement (dans la plupart des cas) est conditionnelle à la compatibilité de l'entente internationale en question avec la constitution du pays. Pour qu'une entente internationale entre en vigueur, il faut qu'une majorité d'États l'aient ratifiée. Cependant, les États qui ont ratifié cette entente peuvent la mettre en œuvre avant qu'une telle majorité soit atteinte : une pratique qui peut convaincre les États récalcitrants à emboîter le pas. À l'exception des résolutions du Conseil de sécurité de l'ONU, les actes juridiques adoptés par les OI universelles n'ont pas de caractère obligatoire pour les États. Il en est de même pour les actes des

OI régionales, sauf s'ils ont été entérinés à l'unanimité par les États membres, comme c'est le cas pour plusieurs décisions du Conseil de l'UE.

Deuxièmement, les possibilités de sanctions dont dispose la communauté internationale à l'égard d'un État qui viole une entente juridique obligatoire sont restreintes. Comme nous l'avons vu dans le chapitre deux, à l'exception de la CJE (dont la compétence s'étend uniquement aux États membres de l'UE), les cours internationales et les tribunaux d'arbitrage des OI n'ont pas la capacité d'imposer une sanction à un État. Ils portent un jugement sur les litiges qui leur sont soumis, se prononcent sur le degré de culpabilité des parties au litige, mais n'imposent pas de sentence comme les tribunaux nationaux. En revanche, les OI et les États peuvent user de représailles à l'encontre d'un État qui contrevient à une entente obligatoire : suspension ou expulsion de l'organisation, décret d'un embargo économique, sanctions commerciales, suppression de l'aide, etc. À ces représailles s'ajoutent généralement des coûts non quantifiables pour l'État en faute : opposition éventuelle de son opinion publique, perte de légitimité, de prestige, et d'influence sur le plan international, etc. Toutefois, l'efficacité de ces pénalités est relative. D'une part, plus un État est puissant, moins il est susceptible d'être réprimandé par la communauté internationale. D'autre part, en raison de leurs intérêts divergents, les États s'avèrent souvent incapables d'adopter des sanctions et de les appliquer de manière conséquente. Enfin, les États visés peuvent refuser de se soumettre à une entente obligatoire malgré les représailles encourues. C'est le cas de l'Irak qui, au cours des années 1990, a refusé d'obtempérer pleinement aux résolutions 688 et 715 du Conseil de sécurité, malgré les mesures d'embargo que ce dernier lui a imposées en guise de représailles.

Troisièmement, il existe une disparité entre le droit interne des États et le droit international. D'une part, les règles du droit international ne sont pas hiérarchisées ou soumises à l'autorité d'une constitution comme les lois nationales d'un pays, ce qui implique que les contradictions et incohérences entre ces règles sont plus difficiles et plus longues à résoudre. Il faut ou adopter un nouvel acte juridique ou attendre que le comportement répété des États — la coutume — solutionne ce problème en pratique. D'autre part, si en principe tout État est tenu d'adapter ses lois internes aux dispositions des actes obligatoires du droit international qu'il a ratifiés, il peut en pratique refuser de le faire, malgré le risque d'être critiqué, poursuivi et sanctionné par les autres États.

Quatrièmement, la légitimité du droit international est limitée car un grand nombre d'actes juridiques et de coutumes reflètent les intérêts des grandes puissances plutôt que ceux de tous les États.

Cinquièmement, le droit international est incomplet car de nombreuses questions et problèmes n'ont jamais fait l'objet de législations.

Les principales limitations à l'application du droit international sont néanmoins l'absence d'une police supranationale et la souveraineté des États. Le chapitre VII de la Charte de l'ONU interdit à tout État membre et non membre et à toute OI de recourir unilatéralement à la force armée contre un ou plusieurs États, sauf en cas de légitime défense, c'est-à-dire la riposte à une agression ou la prévention d'une agression dont l'imminence est corroborée par des preuves solides. Dans l'un ou l'autre cas cependant, l'OI ou l'État concerné doit aviser immédiatement le Conseil de sécurité de ses intentions et obtenir de ce dernier une résolution d'appui à son intervention le plus tôt possible. Les mesures de légitime défense prises par un État ou une OI n'affectent en rien le pouvoir et le devoir du Conseil de sécurité d'intervenir pour préserver la paix. Cependant, si ces règles sont violées, il n'est pas assuré que le ou les États en faute soient sanctionnés par l'ONU car il faut que les États membres du Conseil de sécurité s'entendent sur l'application de cette sanction, ce qui n'est pas aisé compte tenu de leurs intérêts divergents. Lorsqu'en 1999, l'OTAN a décidé de bombarder la Serbie, non pas au nom du principe de la légitime défense, mais afin de faire cesser les exactions de l'armée serbe contre les Albanais au Kosovo, le Conseil de sécurité n'a pu ni appuyer cette intervention, en raison de la menace de veto de la Chine et de la Russie, ni la condamner, en raison de l'appui dont elle bénéficiait de la part de la France, du Royaume-Uni et des États-Unis. Lorsque les États-Unis ont attaqué l'Irak en mars 2003, sans avoir prouvé aux yeux de la majorité des membres du Conseil de sécurité l'imminence d'une agression du régime de Saddam Hussein contre leur territoire, le Conseil de sécurité n'a pas été en mesure de sanctionner cette action initiée par deux de ses membres permanents : les États-Unis et le Royaume-Uni.

En dépit de ces limites, « la majorité des ententes internationales sont respectées par la majorité des États la plupart du temps[25] ». Cette

---

25. Cette position est défendue notamment par Hedley Bull, *The Anarchichal Society. A Study of Order in World Politics* (New York: Columbia University Press,

affirmation de plusieurs auteurs néolibéraux n'a jamais fait l'objet d'études empiriques. Mais il est vrai que depuis 1945, les conflits armés interétatiques ont beaucoup diminué, tout en étant largement circonscrits à l'Afrique et à certaines régions d'Asie. Par contre, le nombre des conflits internes, dans ces deux régions notamment, a augmenté. Or, le droit international n'autorise pas les OI à intervenir dans les affaires intérieures d'un État souverain, sauf si ce dernier en fait la demande. Cette situation a favorisé l'internationalisation officieuse *de facto*, ainsi que l'aggravation et la prolongation de nombreuses guerres civiles, en incitant des États tiers à fournir un appui financier, militaire et logistique à tel ou tel groupe de belligérants.

Depuis la fin de la guerre froide, toutefois, la souveraineté des États n'est plus aussi intangible qu'auparavant. La communauté internationale reconnaît désormais qu'il est légitime pour une OI de maintien de la paix d'intervenir militairement dans un pays pour des motifs humanitaires, même si ce dernier s'y oppose. C'est au nom de ce principe qu'ont été réalisées les opérations de l'ONU en Somalie (1992), en Bosnie-Herzégovine (1992) et au Timor oriental (2000). Il ne faut pas, cependant, surestimer l'importance du droit d'ingérence humanitaire. Cette nouvelle vision du droit international a acquis une audience sans précédent au sein des OI et des ONG durant les années 1990 et 2000, dans un contexte marqué par la défaite du communisme et l'émergence d'un nouvel ordre unipolaire dominé par les États-Unis. Ces derniers, et leurs principaux alliés, ont soutenu plusieurs interventions lorsqu'elles servaient leurs intérêts. Lorsque ce n'est pas le cas, l'ingérence pour des motifs humanitaires perd de son importance. Le refus des membres permanents du Conseil de sécurité d'intervenir pour empêcher le génocide au Rwanda, en 1994, en est sans doute la preuve la plus éloquente et dramatique.

En conclusion, on retiendra que si la diplomatie consiste à résoudre les conflits entre États par la négociation plutôt que par la force des armes, les négociations interétatiques ne sont pas uniquement fondées sur le droit international. Elles impliquent parfois le recours à des procédés illégaux et violents. Au cours de la période postérieure à 1945, les relations diplomatiques ont connu un développement sans précédent en raison de

---

1977); Robert Keohane, *After Hegemony: Cooperation and Discord in the World Political Economy* (Princeton: Princeton University Press, 1984).

la multiplication des négociations et ententes juridiques interétatiques dans tous les domaines. Ces ententes ont considérablement élargi l'étendue du droit international et érodé la souveraineté des États dans le domaine des *low politics* (économie, finances, immigration, science et technologie, culture, questions humanitaires, etc.). La souveraineté demeure néanmoins le principe charnière des relations internationales, non seulement parce que les gouvernements demeurent les seuls décideurs des règles qui gouvernent ces dernières, mais parce qu'ils conservent le contrôle des *high politics*, *i.e.* les dimensions politique et stratégique de la politique étrangère.

Le rôle et le personnel des missions diplomatiques

La politique étrangère est mise en œuvre par les autorités centrales de l'État et leurs représentants. L'éventail de ces représentants est très large. Il comprend les fonctionnaires du ministère des Affaires étrangères qui travaillent dans les ambassades, les consulats, les délégations auprès des OI et autres missions diplomatiques de l'État. Il inclut également les membres de toutes les institutions de l'appareil gouvernemental (armée, services de renseignement et de sécurité, agences d'aide au développement, ministères) qui sont impliqués dans l'action internationale que mène l'État en dehors du circuit des missions diplomatiques. Enfin, il comprend toutes les personnes extérieures à l'appareil gouvernemental auxquelles les dirigeants politiques peuvent confier des missions internationales officielles ou officieuses, publiques ou secrètes, *ad hoc* ou prolongées: par exemple, des universitaires et des chercheurs qui sont embauchés à titre d'experts dans des négociations commerciales, des gens d'affaires et des responsables d'ONG qui sont impliqués dans des projets de développement et de coopération économique. Dans cette section, nous nous intéresserons uniquement au rôle et au personnel des missions diplomatiques.

Bien que le rôle des missions diplomatiques au sein des OI soit devenu de plus en plus important au fil du temps, nous focaliserons notre attention sur les ambassades et les consulats qui demeurent des instruments essentiels d'application de la politique étrangère des États. Ces entités sont «des délégations permanentes formées principalement d'agents diplomatiques, mais comprenant également du personnel administratif et technique et du personnel de service[26] ». Leurs modalités d'établissement, le régime des relations qu'elles entretiennent avec l'État hôte, le rôle de leurs agents diplomatiques et le statut de leur personnel sont réglementés par la Convention de Vienne sur les relations diplomatiques et la Convention de Vienne sur les relations consulaires, entrées en vigueur respectivement en 1964 et 1967[27].

Les ambassades. Les fonctions d'une ambassade consistent principalement à : (1) représenter l'État accréditant auprès de l'État accréditaire ; (2) protéger les intérêts de l'État accréditant et de ses ressortissants dans les limites du droit international ; (3) négocier des ententes avec l'État accréditaire ; (4) s'informer par tous les moyens licites de l'évolution de la situation dans l'État accréditaire et faire rapport à l'État accréditant ; (5) encourager des relations amicales et développer des relations économiques, culturelles et scientifiques entre l'État accréditant et l'État accréditaire. Au surplus, toute ambassade peut remplir les fonctions d'un consulat. C'est généralement le cas lorsqu'un État n'a pas de consulat dans un pays ou lorsque sa ou ses missions consulaires ne suffisent pas à la tâche. Toute ambassade est dirigée par un chef de mission (ambassadeur). Le nombre de diplomates et d'employés affectés à des tâches administratives et techniques varie selon l'importance accordée par l'État à chacune de ses ambassades.

L'établissement de relations diplomatiques entre deux États se fait par consentement mutuel. Un État peut poser des conditions à l'établissement de ces relations. Ainsi, la RPC a exigé que le Canada s'engage par écrit à ne pas reconnaître officiellement le gouvernement de Taiwan avant d'accepter de nouer des relations avec Ottawa, en 1970. En outre, tout État peut décider d'établir des relations diplomatiques *de jure* (sans ambassade) ou *de facto* (avec ambassade) avec un autre État. En fait, aucun pays ne possède des ambassades dans tous les pays. Ce sont évidemment les

---

26. Paul Reuter et Jean Combacau, *Institutions et relations internationales* (Paris : Presses universitaires de France, 1998), 1982, 158.

27. Des extraits de ces deux conventions sont reproduits dans Morin, Rigaldies et Turp, *Droit international public. Tome I. Documents d'intérêt général*, 189-211. Le Canada a ratifié ces conventions. Les missions diplomatiques des gouvernements régionaux ne sont pas tenues de respecter ces conventions. Toutefois, le Québec a adopté une loi qui soumet ses délégations à l'étranger à ces dernières.

États les plus riches et les plus influents qui ont le réseau d'ambassades le plus étendu. La pratique veut que lorsqu'un État n'a pas d'ambassade dans un pays, il confie à un État ami le mandat de protéger ses intérêts et ceux de ses ressortissants. En cas de guerre, un tel mandat est souvent confié à un pays neutre ou à une OI humanitaire telle la Croix-Rouge. L'ambassadeur n'est désigné que lorsqu'il est agréé par l'État d'accueil. Chaque État peut décider du niveau ou de l'importance de son ambassade, mais le pays hôte peut fixer des règles minimales à cet égard.

En vertu du principe d'extraterritorialité, chaque État exerce une pleine souveraineté sur le territoire et l'édifice de son ambassade (située obligatoirement dans la capitale) et de son consulat (installé dans la capitale ou une autre ville). Cela signifie qu'ils ne peuvent faire l'objet d'aucune perquisition, réquisition, saisie ou autre mesure d'intervention de la part du pays hôte. Lors de la révolution islamiste de 1979 en Iran, les partisans de l'ayatollah Khomeiny ont organisé un blocus autour du territoire de l'ambassade des États-Unis, accusés d'avoir soutenu le régime honni de Rizäh Chäh Pahlavi, mais ils n'ont pas pénétré dans l'édifice. C'est l'ambassade canadienne qui s'est chargée d'évacuer en secret du pays le personnel de l'ambassade américaine. Durant les années 1980, un incendie a ravagé l'immeuble du consulat soviétique à Montréal. En dépit du danger de propagation du feu aux immeubles voisins, les pompiers n'ont pu intervenir en raison de l'opposition des diplomates soviétiques qui craignaient que des documents confidentiels ne tombent entre des mains étrangères. À la suite de la guerre Iran-Irak (1980-1988), l'Irak a mis fin à ses activités consulaires à Montréal sans pour autant se départir de son immeuble. Malgré la dégradation de ce dernier et les risques qu'il présentait pour la sécurité publique, la ville de Montréal n'a pu intervenir en raison de la souveraineté de l'Irak sur cet immeuble. L'interdiction pour un pays hôte d'intervenir sur le territoire d'une ambassade s'applique également aux sièges sociaux des OI. Au tournant des années 1990, l'Assemblée générale de l'ONU a invité Yasser Arafat à prononcer un discours devant ses membres. Le gouvernement américain, opposé à cette visite mais n'ayant pas juridiction sur l'édifice des Nations Unies à New York, a menacé d'arrêter Yasser Arafat lors de son atterrissage sur le sol américain, ce qui a conduit l'Assemblée générale à déplacer ses assises à Genève. En raison de leur immunité, les ambassades servent souvent d'asile pour les personnes persécutées par les autorités du pays hôte. Ainsi, en 1973, lors du coup d'État du général Pinochet au Chili, plusieurs citoyens chiliens ont trouvé refuge à l'ambassade canadienne à Santiago.

Les mesures prévues par la Convention de Vienne de 1964 en cas de conflit entre l'État accréditaire et l'État accrédidant sont limitées. L'État accréditaire peut à tout moment expulser les membres du personnel d'une ambassade – ou d'un consulat – jugés *personæ non gratæ*. L'État accrédidant doit alors rappeler les personnes visées par cet ordre sous peine de voir l'État accréditaire cesser de reconnaître leur statut diplomatique. Généralement, l'État accrédidant s'exécute tout en adoptant des mesures d'expulsion équivalentes à l'encontre des diplomates de l'État accréditaire. Le rappel des ambassadeurs est une procédure couramment utilisée par l'État accrédidant pour signifier à l'État accréditaire son désaccord avec l'une ou l'autre de ses politiques. En cas de conflit très grave, l'État accrédidant peut aussi fermer son ambassade.

Les consulats. L'établissement de relations consulaires repose sur le consentement mutuel des États. Sauf indication contraire, un État peut ouvrir un ou plusieurs consulats dans un pays lorsqu'il dispose déjà d'une ambassade dans ce dernier. Toutefois, la présence d'une ambassade n'est pas une condition *sine qua non* à l'ouverture d'un consulat. Un État peut confier à un consulat la mission de le représenter dans plus d'un pays bien qu'il n'ait pas d'ambassade dans chacun d'entre eux. Il faut toutefois que les États concernés y consentent. Le nombre de consulats dont dispose un État dans un pays est fonction de divers critères : ses ressources financières, le nombre de ses ressortissants séjournant dans ce pays, l'importance des relations, notamment économiques, qu'il entretient avec ce dernier. À l'instar d'une ambassade, le consulat d'un État peut également représenter les intérêts d'un État tiers et ceux de ses nationaux si l'État d'accueil ne s'y oppose pas. La rupture des relations diplomatiques n'entraîne pas *ipso facto* la fermeture des consulats des États impliqués. Chaque consulat est dirigé par un chef de mission (consul).

Les fonctions consulaires, qui peuvent être exercées par des ambassades, consistent notamment à : (1) protéger les intérêts de l'État accrédidant et de ses ressortissants dans les limites du droit international ; (2) favoriser le développement de relations commerciales, économiques, culturelles, scientifiques et amicales entre l'État d'envoi et l'État hôte ; (3) s'informer, par tous les moyens licites, de l'évolution de la situation économique, commerciale, culturelle et scientifique de l'État hôte et faire rapport à l'État d'envoi; (4) délivrer des passeports aux ressortissants de l'État d'envoi ainsi que des visas et autres documents de voyage aux ressortissants de l'État hôte; (5) agir en qualité de notaire ou d'agent de l'administration civile dans la mesure où les lois et règlements de l'État hôte l'autorisent; (6) représenter les ressortissants de l'État accréditant devant les tribunaux de l'État hôte; (7) contrôler et inspecter les bateaux et avions ayant la nationalité de l'État d'envoi lors de leur présence sur le territoire de l'État hôte. Lorsqu'un État ne dispose pas d'une ambassade dans un pays, il peut demander à son consulat ou au consulat d'un État tiers d'assumer les fonctions d'une ambassade.

Le personnel des missions diplomatiques. Le personnel des ambassades comprend les personnes qui ont le statut de diplomate, les administrateurs et techniciens, et les employés de service. Les diplomates, qui sont obligatoirement des citoyens de l'État accréditant alors que les autres employés sont souvent des ressortissants de l'État accréditaire, assument les fonctions de représentation propres aux ambassades décrites ci-dessus. Compte tenu que les délégations des États au sein des OI sont équivalentes à des ambassades, plusieurs de leurs membres ont également un statut de diplomate. Dans la hiérarchie des diplomates, le poste le plus élevé est celui d'ambassadeur, le poste de chargé d'affaires est le deuxième en importance. Le personnel des consulats inclut les citoyens de l'État accréditant qui ont le statut de fonctionnaire consulaire et les administrateurs, techniciens et employés de soutien qui sont souvent des ressortissants de l'État accréditaire. Les fonctionnaires consulaires assument les fonctions de représentation dévolues aux consulats. Au sein de la hiérarchie des fonctionnaires consulaires, le poste le plus important est celui de consul. Bien que les fonctionnaires consulaires remplissent parfois les fonctions d'un diplomate d'ambassade, ils n'acquièrent pas le statut de diplomate, sauf s'ils exercent ces fonctions au sein d'une OI.

Les diplomates bénéficient des mêmes immunités et privilèges que ceux accordés aux missions avec statut d'ambassade. Leur personne, leur domicile privé, leurs biens, leur correspondance, leurs télécommunications, leurs bagages et les documents diplomatiques qu'ils transportent — la valise diplomatique — sont inviolables. Ils ne peuvent faire l'objet d'aucune fouille, inspection, confiscation ou rétention de la part des services de sécurité des États. Les diplomates jouissent également d'une complète immunité face à la justice pénale, civile et administrative de l'État accréditaire. En revanche, ils sont soumis à la justice de leur État. Lorsqu'un membre du personnel diplomatique d'une ambassade viole une loi de l'État accréditaire, il est généralement renvoyé dans son pays d'origine et jugé par ce dernier. On se souviendra qu'en 2000, un diplomate de l'ambassade russe à Ottawa a causé la mort d'une Canadienne alors qu'il conduisait sa voiture en état d'ivresse. Le gouvernement canadien l'a renvoyé en Russie après avoir obtenu l'assurance qu'il serait jugé pour son acte, malgré l'opposition des proches de la victime qui craignaient qu'il ne soit grâcié en raison du laxisme des lois russes à l'égard de l'alcool au volant. Cela étant dit, en vertu de l'article 37 de la Convention de Vienne sur les relations diplomatiques, un État accréditant peut renoncer à de telles immunités pour ses diplomates. Au chapitre des privilèges, les diplomates sont exemptés des impôts et taxes de l'État accréditaire. En cas de rupture des relations diplomatiques ou de conflit armé, l'État accréditaire doit assurer la protection des diplomates de l'État accréditant et de leurs familles, et faciliter leur départ de son territoire dans les plus brefs délais.

Les immunités et privilèges des fonctionnaires consulaires sont plus restreints que ceux des diplomates. Leur immunité face à la justice pénale de l'État d'accueil est limitée. Ils ne peuvent être ni arrêtés, ni détenus de manière préventive, ni incarcérés, ni jugés sauf en cas de crime grave ou d'une décision des autorités compétentes. Leur immunité face à la justice administrative de l'État d'accueil n'est pas complète. Ils peuvent faire l'objet de poursuites pour un contrat conclu en dehors de leurs fonctions consulaires et pour un accident ayant causé des dommages à un ressortissant de l'État de résidence. Ce dernier a le pouvoir de les obliger à comparaître comme témoins dans des procès. Ils sont exemptés des impôts, des taxes et des droits de douane de l'État d'accueil. Toutefois, contrairement aux diplomates, leurs bagages personnels et ceux de leur famille peuvent être inspectés si l'État d'accueil a de sérieux motifs de croire qu'ils contiennent des objets interdits par ses lois et règlements.

L'évolution de la diplomatie

Parmi les nombreuses fonctions que doivent accomplir les diplomates et agents consulaires, les deux plus importantes sont la négociation d'ententes favorables aux intérêts de leur État et de leurs ressortissants et la transmission de renseignements aux autorités de leur pays. L'accomplissement de ces missions a toutefois considérablement évolué au cours de la période contemporaine. Aujourd'hui, les dirigeants politiques s'informent entre eux et négocient directement des ententes grâce au développement des communications par téléphone, télécopieur et courrier électronique et à la rapidité des transports par avion qui leur permet de se rencontrer plusieurs fois par année lors des sommets de chefs d'État et des nombreux forums multilatéraux. En raison de l'importance qu'a prise cette diplomatie directe (*shuttle diplomacy*), les ambassadeurs, les consuls et leurs attachés sont des agents de renseignements et de négociation moins importants qu'auparavant en ce qui a trait aux relations d'État à État. Par contre, les diplomates des délégations au sein des OI sont devenus des informateurs et des négociateurs de premier plan puisque plusieurs négociations interétatiques cruciales se font désormais dans un cadre multilatéral. Tel est notamment le cas des négociations menées au sein de l'UE, de l'OMC, du FMI et de l'Accord de libre-échange nord-américain (ALENA).

La collecte, l'analyse et la transmission d'informations sur l'évolution de la situation politique, militaire, économique et sociale du pays hôte demeure néanmoins une tâche primordiale des ambassades et des consulats. En raison de leur mission de renseignements, les diplomates sont souvent perçus comme des espions. Ce n'est pas faux. L'interdiction par les conventions de Vienne de 1964 et 1967 d'utiliser des moyens illicites, contraires aux lois et à la morale, pour se procurer des informations jugées confidentielles par l'État d'accueil, est parfois violée par les diplomates, notamment lorsqu'ils sont en poste dans un pays ennemi ou en guerre avec leur État d'envoi ou lorsque la nature autoritaire de l'État d'accueil les empêche d'obtenir l'information désirée par des voies légales.

Par ailleurs, si les agents diplomatiques et consulaires sont moins impliqués qu'auparavant dans la négociation d'ententes interétatiques, ils consacrent beaucoup plus de temps que dans le passé à la négociation d'ententes transnationales entre ONG (entreprises industrielles, financières et commerciales, institutions d'enseignement et de recherche, organismes culturels, etc.). Ils identifient les opportunités d'investissement, d'échanges, de coopération, etc., en informent les ONG de leur pays et les aident à profiter de ces opportunités par l'organisation de rencontres avec les décideurs, la représentation de leurs intérêts auprès de ces derniers, l'apport d'expertise utile aux négociations. Le développement des relations transnationales a obligé les ambassades et les consulats à acquérir de nouvelles connaissances dans de multiples domaines, notamment le commerce des biens, des services et des capitaux, les mouvements migratoires, les échanges scientifiques et culturels et la coopération dans le domaine environnemental. En fait, les ambassades et les consulats sont devenus de véritables extensions des bureaucraties nationales, des antennes des divers ministères et agences du gouvernement à l'étranger. Le profil des diplomates est donc désormais similaire à celui de la haute fonction publique. Alors qu'auparavant les diplomates étaient surtout des généralistes qui provenaient de la politique, de la philosophie ou des arts et des lettres, ce sont aujourd'hui majoritairement des spécialistes de l'économie, du droit et de l'administration. Toutefois, la science politique et les langues étrangères demeurent des voies d'accès importantes à la carrière diplomatique.

Si les compétences professionnelles exigées des diplomates ont changé, les qualités psychologiques que requièrent leurs fonctions sont demeurées les mêmes. Aujourd'hui comme hier, «les pires diplomates sont fanatiques, missionnaires et avocats; les meilleurs sont rationnels et sceptiques vis-à-vis de la nature humaine». «Être un bon diplomate ne signifie pas qu'il faille dire tout ce que l'on sait.» «Le diplomate idéal est tout sauf un amateur qui manque d'habileté politique. Il est expérimenté, intègre et intelligent; par-dessus tout il ne se laisse pas influencer par ses émotions ou ses préjugés, il fait preuve d'une grande modestie dans toutes ses transactions, il est uniquement guidé par son sens du devoir, il comprend les périls de la ruse et les vertus de la raison, il fait preuve de modération, de discrétion et de tact[28].»

---

28. Sur les fonctions et qualités des diplomates et agents consulaires, voir Peter A. Toma et Robert F. Gorman, *International Relations: Understanding Global Issues*, 159-163; Michael G. Roskin et Nicolas O. Berr, *The New World of International Relations* (Upper Saddle River, NJ: Prentice Hall, 3ᵉ éd., 1997), 309-324.

Parmi tous les changements qui caractérisent la nouvelle diplomatie, le plus important est sans doute sa démocratisation. La diplomatie actuelle est plus démocratique parce que les citoyens sont mieux informés du contenu, des enjeux et de l'évolution des négociations internationales. Trois raisons principales expliquent ce changement : la multiplication des réunions au sommet et des rencontres multilatérales qui sont largement couvertes par la presse écrite et électronique ; le fait que des centaines d'ONG suivent désormais de près ces négociations et diffusent leurs points de vue sur ces dernières par le biais de sommets parallèles, de manifestations et de déclarations fortement médiatisées ; la diffusion d'informations sur l'évolution de diverses négociations internationales par plusieurs gouvernements, notamment par le biais de leurs sites Internet. La nouvelle diplomatie est également plus démocratique parce que les citoyens et les ONG utilisent l'information dont ils disposent pour faire pression sur leurs dirigeants politiques et les amener à modifier l'agenda des négociations dans un sens favorable à leurs intérêts et revendications. Lors d'une conférence à Montréal le 22 avril 2010, Zbigniew Brzezinski, conseiller de plusieurs présidents démocrates américains, affirmait que les deux principales caractéristiques de la politique internationale à notre époque étaient la multipolarité et l'implication des citoyens. Cette vision n'est cependant pas entérinée par tous les spécialistes. Selon Kissinger, conseiller des présidents américains républicains, les véritables négociations qui débouchent sur des décisions importantes et effectives se font toujours sous le sceau du secret, ce dernier étant indispensable à l'acceptation de concessions par les parties impliquées. Selon Toma et Gorman :

> la nouvelle diplomatie a une forme hybride. Elle combine les négociations secrètes ou privées avec des déclarations publiques sur les résultats obtenus lors de ces négociations. Les rencontres au sommet sont un bon exemple de cette forme de diplomatie, à l'exception du fait que les négociations sont conduites par des politiciens plutôt que par des diplomates professionnels. Les conférences de presse tenues à l'issue de ces sommets sont des évènements médiatiques qui distillent une information plus adaptée à l'opinion publique que liée au véritable contenu des négociations. Selon Russett et Starr toutefois, cette forme hybride de diplomatie peut être efficace lorsque les politiciens recourent à des déclarations publiques pour annoncer les ententes conclues lors de négociations secrètes. Selon eux, Kissinger était un

maître des conversations privées et du spectacle public. Il personnifiait le retour à la diplomatie traditionnelle du passé caractérisée par de durs marchandages en privé et des ententes secrètes, qui n'étaient révélées au public qu'une fois conclues, et un style de négociation qui utilisait les menaces pour amener toutes les parties à conclure une entente impliquant des concessions et des avantages pour chacune (traduction de l'auteure)[29].

La stratégie

Il n'existe aucune définition consensuelle de la stratégie et du domaine couvert par les études sur le sujet. Selon Karl von Clausewitz, la stratégie a trait à la guerre «qui est la poursuite de la politique étrangère par d'autres moyens que la diplomatie[30]». Pour Henri Pac, «la stratégie n'est pas seulement l'art d'utiliser la guerre à des fins politiques, mais l'ensemble des moyens de défense (matériels, psychologiques et politiques) qu'utilise un État pour protéger son territoire et ses habitants de toute agression étrangère[31]». Dans les faits, le champ des études stratégiques s'est beaucoup élargi depuis la fin de la guerre froide: il s'intéresse désormais non seulement aux guerres interétatiques conventionnelles et aux politiques de défense des États, mais aux guerres civiles, aux opérations de paix et de *nationbuilding* de la Communauté internationale, à la culture stratégique des États et aux nouvelles menaces à la sécurité telles que les réseaux criminels et terroristes, la prolifération des armes de destruction massive nucléaires, biologiques et chimiques, les flux de l'émigration légale et clandestine, les problèmes environnementaux.

La répartition de la puissance militaire

Dans la majorité des pays, l'armée (terrestre, aérienne, navale) et le système d'armements constituent l'élément central du dispositif de défense et de rispote face aux agressions étrangères. Cependant 21 micro-États

---

29. Sir Harold Nicolson, cité par Toma et Gorman, *International Relations*, 162-163.

30. Carl Maria von Clausewitz (1780-1831) est considéré par plusieurs comme le plus grand spécialiste de la stratégie militaire. Son ouvrage le plus important est *De la guerre* (Paris: G. Lebovici, 1989).

31. Henri Pac, *Le système stratégique international* (Paris: Presses universitaires de France, 1997).

(situés principalement dans les Antilles, le Pacifique et l'océan Indien) ne possèdent aucune armée. Plusieurs autres pays d'importance, comme le Canada, la Suisse et les États scandinaves, misent sur leurs alliances militaires avec des pays amis, leur neutralité et leur politique étrangère pacifique davantage que sur leurs armées et leurs armements pour assurer la protection de leurs territoires. Les pays qui consacrent 20 % et plus de leur budget national à l'achat d'équipements militaires sont majoritairement des moyennes ou des petites puissances qui appréhendent une attaque de la part de leurs voisins (monarchies du golfe Persique, Syrie, Israël, Pakistan, Inde, Iran, Érythrée, Soudan, les deux Corées, Taïwan, etc.). Bien que quelques-uns de ces pays (Pakistan, Inde, Israël) possèdent l'arme nucléaire, leur force de frappe globale est très inférieure à celle des quelques grandes puissances atomiques (Russie, Chine, France, Royaume-Uni), dont le potentiel de destruction est lui-même très en deçà de celui des États-Unis. En effet, comme le soulignait Zgigniew Brzezinki, conseiller de plusieurs présidents américains démocrates, lors d'une conférence à Montréal le 24 avril 2010, si le système mondial actuel est multipolaire du point de vue économique, il demeure unipolaire sur le plan militaire, car la puissance militaire des États-Unis est équivalente à celle de tous les autres pays de la planète.

Selon Paul Kennedy, la puissance militaire des États est déterminée par leurs ressources économiques et leurs investissements dans la recherche et le développement de nouvelles technologies militaires[32]. En vertu de cette loi, confirmée par l'histoire, le déclin relatif de l'hégémonie économique américaine devrait donc conduire dans un avenir plus ou moins proche à l'émergence d'un ordre militaire multipolaire. Cela étant dit, il n'existe pas de corrélation absolue entre le niveau de richesse d'un pays et sa puissance militaire. La moitié des pays du G-8 (Canada, Italie, Japon, Allemagne) ont un potentiel militaire de nature strictement défensive sans réel pouvoir de dissuasion. Ou ils ont choisi volontairement de limiter leurs ressources militaires (Canada, Italie), ou ils se sont vu imposer une telle limitation par les puissances victorieuses de la Deuxième Guerre mondiale (Japon, Allemagne). Par ailleurs, plusieurs NPI possèdent la bombe atomique (Inde, Israël, Pakistan) ou un programme

---

32. Paul Kennedy, *The Rise and Fall of the Great Powers* (Lexington Books, 1987). Trad. française: *Naissance et déclin des grandes puissances* (Paris: Payot, 1989).

nucléaire civil qui pourrait être utilisé à des fins militaires (notamment Cuba, l'Afrique du Sud, le Brésil, l'Argentine et l'Iran). Plusieurs PED disposent d'une aviation militaire et de systèmes de lancement et d'interception de missiles à plus ou moins grande portée. Divers facteurs expliquent cette situation, notamment l'existence de nombreux régimes autoritaires, l'accès facile au crédit des institutions financières durant la période 1950-1975 et les années postérieures à 1993 ; le fait qu'en dépit d'une diminution généralisée des dépenses militaires depuis 1975, les États impliqués dans des conflits internes ou internationaux, ou craignant une agression de leurs voisins, ont continué d'accorder à ces dernières une part très importante de leur budget national. Les cinq grandes puissances atomiques, membres permanents du Conseil de sécurité, sont toutefois les principales responsables de la militarisation du Sud, d'une part, parce qu'elles ont toléré ou appuyé l'accès au pouvoir de nombreux régimes autoritaires, grands consommateurs d'armements, notamment pendant la guerre froide ; d'autre part, parce qu'elles ont financé la modernisation des armées et des armements de leurs alliés du tiers-monde, pendant et après la guerre froide, dans le but de s'assurer leur soutien économique et politique et de créer des débouchés pour leurs complexes militaro-industriels. Ajoutons que, si deux des cinq grandes puissances atomiques (États-Unis et Chine) sont aujourd'hui les deux premières puissances économiques mondiales, la France et le Royaume-Uni se classant parmi les dix pays les plus riches, ce n'est pas le cas de la Russie post-soviétique dont le niveau de développement demeure très en deça de celui des PD occidentaux.

Au cours de l'histoire, la puissance militaire a toujours été répartie très inégalement entre les États. La période 1815-1945 a été caractérisée par un système multipolaire, dans le cadre duquel la suprématie militaire était monopolisée par cinq pays : l'Autriche-Hongrie, la Prusse/Allemagne, la Russie, la France et la Grande-Bretagne (entre 1815 et 1918) ; la Russie/URSS, l'Allemagne, la France, le Royaume-Uni et les États-Unis (entre 1918 et 1945). À ce système multipolaire a succédé un ordre bipolaire, entre 1945 et 1990, dominé par l'hégémonie de deux superpuissances : l'URSS et les États-Unis. Ces dernières ont cependant dû composer avec les velléités d'indépendance de deux autres puissances nucléaires : la France et la Chine (après sa rupture avec l'URSS en 1960). À la fin de la guerre froide et après le démantèlement de l'URSS (1989-1991), on a assisté à l'instauration d'un système militaire unipolaire largement dominé par les États-Unis, et à l'émergence d'un nouvel ordre économique multipolaire, caractérisé par un déclin relatif de la suprématie américaine au profit de quelques autres PD (Japon, Allemagne, France, Royaume-Uni) et des puissances émergentes du BRIC (Brésil, Russie, Inde et Chine). Cet ordre multipolaire demeure toutefois inégal. En 2009, le produit intérieur brut (PIB) des États-Unis était de 14 000 milliards de dollars, alors que le PIB respectif de la Chine, de l'Allemagne et du Japon (2e, 3e et 4e puissances économiques mondiales) était de 3 000 milliards de dollars. En fait, le PIB des États-Unis était équivalent à celui de ses cinq principaux concurrents. Le taux de croissance des économies émergentes étant cependant très supérieur à celui des États-Unis, il est fort probable qu'on assiste à un affaiblissement de plus en plus marqué de la suprématie américaine. La nouvelle politique étrangère de l'administration Obama, fondée sur le multilatéralisme plutôt que l'unilatéralisme, démontre que les dirigeants américains sont très conscients de cette tendance lourde, très difficile à contrecarrer. Plusieurs sondages récents indiquent que la majorité des Américains partagent cette opinion.

Les alliances de sécurité collective

L'inégale répartition de la puissance militaire est à l'origine des alliances de sécurité collective. Celles-ci sont des traités d'assistance mutuelle qui obligent chaque État signataire à mettre ses forces armées au service des autres États participants en cas de conflit. Les États adhèrent à ces traités afin de renforcer leurs capacités de dissuasion et leur potentiel de riposte à une agression extérieure. Parmi toutes les alliances de sécurité existantes, l'OTAN est la seule qui possède une véritable structure militaire intégrée. Si la coalition des efforts de défense des entités politiques est une pratique très ancienne, elle a pris une ampleur sans précédent au cours de la période contemporaine. En 2002, 190 États étaient membres de l'ONU, seule alliance de sécurité collective universelle, et 129 appartenaient à une ou plusieurs alliances de sécurité régionales.

Les alliances de sécurité collective créées depuis 1945 peuvent être subdivisées en cinq groupes. Les «alliances hégémoniques régionales», initiées et dirigées par l'une ou l'autre des deux superpuissances pendant la guerre froide, visaient à maintenir la paix et la suprématie des États-

TABLEAU 3.2

Pays dont les dépenses militaires sont les plus élevées (2008)

PAYS	EN MILLIARDS DE $US	% DU TOTAL MONDIAL	RANG
États-Unis	711	48,8 %	1
Chine	121,9	8,2 %	2
Russie	70,0	4,7 %	3
Royaume-Uni	55,4	3,7 %	4
France	54,0	3,6 %	5
Japon	41,1	2,7 %	6
Allemagne	37,8	2,5 %	7
Italie	30,6	2,0 %	8
Arabie saoudite	29,5	2,0 %	9
Corée du Sud	24,6	1,6 %	10

Source : www.globalissues.org

GRAPHIQUE 3.1

Dépenses militaires mondiales 1988-2008

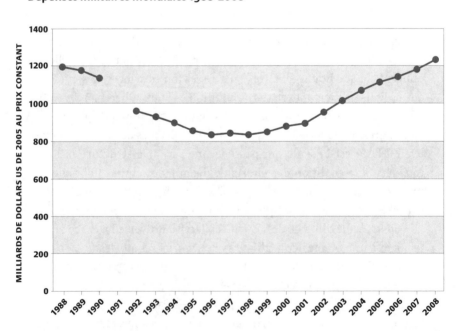

Unis ou de l'URSS dans leurs zones d'influence respectives: Europe occidentale (OTAN)[33], Amérique latine (OEA)[34], Amérique du Nord (NORAD), Pacifique Sud (ANZUS)[35], Asie du Sud-Est (OTASE)[36], Europe de l'Est (Pacte de Varsovie)[37]. Des petites, moyennes et grandes puissances adhérèrent à ces traités parce qu'elles estimaient que leur sécurité était sérieusement menacée par la superpuissance ennemie ou calculaient qu'elles perdraient d'importants avantages si elles refusaient de collaborer avec l'État hégémonique dont elles étaient dépendantes sur le plan économique, commercial, financier, technologique et politique. Le Conseil de sécurité de l'ONU est le seul exemple «d'alliance plurihégémonique universelle». Dirigé par les cinq vainqueurs de la Deuxième Guerre mondiale, il vise à prévenir et à solutionner les conflits internationaux dans toutes les régions du globe grâce à la coopération des Cinq Grands et à la participation des autres membres de l'ONU. Parallèlement, se sont constituées des «alliances régionales» plurihégémoniques (l'UEO [1955-2000][38], la PESC de l'UE [1993-][39]), et non hégémoniques (l'OUA

---

33. Créée en 1949, l'OTAN avait 28 États membres en 2010 (voir tableau 3.3). Le Comité militaire regroupe des officiers d'état-major des pays membres. Ce comité, placé sous l'autorité des ministres de la Défense des pays membres et du Conseil de l'Atlantique Nord — qui réunit les représentants civils des pays membres — planifie l'action militaire des divers commandements stratégiques régionaux de l'OTAN.

34. L'OEA, créée en 1948, regroupe 34 États de l'Amérique du Nord et de l'Amérique du Sud. Le seul pays du continent non membre de l'Organisation est Cuba (exclu en 1962).

35. L'ANZUS est un pacte militaire conclu en 1951 entre les États-Unis, la Nouvelle-Zélande et l'Australie. Il a été dissous en 1987.

36. L'OTASE, créée en 1954 à l'initiative des États-Unis sur le modèle de l'OTAN, incluait en outre la France, le Royaume-Uni, l'Australie, la Nouvelle-Zélande, le Pakistan, les Philippines et la Thaïlande. Son influence demeura faible, car elle n'intervint ni dans les guerres indo-pakistanaises, ni dans la guerre du Vietnam. Elle fut dissoute en 1977.

37. Le pacte de Varsovie, instauré en 1955 en tant que riposte à la création de l'OTAN, regroupait l'URSS, la Pologne, l'Allemagne de l'Est, la Hongrie, la Roumanie, la Tchécoslovaquie et la Bulgarie.

38. En 2000, avant sa dissolution, l'UEO rassemblait 10 États: France, Belgique, Pays-Bas, Luxembourg, Royaume-Uni, Allemagne, Espagne, Grèce, Italie, Portugal. Les autres États de l'UE et plusieurs pays de l'Europe centrale et orientale avaient toutefois un statut d'associé ou d'observateur.

39. La PESC a été établie par le TUE de 1993. Compte tenu que la majorité des décisions relatives à la PESC doivent être adoptées par les États membres de l'UE à l'unanimité, au sein du Conseil, et que ces derniers ont des intérêts souvent très divergents en matière de politique étrangère et de sécurité, la PESC est demeurée largement

qui est devenue l'UA en 2000][40]). Enfin, diverses «organisations de coopération politico-militaires» qui ne possèdent pas d'armée propre ont vu le jour: la CSCE (1975) devenue l'OSCE en 1995, la CEI, l'union entre la Géorgie, l'Ukraine, l'Ouzbékistan, l'Azerbaïdjan et la Moldavie (GUUAM) et l'Organisation de coopération de Shanghai (OSC)[41]. Bien que ces organisations, à l'exception du GUUAM, rassemblent une ou plusieurs grandes puissances, celles-ci n'exercent pas à l'heure actuelle un véritable leadership sur les autres membres, de telle sorte qu'elles sont non hégémoniques plutôt que pluri-hégémonique[42]. Précisons que la

un vœu pieux jusqu'en 1999-2000. Le sommet européen de Cologne de 1999 a précisé les trois objectifs de la politique de sécurité et de défense européenne: gérer les crises militaires et civiles et prévenir les conflits dans le respect de la Charte de l'ONU et en collaboration avec d'autres organisations, dont l'OTAN et l'OSCE. Le sommet d'Helsinki de 1999 et celui de Nice de 2000 ont sanctionné la création d'un commandement unifié de la PESC à Bruxelles — le Comité politique et de sécurité permanent — et prévu l'entrée en vigueur, en 2003, d'une force d'intervention rapide autonome, capable de déployer, dans un délai de 60 jours, 50 000 à 60 000 soldats et 1 000 à 5 000 policiers prêtés par les États membres de l'UE. En 2000, les pouvoirs de l'UEO ont été transférés à la PESC. Les États-Unis ont approuvé ces développements et donné leur aval à la création d'un pilier européen au sein de l'OTAN. Ce dernier signifie que les États de l'UE membres de l'OTAN disposent d'une autonomie d'action en ce qui a trait à la mise en œuvre de la PESC. Sur l'évolution de la PESC, voir le site Internet *Europa* et Helen Wallace et William Wallace, *Policy-Making in the European Union* (Oxford: Oxford University Press, 4e éd., 2000), p. 461-493.

40. L'OUA a été créée en 1963. Au moment de sa dissolution en 2000, elle rassemblait 53 des 54 États africains, le Maroc s'en étant retiré en 1985, pour protester contre l'admission du Sahara occidental en 1982 (qu'il considère comme partie intégrante de son territoire). L'OUA a été remplacée par l'UA. Le traité constitutif de cette dernière est entré en vigueur en 2001. Les institutions de l'organisation (Parlement, commission, conseil de paix et de sécurité) ont été mises en place en 2003.

41. Créé en 1996 par la Géorgie, l'Ukraine, l'Azerbaïdjan et la Moldavie, le GUUAM a accueilli l'Ouzbékistan en 1999. La CEI, issue du démantèlement de l'URSS en 1991, regroupe 11 des 15 ex-républiques de l'Union soviétique. Les trois Républiques baltes n'en font pas partie et la Géorgie s'en est retirée en 2009. Le traité de Tachkent de 1992 a fait de la CEI une alliance de sécurité collective peu contraignante. Malgré les efforts de Moscou, plusieurs États membres, notamment en Asie centrale, ont refusé que leur armée soit intégrée à l'armée russe et placée sous le commandement de cette dernière. L'OCS a été fondée en 2001 à l'initiative de la Chine et de la Russie. Outre ces deux États, elle inclut le Kazakhstan, le Kirghizistan, l'Oubzbékistan et le Tadjikistan.

42. La coopération stratégique entre les États existe sous d'autres formes que les alliances de sécurité collective. Par exemple: les accords de sécurité bilatéraux informels, comme celui qui lie les États-Unis et Israël; les coalitions multilatérales formées en vertu de la Charte de l'ONU (ex.: coalition créée en 1990-1991 pour repousser l'armée irakienne du Koweït); les coalitions multilatérales constituées en dehors de la Charte de l'ONU (ex.: coalition initiée par les États-Unis en 2003 afin de renverser le

politique étrangère et de sécurité commune (PESC) de l'UE, établie par le TUE de 1993, a conduit à la création d'une force militaire d'intervention commune de petite dimension, qui ne vise pas à concurrencer l'OTAN, à laquelle appartiennent la majorité des États membres de l'UE. Le TUE est très explicite sur ce point : la force d'intervention commune est complémentaire à celle de l'OTAN.

«La politique de l'Union... n'affecte pas le caractère spécifique de la politique de sécurité et de défense de certains États membres ; elle respecte les obligations découlant du Traité de l'Atlantique Nord pour certains États membres qui considèrent que leur défense commune est réalisée dans le cadre de l'OTAN et elle est compatible avec la politique commune de sécurité et de défense arrêtée dans ce cadre.»

La fin de la guerre froide a profondément modifié le système des alliances de sécurité collective. Le pacte de Varsovie, l'UEO, l'OTASE et l'ANZUS ont été dissoutes. Dix des quinze États qui ont adhéré à l'UE après 1990 sont devenus membres de l'OTAN, et la Grèce, l'Espagne et la France ont adhéré à la structure militaire intégrée de l'organisation. Celle-ci est donc devenue la principale alliance stratégique en Europe. Ni la PESC ni l'ONU n'ont été en mesure de mettre fin aux conflits sanglants en Bosnie-Herzégovine et au Kosovo durant les années 1990. Ce sont les bombardements de l'OTAN contre la Serbie (en 1995 et 1999) et l'occupation de ces territoires par des contingents de l'OTAN, assistés par la force d'intervention de l'UE, qui ont permis de mettre fin à ces derniers. En réalité, à la fin de la guerre froide, l'OTAN, sous le leadership des États-Unis, est devenue une alliance stratégique plus importante que le Conseil de sécurité de l'ONU. Plusieurs faits en témoignent. Les bombardements de 1995 contre la Serbie ont été réalisés sans l'aval préalable du Conseil de sécurité, et ceux de 1999 n'ont jamais reçu l'autorisation de ce dernier, compte tenu de l'opposition de la Russie et de la Chine. Lors du sommet de l'OTAN de 2002, un an après l'agression de Al-Qaida contre le World Trade Center à New York, le président Bush a obtenu que l'OTAN s'implique dans la lutte mondiale contre le terrorisme, en

régime de Saddam Hussein et d'instaurer un nouvel ordre politique en Irak) ; les ententes juridiques internationales visant à interdire ou à limiter l'expérimentation, la production et l'utilisation des armes chimiques, biologiques et nucléaires, à bannir les mines antipersonnel, à combattre le terrorisme, à lutter contre les réseaux criminels.

participant à la guerre contre les talibans en Afghanistan. La Russie n'a pas réussi à faire de la CEI une alliance stratégique concurrente de l'OTAN. Elle n'a pu empêcher celle-ci d'intégrer tous les anciens pays communistes de l'Europe centrale et trois républiques de l'ex-URSS : la Lituanie, l'Estonie et la Lettonie (voir tableau 3.3). En 1997, a été créé le Comité permanent conjoint OTAN-Russie, remplacé en 2002 par le Conseil OTAN-Russie[43]. Quant aux autres républiques de l'ex-URSS, elles ont signé des « partenariats pour la paix » avec l'OTAN.

Depuis 1990, les relations OTAN-Russie ont connu des hauts et des bas. Bien que la Russie soutenait la Serbie, elle a à contrecœur accepté les bombardements de l'OTAN contre ce pays en 1995. Elle s'est toutefois opposée aux frappes de 1999 et à l'indépendance du Kosovo en 2008. Elle a contesté avec véhémence tant les projets d'intégration de l'Ukraine et de la Géorgie à l'OTAN que l'installation de dispositifs antimissiles américains en Pologne et dans la République tchèque, soi-disant destinés à contrer une attaque nucléaire de l'Iran. Ces conflits, dus à la volonté de la Russie de maintenir son influence sur l'ex-espace soviétique et au désir de l'administration Bush fils de contrer cette ambition, se sont atténués depuis l'accession à la présidence de la Russie et des États-Unis de Dmitri Medvedev et de Barak Obama. Le second a renoncé à l'intégration de l'Ukraine et de la Géorgie dans l'OTAN, tout en acceptant la présence des troupes militaires russes dans les régions sécessionnistes de la Géorgie (Ossétie du Sud et Abkhazie). Il a également déplacé le dispositif antimissiles de la République tchèque vers la Roumanie, dans un but d'apaisement envers Moscou. En contrepartie, Medvedev a accepté de conclure un nouvel accord START de réduction des armements stratégiques. À la suite du coup d'État intervenu au Kirghizistan en avril 2010, il a fait pression sur les nouveaux dirigeants afin qu'ils maintiennent en place la base militaire américaine essentielle à leur intervention en Afghanistan. Il s'est rallié à la volonté des États-Unis d'imposer certaines sanctions à l'Iran, afin de l'empêcher de se doter de l'arme nucléaire.

La période de l'après guerre froide a été marquée par un déclin de l'influence de l'ONU en matière de maintien de la paix. Le premier facteur

---

43. Ce conseil est un lieu d'échange d'informations, de consultation et de concertation entre la Russie et les pays membres de l'OTAN. Il réunit les ministres des Affaires étrangères et des Finances deux fois l'an et les ambassadeurs une fois par mois.

TABLEAU 3.3

États membres de l'Union européenne et de l'OTAN en 2010

ÉTAT MEMBRES DE L'UE ET DE L'OTAN	ANNÉE D'ADHÉSION		ÉTATS MEMBRES DE L'UE NON MEMBRES DE L'OTAN	ANNÉE D'ADHÉSION À L'UE	ÉTATS MEMBRES DE L'OTAN NON MEMBRES DE L'UE	ANNÉE D'ADHÉSION À L'OTAN
	CE/UE	**OTAN**				
Italie	1957	1949	Irlande	1973	États-Unis	1949
France	1957	1949	Autriche	1995	Canada	1949
Allemagne	1957	1955	Suède	1995	Islande	1949
Belgique	1957	1949	Finlande	1995	Norvège	1949
Luxembourg	1957	1949	Chypre	2004	Turquie	1952
Pays-Bas	1957	1949	Malte	2004	Albanie	2009
Royaume-Uni	1973	1949			Croatie	2009
Danemark	1973	1949				
Grèce	1981	1952				
Portugal	1986	1949				
Espagne	1986	1982				
République tchèque	2004	1999				
Hongrie	2004	1999				
Pologne	2004	1999				
Slovénie	2004	2004				
Slovaquie	2004	2004				
Lituanie	2004	2004				
Estonie	2004	2004				
Lettonie	2004	2004				
Roumanie	2007	2004				
Bulgarie	2007	2004				

de ce déclin est l'avènement d'un ordre unipolaire militaire dirigé par les États-Unis. Afin de contrer l'opposition des membres permanents et non permanents du Conseil de sécurité à leur politique, les États-Unis se sont tournés vers l'OTAN ou ont agi de manière unilatérale, comme lors de l'invasion de l'Irak en 2003. Le second facteur est l'incapacité de l'ONU à assumer seule les multiples opérations de pacification et de reconstruction exigées par la prolifération des guerres civiles (voir *infra*). Désormais, ces opérations sont largement prises en charge par des coalitions multilatérales dirigées par un État membre (ex. les interventions en Somalie [1992] et en Haïti [1994, 2010] dirigées par les États-Unis et l'intervention au Timor oriental [1999] supervisée par l'Australie) ou par des organisations régionales telles l'OTAN, l'UE, l'UA et l'OEA. Les Casques bleus et divers autres organismes de l'ONU sont souvent associés à ces opérations, mais ils n'en sont pas les principaux maîtres d'œuvre[44].

Si la période de l'après-guerre froide est caractérisée par l'hégémonie militaire des États-Unis, celle-ci est contestée de diverses façons par de nombreux pays. La Russie et la Chine tentent de construire des contrepoids à cette hégémonie (CEI, Groupe de Shanghai) sans l'avouer ouvertement et sans grand succès jusqu'à maintenant. L'une et l'autre s'opposent fréquemment aux projets de résolution des États-Unis au Conseil de sécurité. Cependant, alors que les administrations Clinton et Bush ont contourné cette opposition en agissant de manière unilatérale (en Bosnie, au Kosovo, en Irak), l'administration Obama essaie de négocier des compromis avec ces dernières. Par exemple, en 2010, afin d'obtenir l'appui de la Russie et de la Chine à des sanctions contre l'Iran (soupçonnée par Washington de vouloir se doter de l'arme nucléaire en dépit de son adhésion au Traité de non-prolifération des armes nucléaires [TNP]), les États-Unis ont renoncé à toute frappe militaire contre ce pays et affirmé leur intention de résoudre ce contentieux par la négociation. Par ailleurs, la plupart des États membres de l'OTAN sont toujours demeurés récalcitrants à une intervention militaire en Afghanistan. Malgré les pressions des États-Unis, leur implication est demeurée limitée, confinée à des régions éloignées des attaques des talibans ou

---

44. Pour des informations plus détaillées, voir le site officiel de l'ONU et celui du réseau francophone des opérations de paix du CERIUM. Voir aussi Jocelyn Coulon, *Guide du maintien de la paix* (Montréal: Athéna, 2010).

centrée sur des missions non directement militaires. Seuls quelques pays, dont le Canada, le Royaume-Uni et la France, se sont réellement impliqués dans des opérations de combat, mais pour une durée limitée. Le Canada et le Royaume-Uni, par exemple, se sont engagés à retirer leurs troupes en 2011.

Bilan et causes des guerres interétatiques

Une guerre intertétatique est un conflit qui implique des affrontements majeurs entre les armées nationales de deux ou plusieurs États dont la souveraineté est reconnue par le droit international. Depuis 1945, il n'y a pas eu de guerres entre les États de l'Amérique du Nord, de l'Amérique centrale et de l'Amérique du Sud. La guerre entre l'Argentine et le Royaume-Uni au sujet des îles Malouines ou Falkland (1982) est l'unique conflit interétatique dans lequel un État des Amériques a été impliqué depuis la Deuxième Guerre mondiale. Les seules guerres entre États européens sont celles qui ont opposé deux des nouvelles républiques indépendantes de l'ex-Yougoslavie (Croatie et Bosnie-Herzégovine) à la Serbie en 1990 et 1995. En Afrique, aucune guerre interétatique n'a eu lieu depuis 1945, à l'exception du conflit frontalier d'envergure limitée entre l'Éthiopie et l'Érythrée (1998-2000). Toutefois, comme nous le verrons plus loin, plusieurs pays se sont impliqués indirectement dans les nombreuses guerres civiles qui ont déchiré le continent, en soutenant tels ou tels groupes de belligérants. L'Asie est la seule région où il y a eu plusieurs conflits interétatiques : guerre de Corée (1951-1953) ; crise du canal de Suez (1956) ; guerre entre la Chine et l'Inde à la suite de l'occupation du Tibet par la Chine (1959) ; guerre entre le Vietnam du Nord et les États-Unis (1963-1972) ; guerre entre Israël, la Syrie et la Jordanie (1967) ; guerre entre Israël et l'Égypte (1973) ; guerre entre le Vietnam et le Cambodge (1979) ; guerres entre Israël et le Liban (1975-1990, 2007) ; guerre entre l'Iran et l'Irak (1980-1988) ; affrontements périodiques entre l'Inde et le Pakistan ; guerre du Golfe de 1991 entre l'Irak, le Koweit et une coalition multilatérale dirigée par les États-Unis ; guerre entre les États-Unis, les autres membres de l'OTAN et l'Afghanistan (2001) ; guerre entre les États-Unis et l'Irak (2003-2005). Plusieurs théories des relations internationales permettent d'expliquer cette répartition inégale des guerres interétatiques au cours de la période postérieure à 1945.

Selon la théorie néoréaliste de la stabilité hégémonique, les alliances de sécurité collective sont des instruments efficaces de maintien de la paix, à la condition qu'elles soient dirigées par une seule grande puissance qui force les autres États membres à coopérer par des promesses d'avances ou des menaces de sanctions. Lorsque ces alliances sont dominées par deux ou plusieurs grandes puissances ou qu'elles sont composées de puissances d'égale force aux intérêts divergents, la coopération en matière de maintien de la paix est très difficile, sinon impossible. La théorie est confirmée par l'absence de guerre entre les États membres des alliances hégémoniques créées après 1945 (Pacte de Varsovie, OTAN, OEA, NORAD, OTASE, ANZUS), l'incapacité de l'UE (alliance plurihégémonique) à résoudre les guerres dans les Balkans et la concentration des guerres interétatiques dans les régions d'Asie où il n'existait aucune véritable alliance de sécurité hégémonique.

La théorie néolibérale fournit une autre explication pertinente. Selon cette dernière, plus le niveau d'interdépendance et d'intégration, notamment économique, des États est approfondi, plus ces derniers ont intérêt à résoudre leurs différends par la négociation de compromis. Les liens très étroits entre les économies du CAEM, la relance des échanges Est-Ouest, dans les années 1970 et 1980, les progrès de l'intégration européenne et le développement très important des relations économiques entre l'Amérique du Nord, l'Europe occidentale et l'Amérique latine, dans le cadre de la multinationalisation des grandes entreprises industrielles, commerciales et bancaires, ont certainement contribué au maintien de la paix dans ces régions. En Asie par contre, les progrès du développement économique ont été beaucoup plus lents et inégaux et aucun processus d'intégration n'a vu le jour, sauf en Asie du Sud-Est, où il n'y a pas eu de guerre.

Plusieurs auteurs réalistes et néoréalistes attribuent la paix post-1945 à la dissuasion nucléaire et à l'existence d'un système bipolaire. La possession de l'arme atomique par l'URSS, les États-Unis, la France et le Royaume-Uni a très certainement contribué à réduire fortement les risques d'affrontement entre les principales puissances de l'époque, comme le démontre la résolution pacifique de la crise des missiles à Cuba en 1962. Mais la dissuasion nucléaire n'a pas joué en Asie ; premièrement, parce que l'URSS et la Russie post-communiste ont toujours écarté une riposte nucléaire contre les États-Unis et leurs alliés dans cette région ; deuxièmement, parce que la Chine et l'Inde ne disposaient pas durant les années 1950 et 1960 d'une force nucléaire capable d'empêcher le conflit sino-indien ou de dissuader les puissances atomiques occidentales d'intervenir en Corée et au Vietnam ; troisièmement parce qu'Israël était la seule puissance atomique au Moyen-Orient.

Les explications ci-dessus ne rendent pas compte des causes immédiates des guerres interétatiques en Asie extrême-orientale, centrale et orientale après 1945 : la volonté des États-Unis d'empêcher une expansion du communisme (Corée, Vietnam) ; le désir de certains États d'étendre leurs possessions territoriales pour des raisons stratégiques et/ou économiques (guerres sino-indiennes et guerres au Moyen-Orient) ; la riposte à une agression réelle ou appréhendée, qui a justifié les interventions des États-Unis en Afghanistan et en Irak et plusieurs attaques d'Israël contre ses voisins. Elles mettent uniquement en lumière les conditions qui auraient pu empêcher ces conflits si elles avaient existé : la présence d'alliances de sécurité hégémoniques ; les progrès de l'interdépendance et de l'intégration économique ; l'existence de réels contrepoids à la puissance nucléaire des États-Unis et d'Israël.

Les guerres civiles

Si la période postérieure à 1945 a été caractérisée par la quasi-disparition des guerres interétatiques dans toutes les régions du globe à l'exception de l'Asie, elle a été le théâtre d'une augmentation des guerres civiles partout sauf en Amérique du Nord. Le nombre des guerres civiles a cependant été beaucoup plus important en Asie et en Afrique qu'en Amérique du Sud, en Océanie et en Europe. La seule définition consensuelle des guerres civiles est qu'elle n'implique pas d'affrontements directs entre les armées nationales d'États souverains. Si tous les auteurs admettent qu'il existe plusieurs types de guerres civiles, aucune classification ne fait l'unanimité. Dans le cadre de cet ouvrage, nous nous référons à celle de Jean-Pierre Derriennic[45] qui est basée sur deux critères : la nature des acteurs impliqués et les buts qu'ils poursuivent.

---

45. Jean-Pierre Derriennic, *Les guerres civiles* (Paris : Presses de Science Po, 2001).

La *guerre révolutionnaire* est une insurrection armée menée par un parti ou une organisation, avec l'appui d'une proportion plus ou moins importante de la population, dont l'objectif est la prise du pouvoir et la transformation radicale du système politique et économique (ex. : la lutte du Parti communiste chinois contre le Parti nationaliste de Chiang Kai-shek [1945-1949] ; la révolution islamiste de 1979 en Iran). Une *guerre de décolonisation* est une lutte armée que mène un parti ou une organisation, avec l'appui de la population, contre une administration coloniale ou néocoloniale, ou une force d'occupation étrangère, dans le but de réaliser l'indépendance du pays. On peut inclure dans cette définition les mouvements de résistance contre les troupes d'occupation allemandes et japonaises durant la Deuxième Guerre mondiale ; les soulèvements contre les administrations coloniales française, britannique, belge, hollandaise, portugaise et américaine en Asie et en Afrique ; les luttes contre l'intervention des États-Unis au Vietnam, et de l'URSS en Afghanistan. La ligne de démarcation entre les guerres révolutionnaires et les guerres de décolonisation n'est pas toujours simple à tracer, car plusieurs de ces dernières ont été dirigées par des organisations communistes et ont conduit à l'instauration d'États indépendants socialistes plus ou moins durables (ex. : Chine, Corée du Nord, Algérie, Vietnam, Laos, Cuba).

La *guerre de sécession* diffère d'une guerre de décolonisation dans la mesure où elle est menée par un groupe ethnique minoritaire qui vise à obtenir l'indépendance d'un territoire (province, république, région) qui est partie intégrante d'un État souverain. Exemples : les guerres de sécession entre l'Érythrée et l'Éthiopie, le Biafra et le Nigeria, la Tchétchénie et la Russie, l'Ossétie du Sud, l'Abkhazie et la Géorgie, le Timor oriental et l'Indonésie. Les sécessions ne sont pas toujours caractérisées par des affrontements armés (ex. le retrait de la Slovaquie de la Tchécoslovaquie en 1992) , mais elles peuvent conduire à des guerres interétatiques entre les nouveaux États indépendants et l'État dont ils étaient partie intégrante auparavant (ex. le conflit armée qui a opposé la Croatie et la République fédérale de Yougoslavie en 1991).

Les *guerres identitaires* sont des heurts violents entre deux ou plusieurs factions de la population d'un État qui sont motivés par des animosités raciales, ethniques, religieuses, linguistiques, socioéconomique et politiques. La ou les factions à l'origine de ces guerres, souvent liées au pouvoir politique, cherchent à réprimer, affaiblir, chasser ou éliminer physiquement (nettoyage ethnique, génocide) une ou d'autres factions dont les caractéristiques identitaires sont différentes des leurs, pour des raisons purement racistes, souvent alimentées par des calculs d'intérêt économiques et politiques.

Les stratégies des guerres interétatiques et civiles. On ne peut différencier les types de guerres en tenant compte de leurs méthodes de combat puisque aucune n'est exclusive à un seul type de conflit. Il est vrai néanmoins que les conflits internationaux sont dans la plupart des cas des guerres conventionnelles, alors que les conflits internes sont principalement basés sur la guérilla, les guerres de milices et le terrorisme. Compte tenu qu'elle est plus coûteuse, la guerre conventionnelle est surtout utilisée par les entités qui sont les plus puissantes sur le plan économique, technologique et militaire, donc les gouvernements des États, alors que les acteurs non gouvernementaux, qui disposent de ressources plus réduites, ont recours à des tactiques de lutte qui ne requièrent pas d'équipements militaires sophistiqués. Cela étant dit, les États se servent assez fréquemment de la guérilla, des guerres de milices ou du terrorisme pour combattre leurs ennemis extérieurs et intérieurs. De leur côté, les mouvements révolution-naires et de libération nationale, les forces sécessionnistes et les belligé-rants des guerres identitaires font parfois appel à des armées régulières et à des armements conventionnels pour défendre leurs causes.

La *guerre conventionnelle* implique des combats directs et prolongés entre les armées terrestres, aériennes et maritimes régulières des États, soutenues par des armements conventionnels (fusils, chars d'assaut, missiles, avions d'espionnage ou de chasse, bombardiers, porte-avions, sous-marins, etc.) et non conventionnels (mines antipersonnel, bombes au napalm ou à fragmentation entre autres). La guerre nucléaire est demeurée un concept théorique plutôt qu'une réalité puisque, depuis le lancement des bombes atomiques sur les villes japonaises de Hiroshima et Nagasaki par les États-Unis en 1945, cette arme de destruction massive est demeurée fort heureusement un moyen de dissuasion. Si certains États ont eu recours à des armes chimiques extrêmement nocives, comme le gaz moutarde et le napalm, aucune guerre chimique et bactériologique d'envergure ne s'est produite. Le Traité sur la non-prolifération des armes nucléaires (1968), les Traités interdisant les essais d'armes nucléaires (1963 et 1996), les Conventions prohibant la production et le stockage d'armes chimiques (1997) et biologiques (1972) ont sans aucun doute contribué à empêcher de telles guerres non conventionnelles[46].

La *guérilla*, qui a été la stratégie de lutte privilégiée des guerres de décolonisation du XXᵉ siècle, « est une méthode de combat fondée sur la mobilité et le harcèlement qui permet à une armée (ou à des forces militaires non régulières) de porter des coups à une armée plus puissante sans donner à celle-ci l'occasion d'une victoire décisive ». Elle est « la stratégie qu'utilisent le plus souvent les populations qui ont des structures politiques rudimentaires, et celle qu'adoptent spontanément les armées qui s'organisent de manière plus ou moins improvisée dans beaucoup de situations de guerre civile ». « Très souvent, les guérilléros entreprennent et dirigent une lutte armée à partir des régions les plus reculées du pays en s'appuyant sur les moins évolués de ses habitants et en recrutant parmi eux un grand nombre de leurs combattants. » « Une armée de guérilla parvient à résister à des forces plus puissantes grâce à la mobilité et à la dispersion, qui lui permettent de refuser le combat chaque fois qu'elle risque l'anéantissement. Elle ne peut donc exercer un contrôle permanent sur un territoire délimité, mais elle ne peut pas non plus se passer de bases territoriales. » « La guérilla permet d'atteindre la victoire dans les situations où pour gagner il suffit de ne pas perdre[47]. »

Les *guerres de milices* sont menées par des armées privées recrutées sur une base identitaire ou partisane et rattachées à un clan tribal, à un groupe religieux, à une famille, à la clientèle d'un homme politique. Alors que la guérilla vise à combattre une armée nationale plus puissante sur le plan militaire, les milices ne peuvent agir que si l'armée nationale est faible ou inexistante[48]. On pourrait ajouter que l'adhésion à un mouvement de guérilla est souvent motivée par le soutien à une idéologie ou à un programme politique alors que les milices sont généralement constituées de mercenaires qui se battent pour de l'argent. En raison de ces caractéristiques, les milices sont incapables de mener par elles-mêmes

---

46. La Convention interdisant les armes biologiques a cependant une portée plus réduite que les autres ententes internationales sur les armes nucléaires et chimiques car elle ne comporte aucun système d'inspection et de contrôle de ces armes. Pour une analyse détaillée de ces ententes, voir Pascal Boniface, *Le monde contemporain : grandes lignes de partage* (Paris : Presses universitaires de France, 2001), 122-139.

47. Derriennic, *Les guerres civiles*, 168-171. Sur la guérilla, voir aussi Gérard Chaliand, *Stratégies de guérilla : de la Longue Marche à nos jours* (Paris : Payot/Rivages, 1994).

48. Derriennic, *Les guerres civiles*, 178-183.

une lutte de libération nationale destinée à affranchir toute une population du joug de l'oppression étrangère et coloniale[49]. Par contre, elles peuvent être utilisées pour encourager la sécession d'une ethnie, mener des guerres identitaires ou défendre les intérêts d'un groupe ethnique, religieux ou politique dans un conflit international, lorsque l'armée de l'État où se déroule la guerre est faible ou inexistante. Les exemples les plus typiques de ces différentes situations sont la Bosnie-Herzégovine (1992-1995), la Somalie (depuis 1991) et le Liban (1975-1991).

Le *terrorisme* est «toute action violente qui tente de vaincre son ennemi, non en visant ses moyens d'action pour les neutraliser ou les détruire, mais en tentant de produire un effet de terreur qui agit directement sur sa volonté de poursuivre la lutte». Contrairement à la stratégie de guerre classique, définie notamment par Clausewitz, et dans le cadre de laquelle un but politique ne peut être atteint qu'en surmontant l'opposition d'un adversaire, la stratégie terroriste cherche à éviter «l'action longue, fatigante et incertaine qui est nécessaire pour détruire ou neutraliser les forces armées de l'ennemi» en plaçant ce dernier dans une situation de démoralisation qui le contraindra à capituler[50]. Parce qu'elles visent à semer la terreur, les actions terroristes sont nécessairement d'une très grande violence: assassinats sélectifs ou collectifs, enlèvements et séquestration, tortures, viols, destruction de biens (cultures, immeubles, aéronefs, navires, etc.). Dans certains cas, elles ciblent uniquement les forces politiques d'un État ennemi (militaires, diplomates, élus, policiers); dans d'autres, elles prennent également ou uniquement pour cibles des civils. Le terrorisme, ainsi défini, est une caractéristique des divers types de guerres civiles et des conflits internationaux. Les belligérants des conflits identitaires violents sont essentiellement des terroristes. Les guerres de milices ne sont pas uniquement fondées sur le terrorisme, puisqu'elles comportent des affrontements avec les forces armées de l'ennemi, mais elles y ont souvent recours. Plusieurs guerres de sécession, par exemple celle des Tigres de l'Elam tamoul au Sri Lanka ou celle de l'ETA en Espagne, sont exclusivement fondées sur une stratégie terroriste. Dans les guerres de décolonisation, les mouvements de libération

49. *Idem.*
50. *Idem*, 173. Sur le terrorisme, voir aussi Gérard Chaliand, *Les stratégies du terrorisme* (Bruges: Desclée de Brouwer, 1999).

et les États qui étaient leurs adversaires ont commis des actes terroristes (ex. : les bombardements au napalm des populations civiles par l'aviation américaine au Vietnam ; les arrestations et tortures de civils par le Front de libération national et l'armée française lors de la guerre d'Algérie). Dans une guerre interétatique, certaines actions ont un caractère terroriste.

> Ce fut presque certainement le cas d'une part importante des bombardements aériens effectués contre des populations civiles pendant la Deuxième Guerre mondiale. Ils n'avaient que peu d'influence sur la puissance militaire de l'ennemi, mais ils étaient supposés le faire capituler en brisant son « moral », et sans avoir à détruire préalablement ses forces armées[51].

Les définitions du terrorisme que proposent divers spécialistes ne sont pas reconnues par la communauté internationale. Depuis 1972, date où a eu lieu le premier débat sur cette question à l'Assemblée générale de l'ONU, les États membres ne sont jamais parvenus à s'entendre sur une définition du terrorisme et à adopter des mesures précises de lutte contre celui-ci. Bien que la très grande majorité des États aient condamné les attentats du 11 septembre 2001 contre le World Trade Center à New York, et le Pentagone à Washington, et que plusieurs aient adhéré à la coalition internationale contre le terrorisme formée subséquemment par les États-Unis, les divergences sur cette question ont persisté au sein de l'ONU. Aucune formulation ne fait consensus, le principal obstacle demeurant la distinction entre un groupe terroriste et un mouvement de libération. Par exemple, le Hezbollah, considéré comme une organisation de libération nationale par les gouvernements iranien, syrien et libanais, est qualifié de groupe terroriste par Israël, le Canada et les États-Unis. Le Hamas est accusé de terrorisme par Tel-Aviv et Washington, mais perçu comme une organisation nationaliste par plusieurs factions de l'Organisation de libération de la Palestine et la Turquie. Faute de consensus sur ce qu'est le terrorisme, ce dernier n'a pu être inclus dans les crimes jugés par la CPI.

Les causes des guerres civiles. Les guerres civiles postérieures à 1945, comme nous l'avons vu, ont été déterminées par trois objectifs : l'instauration d'un système économique, politique et éventuellement religieux radica-

---

51. Derriennic, *Les guerres civiles*, 173.

lement différent du précédent ; la conquête de l'indépendance par une colonie ou une minorité nationale ; les conflits entre groupes identitaires. L'augmentation de ces conflits, principalement en Afrique et en Asie, est largement due aux conséquences de la Deuxième Guerre mondiale : l'affaiblissement des anciennes grandes puissances européennes, l'accession de l'URSS au rang de superpuissance et la prise du pouvoir par les communistes en Chine. Ces changements ont encouragé les forces nationalistes des colonies européennes, souvent dirigées par les partis communistes, à s'engager dans des luttes de libération nationale, dont certaines avaient un caractère révolutionnaire. Plusieurs guerres identitaires subséquentes aux indépendances africaines sont liées au fait que les frontières des nouveaux États souverains, établies par les anciennes puissances coloniales, ne respectaient pas les pourtours géographiques des lieux d'établissement des tribus, entités fondamentales des sociétés africaines. La création de l'État d'Israël par l'ONU en 1948, et le soutien des États-Unis et de leurs alliés occidentaux aux violations répétées de cet accord par Tel Aviv, à partir de 1949, explique par ailleurs les nombreuses guerres entre Israël et les pays arabes voisins durant les années ultérieures. Dans l'ensemble, la guerre froide a contribué à alimenter le nombre, la durée et l'intensité des guerres civiles, en encourageant l'URSS, la Chine, les États-Unis et leurs alliés occidentaux à intervenir indirectement dans ces conflits par le biais d'un soutien logistique, militaire et financier à l'un ou l'autre des belligérants. Ces interventions étaient motivées par les rivalités non seulement idéologiques et politiques, mais économiques et commerciales des pays communistes et capitalistes.

La fin de la guerre froide n'a pas endigué le fléau des guerres civiles, bien que le nombre de ces dernières ait diminué depuis 1990. La réconciliation entre l'URSS et les États-Unis a permis de mettre fin à des guerres de décolonisation en Afrique (Mozambique, Namibie, Angola, Érythrée) et à des guérillas révolutionnaires en Amérique latine (Salvador, Nicaragua, Guatemala). Par contre, le démantèlement de l'URSS et l'accession de ses ex-républiques à l'indépendance, ont suscité des mouvements sécessionnistes dans le Caucase. Au sein de la Fédération socialiste de Yougoslavie, la crise du régime communiste, auparavant fondé sur la coopération des diverses républiques, a conduit au renforcement du contrôle de la République de Serbie, nationaliste et autoritaire, sur les institutions centrales du pays. Cette situation a provoqué la sécession de toutes les républiques de la Fédération et de la province serbe du Kosovo. Ces sécessions ont donné lieu à une guerre interétatique, doublée d'un conflit identitaire, entre la Croatie et la Serbie, et à des guerres civiles identitaires en Bosnie-Herzégovine, en Macédoine et au Kosovo. La décision de la Chine de réduire ou de cesser son aide à divers mouvements de guérilla révolu-tionnaires de l'Asie du Sud-Est, après sa conversion au capitalisme en 1980, a affaibli plusieurs d'entre eux. Elle a contribué à mettre fin au conflit sanglant entre les Khmers rouges et leurs opposants au Cambodge, et au conflit entre les maoïstes et les partisans de la monarchie au Bhoutan. Son appui à la dictature militaire birmane a cependant favorisé la poursuite des guérillas dans le nord du pays. En Indonésie, si les conflits qui opposaient le Timor oriental et Aceh au gouvernement de Djakarta ont été résolus, à la suite de la démocratisation du régime (1998-2004), des mouvements sécessionnistes persistent en Irian Jaya et dans les îles Moluques, tandis que l'île de Bornéo est sporadiquement le théâtre d'affrontements identitaires entre chrétiens et musulmans. Aux Philip-pines, la lutte armée du Parti communiste et de divers groupes musul-mans, en faveur notamment d'une réforme agraire, se poursuit dans l'île de Mindano et de l'archipel de Sulu. En Afrique, la période postérieure à 1990 a été marquée par de nombreuses guerres civiles, alimentées par des intérêts économiques et politiques et par des tensions identaires : Tchad, Somalie, Soudan, Sierra Leone, Rwanda, Burundi, République démocratique du Congo, Nigeria, Côte d'Ivoire, Algérie, entre autres ; des guerres civiles parfois très violentes. À l'inverse, en Amérique latine, les guérillas révolutionnaires ont pratiquement disparu, sauf en Colombie où le mouvement des Forces armées révolutionnaires de Colombie, quoique affaibli, poursuit son combat contre les forces gouvernementales et militaires du pays.

La résolution des guerres civiles. La condition la plus essentielle à la résolu-tion des guerres civiles est, comme dans le cas des guerres interétatiques, la négociation d'accords de paix entre les belligérants. Cette condition est toutefois difficile à réaliser lorsque l'État est faible ou pratiquement inexistant et/ou que le régime politique est autoritaire. La Communauté internationale peut contribuer à la conclusion de tels accords de paix si les puissances étrangères les plus concernées coopèrent entre elles, au lieu de soutenir indirectement l'une ou l'autre des parties en conflit. L'absence d'alliance de sécurité hégémonique dans les trois régions où sont concentrées les guerres civiles (Moyen-Orient, Afrique, Asie du Sud-Est) est une entrave à leur règlement. L'ONU a les moyens de mettre fin à une guerre civile, comme ce fut le cas dans plusieurs pays, si les cinq membres permanents du Conseil de sécurité s'entendent entre eux, qu'ils confient à une mission de Casques bleus un mandat clair et approprié, et qu'ils mobilisent les ressources militaires, logistiques et financières indispensables au succès de cette dernière. Sur le long terme, l'élimination des guerres civiles est liée au progrès du développement et de l'intégration économique, ainsi qu'à la consolidation et à la démocratisation des États, deux conditions dont la réalisation a permis la disparition des guerres interétatiques dans les Amériques, en Europe et en Asie de l'Est[52]. Selon Pascal Boniface, si la démocratie est une condition importante du maintien de la paix, entre et au sein des États, « c'est néanmoins la richesse qui a l'effet le plus puissant sur les velléités guerrières ». Brzezinski a pu écrire que la guerre est devenue le luxe des pays pauvres. Tant que le monde sera inégal économiquement, que chaque communauté n'estimera pas qu'elle est traitée avec justice, les risques de guerre perdureront[53].

Les autres menaces à la sécurité des États

La sécurité des États n'est pas uniquement liée à l'absence de guerres interétatiques et civiles. Plusieurs autres phénomènes peuvent mettre en péril le fonctionnement normal de leurs institutions, le bien-être et la vie de leurs citoyens, notamment : les cyberattaques contre les systèmes

52. Sur la dimension internationale des guerres civiles, voir Michael Barston (dir.), *The International Dimension of Internal Conflict* (Cambridge : MIT Press, 1996). Sur les causes des guerres interétatiques et civiles depuis la fin de la guerre froide, il existe une vaste littérature. Voir notamment M. Brown, « The Causes of Internal Conflicts : An Overview », *in* M. Brown, *Nationalism and Ethnic Conflict* (Cambridge : Cambridge University Press, 1997) ; R. Betts, *Conflict after the Cold War. Arguments on Causes of War and Peace* (Oxford : Oxford University Press, 2002). Sur les interventions de la Communauté internationale en vue de mettre fin aux guerres civiles, voir Jocelyn Coulon, *Guide du maintien de la paix 2010*.

53. Pascal Boniface, *Le monde contemporain : grandes lignes de partage*, 169 ; Zbigniew Brzezinski, *The Choice, Global Domination or Global Leadership* (New York : Basic Books, 2004).

informatiques et de télécommunications; les épidémies de virus; la prolifération des armes nucléaires, chimiques et bactériologiques de destruction massive; la destruction de l'environnement et les catastrophes naturelles; les actes terroristes; les trafics illégaux (d'armes, de drogues, de prostitués, d'immigrants, d'organes humains, etc.). Pour prévenir et combattre ces dangers, les États ne peuvent se fier uniquement à leur dispositif de défense traditionnel: armées, armements et alliances de sécurité collective. Ils doivent faire appel à d'autres ressources de leur arsenal stratégique (policiers, forces de défense civile, services de renseignement et de communication, organismes de détection et de prévention des désastres naturels, etc.) et, surtout, resserrer leur coopération au sein des diverses OI. Cette question étant très complexe, nous nous contenterons ici d'analyser sommairement les causes, la gravité et les moyens qui ont été ou devraient être mis place pour conjurer quelques-unes de ces menaces.

Cyberattaques et pandémies. Le développement fulgurant des télécommunications a sans aucun doute augmenté les risques de cyberattaques contre les satellites de communication et les systèmes informatiques nationaux dont dépendent désormais les services financiers, les transports publics, les hôpitaux et une infinité d'autres activités. Cependant, cette crainte ne s'est pas matérialisée jusqu'à maintenant. Les cyberattaques, lancées par de jeunes *hackers*, principalement aux États-Unis, ont eu une envergure limitée, et ont été rapidement maîtrisées par les organismes publics, pour lesquels travaillent des spécialistes de l'informatique au moins aussi brillants que les pirates informatiques.

La croissance exponentielle des déplacements, notamment par avion, est due à la conjugaison de plusieurs facteurs: la multiplication des compagnies aériennes à prix modiques; la libéralisation des échanges de biens et de services, qui a fortement fait augmenter les voyages d'affaires; l'ouverture des frontières des anciens pays communistes et autoritaires; l'augmentation des classes moyennes dans les pays émergents très peuplés, comme l'Inde et la Chine; la hausse des quotas d'immigration dans les PD, en raison de leur déclin démographique, et l'existence dans ces derniers de vastes diasporas désireuses de rester en contact avec leurs pays d'origine. L'accroissement des déplacements de population a accru les risques de propagation de virus. Mais comme l'ont démontré les conséquences somme toute mitigées des crises de la « grippe aviaire », de la « vache folle », du « SRAS » et de la « grippe H1N1 » durant les années 2000, lors desquelles le nombre de morts a été très largement inférieur à celui des épidémies du début du xxᵉ siècle, les États sont beaucoup mieux outillés que par le passé pour gérer ces pandémies, en dépit de la mobilité beaucoup plus grande des citoyens. L'Organisation mondiale de la santé (OMS), à laquelle on reproche souvent avec raison son alarmisme, a néanmoins contribué à réduire fortement les conséquences de la propagation des virus, en convainquant les États membres d'adopter des mesures de prévention et de vaccination et en se fondant sur l'idée que les coûts de la prévention sont toujours moins élevés que ceux que pourrait entraîner un nombre élevé de décès, sur le plan humain et économique.

La prolifération des armes de destruction massive. La prolifération de l'arme nucléaire est-elle une menace à la sécurité des États ? Plusieurs auteurs le pensent, mais d'autres, comme Hedley Bull[54], considèrent que cette dernière a été encouragée par les cinq puissances atomiques permanentes du Conseil de sécurité, désireuses d'accroître le pouvoir de dissuasion de leurs principaux alliés. Selon lui, cette prolifération ne représente pas une menace importante, car aucun État ne peut utliser sa puissance nucléaire sans faire face à une riposte qui le détruirait. En réalité, neuf pays possèdent un arsenal nucléaire, soit les États-Unis, la Russie, la France, le Royaume-Uni, la Chine, l'Inde, le Pakistan, Israël et la Corée du Nord. Les cinq premiers ont signé le Traité de non-prolifération (TNP), qui implique une inspection régulière de leurs installations par l'Agence internationale de l'énergie atomique (AIEA) de l'ONU, et ont renoncé aux essais nucléaires entre 1960 et 1964. La France a toutefois réalisé 46 essais nucléaires atmosphériques en Polynésie entre 1966 et 1974, et procédé comme la Chine à des test d'armes à fusion au-delà de 1964. L'Inde, le Pakistan et Israël n'ont pas adhéré au TNP et ont continué de procéder à des essais nucléaires. La Corée du Nord s'est dotée de l'arme nucléaire après avoir ratifié le TNP. Selon Zbigniew Brzezinski, le potentiel de destruction de ces quatre pays est toutefois largement inférieur à

---

54. Hedley Bull, *The Anarchical Society. A Study of Order in World Politics* (New York: Columbia University Press, 1977).

celui des Cinq Grands[55]. Le TNP, qui permet aux États signataires d'acquérir une technologie nucléaire civile, à la condition de se soumettre aux contrôles de l'AIE, n'est pas une garantie absolue contre la fabrication d'armes nucléaires. Plusieurs pays signataires du TNP ont envisagé d'utiliser leur expertise nucléaire civile pour se doter de l'arme atomique (Afrique du Sud, Argentine, Biélorussie, Ukraine, Kazakhstan, Suède, Brésil), mais y ont renoncé. D'autres, comme l'Iran, l'Arabie saoudite, l'Algérie et le Maroc, sont toujours soupçonnés d'entretenir une telle ambition. En conclusion, on retiendra que l'existence de l'AIE et les différentes ententes internationales visant à interdire les essais nucléaires et à réduire l'arsenal nucléaire global (voir tableau 3.4) ont limité mais non éliminé l'ambition de plusieurs États d'acquérir ce qui constitue le principal moyen militaire de dissuasion contre les agressions étrangères. Ce constat accrédite partiellement la vision réaliste pessimiste des relations internationales[56].

La menace des armes de destruction chimiques et bactériologiques (substances toxiques et gènes pathogènes pouvant causer la maladie ou la mort des êtres humains, tout en ayant des effets destructeurs sur l'environnement) a été utilisée par l'administration Bush pour justifier son intervention militaire en Irak en 2003. Aucune arme de ce type n'a été découverte après l'invasion. Plusieurs pays sont cependant soupçonnés de fabriquer et de stocker de telles armes, sans qu'aucune information publique fiable ne permette de le prouver. Cette menace est cependant très réelle. En 1992, le président Boris Eltsine a avoué que l'URSS avait développé un important programme de développement de ces armes au cours des vingt années précédentes. Les États-Unis ont poursuivi des recherches en ce sens jusqu'en 1968. Plusieurs ententes internationales ont été conclues afin de contrer cette menace : la Convention sur l'interdiction des armes biologiques de 1975 ; la Convention sur l'interdiction des armes chimiques (CIAC) de 1993, qui renforce le protocole de Genève de 1925, et crée l'Organisation pour l'interdiction des armes chimiques

---

55. Conférence de Zbigniew Brzezinski, Conseil des relations internationales de Montréal, 23 avril 2010.

56. Sur le sujet, voir notamment Richard Rhodes, *Arsenals of Folly: the Making of the Nuclear Arms Race* (New York: Alfred A. Knopf, 2007); Alexander Lennon, *Contemporary Nuclear Debates: Missile Defense, Arms Control and Arms Races in the Twenty-First Century* (Cambridge; Cambridge University Press, 2002).

TABLEAU 3.4

Traités d'interdiction des essais nucléaires

NOM	SIGNATAIRES	OBJECTIFS
Traité d'interdiction partielle des essais nucléaires 1963	États-Unis, URSS, Royaume-Uni	Interdiction des essais atmosphériques, extra-atmosphériques et sous-marins
Traité sur la limitation des essais nucléaires souterrains 1974	États-Unis, URSS	Interdiction des essais souterrains d'armes nucléaires dont la puissance est supérieure à 150 kilotonnes
Traité sur les explosions nucléaires à des fins pacifiques 1976	États-Unis, URSS	Interdiction des explosions nucléaires supérieures à 150 kilotonnes et multiples à 1,5 mégatonnes
Traité d'interdiction complète des essais nucléaires 1996	44 pays dont 9 ne l'avaient pas ratifié en 2008 (notamment la Chine, les États-Unis, l'Inde, Israël, le Pakistan et la Corée du Nord)	Interdiction de toute explosion expérimentale ou non d'arme nucléaire et engagement à ne pas encourager ou participer à de telles explosions

(OIAC) qui a le pouvoir de vérifier l'application de la CIAC par les États signataires. En 1993, le régime de contrôle de la technologie des missiles balistiques adopté en 1987 a été étendu aux missiles porteurs d'armes biologiques et chimiques ; en 1997, les États ont signé et ratifié la Convention sur l'interdiction des armes chimiques. En 2008, seuls dix pays n'avaient pas ratifié cette dernière : l'Angola, les Bahamas, la Birmanie, la Corée du Nord, l'Égypte, l'Irak, la Jordanie, la République dominicaine, la Somalie, la Syrie[57].

La destruction de l'environnement. Dans le cadre du système capitaliste, largement prédominant aujourd'hui, l'augmentation des profits des entreprises, condition de leur survie, repose largement sur la hausse de la consommation et de la production d'un volume toujours plus grand

---

57. Sur le sujet, voir notamment Francis Boyle, *Guerre biologique et terrorisme* (Paris : Demi-Lune, 2007) ; Henri Mollaret, *L'arme biologique : microbes, virus et terrorisme* (Paris : Plon, 2002).

de biens et de services. Cette logique fait en sorte que les PD et les NPI, dont le nombre ne cessse de grandir, sont engagés dans un processus d'exploitation maximale des ressources énergétiques (pétrole, gaz, charbon, hydroélectricité) et des autres matières premières (minerais, forêts, cours d'eau, terres cultivables, ressources halieutiques) dont la plupart ne sont pas renouvelables. Cette exploitation détruit les écosystèmes et met en péril la biodiversité de la planète. Elle est, avec la production industrielle (dont 52 % est désormais située dans les NPI), l'agriculture intensive et l'augmentation du parc automobile mondial, la cause d'une hausse très importante des gaz à effet de serre, source principale de la pollution de l'air et du réchauffement climatique. Selon le rapport 2007 du Groupe d'experts intergouvernemental sur l'évolution du climat (GIEC), créé par le Programme des Nations Unies sur l'environnement (PNUE) en 1988, les manifestations de ce réchauffement sont déjà nombreuses (fonte des glaciers dans l'Arctique, disparition de certaines espèces animales, aggravation des problèmes de sécheresse dans plusieurs pays, etc.). La très grande majorité des scientifiques prédisent que, sans une réduction des gaz à effet de serre, la température moyenne du globe augmentera de 2 à 4 degrés au cours des décennies à venir, ce qui enraînera une hausse du niveau des océans, la disparition de vastes territoires habités sur le littoral de ces derniers, une augmentation des inondations et d'autres catastrophes naturelles, etc.

Bien qu'on ait assisté, depuis les années 1980, à une mobilisation grandissante des ONG écologiques et à la multiplication des conférences internationales environnementales, principalement sous l'égide de l'ONU, les progrès accomplis en matière de protection de l'environnement demeurent très limités. Le Sommet de la Terre de Rio de 1992, la Conférence sur l'environnement et la désertification de 1996, la Convention sur les changements climatiques de 1996, le Protocole de Kyoto de 1997 et la Conférence de Montréal sur l'après-Kyoto de 2006 ont donné lieu à l'adoption de décisions qui n'ont pas été respectées par la majorité des États. Lors de la Conférence de Copenhague de 2010, les États ne sont pas parvenus à s'entendre sur des cibles de réduction des gaz à effet de serre pour la période postérieure à 2012. La principale cause de l'inertie des gouvernements est la compétition économique internationale, extrêmement vive dans le cadre de la mondialisation. Chaque gouvernement craint que l'imposition de normes environnementales plus strictes aux entreprises les incitent à fuir vers les pays qui ne possèdent pas de telles règlementations ou qui sont beaucoup plus laxistes en cette matière. Le syndrome du *not in my yard*, *i.e.* l'appui des citoyens à des politiques de protection de l'environnement, à la condition qu'elles ne les pénalisent pas personnellement, est également un frein à l'action des leaders politiques. La coopération internationale est pourtant possible. Le protocole de Montréal de 1987, qui a interdit les substances dommageables à la couche d'ozone qui protège la planète contre les rayons solaires UVA et et UVB, a été appliquée par les pays signataires avec succès. Les trous observés dans la couche d'ozone, notamment au-dessus des pôles arctique et antarctique, ont largement diminué depuis. Mais les coûts impliqués par cette entente (élimination des produits contenant des chlorofluorocarbures) étaient très inférieurs à ceux de la réduction des gaz à effet de serre. Durant les années 1990, la collaboration entre les gouvernements canadien et américain a permis de réduire sensiblement les émanations industrielles d'oxyde d'azote et de soufre, responsables des pluies acides qui endommageaient notamment les forêts. Mais il s'agissait d'une entente bilatérale entre voisins, plus facile à négocier qu'un accord multilatéral. Deux leçons, en définitive, se dégagent du bilan des politiques gouvernementales environnementales. Premièrement, il est illusoire de demander à tous les pays, quel que soit leur niveau de développement, d'adopter des règlementations similaires coûteuses, alors que les PD sont les principaux responsables des problèmes écologiques. Cette logique, défendue par certains PD, dont le Canada et les États-Unis, vise en réalité à justifier leur refus d'agir. Les PD doivent accepter de faire plus que les NPI et les PED, tout en encourageant ces derniers, par des aides financières et des transferts de technologies, à harmoniser progressivement leurs politiques avec les leurs. Bien qu'elle comporte le risque de déplacement des FMN vers la périphérie, cette avenue permettra aux PD de conserver un des rares avantages comparatifs qu'ils ont encore par rapport aux puissances émergentes. Deuxièmement, on constate que la protection de l'environnement progresse malgré le succès mitigé ou l'échec des conférences internationales. Certaines puissances émergentes comme la Chine sont proactives dans ce domaine. En témoigne le développement de ses trains à grande vitesse, plus performants que ceux de l'Europe et à des années-lumière des systèmes ferrovières nord-américains. Dans les PD, de plus en plus de grandes, moyennes et petites entreprises ont compris qu'il était dans leur intérêt d'investir dans la mise au point de nouvelles technologies vertes et de revoir leur façon de faire. Les États membres de l'UE ont adopté un très grand nombre de législations environnementales. En Amérique du Nord, plusieurs États américains et certaines provinces canadiennes (Colombie-Britannique, Ontario et Québec) vont de l'avant malgré l'inaction des gouvernements de Washington et d'Ottawa : développement des énergies éoliennes, solaires et hydroélectriques ; taxes sur l'essence ; promotion des voitures hybrides ou électriques ; interdiction de l'exploitation forestière dans certaines régions ; progammes d'encouragement à l'agriculture biologique et à la consommation de produits alimentaires locaux, etc.

Le terrorisme international. Le terrorisme, comme nous l'avons déjà souligné, est une méthode de combat utilisée dans les guerres interétatiques et civiles. Mais cette méthode peut également être employée par diverses ONG illégales transnationales à l'encontre des biens et des personnes de divers pays afin de promouvoir leurs causes. Il s'agit alors de terrorisme international, une menace très réelle à la sécurité des États. Au cours des quarante dernières années, le terrorisme international a été principalement lié à deux problématiques. La première concerne le conflit israélo-palestinien et ses répercussions. Durant les années 1970 et 1980, plusieurs organisations illégales, liées à l'Organisation de libération de la Palestine et/ou à d'autres États arabes, qui combattaient l'occupation israélienne des territoires palestiniens (Gaza, Cisjordanie, Jérusalem-est), syriens (hauteurs du Golan) et égyptiens (Sinaï), à la suite de la guerre des Six Jours de 1967 et à la guerre du Yom Kippour de 1973, ont détourné des avions, tué des civils innocents (notamment lors des Jeux olympiques de Munich de 1972) et fait exploser un vol de la Pan American Airlines au-dessus de Lockerbie en Écosse en 1988. Le retrait d'Israël du Sinaï (1978) et du Sud-Liban (1990), et les Accords de paix israélo-palestiniens d'Oslo (1992) ont mis fin au terrorisme international lié au conflit du Moyen-Orient. La deuxième problématique, plus récente, concerne la lutte des organisations islamistes intégristes du Moyen-Orient, de l'Afrique de l'Est, de l'Asie centrale et de l'Asie du Sud-Est. Ces organisations sont nombreuses et les causes qu'elles défendent sont différentes. Certaines, comme Al-Qaida, se battent pour l'éradication des puissances occidentales des territoires de l'ancien Empire arabe qu'elles espèrent restaurer.

D'autres combattent pour l'annexion du Cachemire au Pakistan, la révolution agraire dans l'île philippine de Mindanao, l'islamisation intégrale de l'Indonésie, la victoire des talibans en Afghanistan, etc. Les attentats terroristes commis par ces organisations (notamment ceux de Al-Qaida contre le World Trade Center et le Pentagone en 2001, les métros de Madrid et de Londres en 2004 et 2005 ; ceux de la Jemaah Islamiyah liée à Al-Qaida, à Bali, en 2002, 2004 et 2005 ; et ceux d'organisations terroristes islamistes pakistanaises à New Delhi depuis 2008) ont causé des milliers, des centaines ou des dizaines de morts. La menace de cette deuxième vague de terrorisme international est donc bien réelle. Les mesures de sécurité adoptées par les PD, NPI et PED concernés ont atténué le risque de cette dernière, sans pour autant l'éliminer.

Le terrorisme international est un phénomène très ancien et récurrent. Au cours des siècles, différents groupes et minorités qui avaient le sentiment d'être opprimés ont fomenté des attentats terroristes à l'étranger afin de promouvoir leurs causes. Bien que cette stratégie ait toujours été un échec, elle continue d'être utilisée parce que les organisations extrémistes, dont l'idéologie est dogmatique et rigide, sont incapables d'évaluer rationnellement les coûts et les bénéfices de leurs actions.

✦

En conclusion, on retiendra que la politique étrangère est l'ensemble des institutions, des politiques et des actions qui orientent et concrétisent les relations d'un État avec les autres États. Les responsables du pouvoir exécutif sont les principaux artisans de la politique étrangère. Leurs décisions sont influencées par de multiples variables subjectives (leurs perceptions de la réalité, leur psychologie, leurs calculs d'intérêts) et objectives (les pressions provenant de l'environnement sociétal et externe, la nature du régime politique, les caractéristiques du système économique, la position géographique du pays) dont il est difficile de mesurer le poids respectif.

La politique étrangère se concrétise sous la forme de deux comportements — la diplomatie et la stratégie — qui sont l'expression de deux attitudes contradictoires : la confiance et la méfiance. La première encourage les États à résoudre leurs différends par le dialogue et la négociation d'ententes juridiques ; la seconde les incite à s'armer et à se coaliser afin de prévenir ou de vaincre les attaques des autres États. Quoique principalement fondée sur la confiance, la diplomatie n'est cependant pas exempte de méfiance, ce qui explique qu'elle fasse appel à la ruse, au mensonge, aux menaces et au chantage tout autant qu'au dialogue franc et ouvert. Quoique principalement fondée sur la méfiance, la stratégie est également caractérisée par la négociation de pactes de sécurité dont l'efficacité repose sur la confiance mutuelle des partenaires.

La diplomatie et la stratégie ont profondément évolué depuis 1945. Ce ne sont plus les ambassades et les consulats qui constituent les principaux lieux de dialogue, de concertation et de négociation entre États, mais les rencontres au sommet entre gouvernants et les forums multilatéraux. La politique stratégique des États est désormais davantage axée sur la prévention et la résolution des guerres civiles et l'endiguement des réseaux criminels et terroristes internationaux que sur la prévention et la résolution des conflits interétatiques. Les menaces à la sécurité étant maintenant globales et d'origine interne autant qu'externe, les États doivent coopérer davantage entre eux et réorganiser leurs systèmes de défense en vue d'intégrer les dispositifs voués à la protection du territoire et les institutions chargées de contrer les ennemis extérieurs. Néanmoins, les principales conditions du maintien de la paix, au sein des États et entre eux, demeurent le développement et l'intégration économique, les progrès de la démocratie et l'existence d'alliances de sécurité collective fondées sur la coopération interétatique.

CHAPITRE 4

Les relations économiques internationales

Les relations économiques internationales (REI) sont les échanges commerciaux et les mouvements de capitaux impliquant des paiements monétaires entre les personnes privées et morales de la communauté internationale : particuliers, entreprises privées et publiques, gouvernements, ONG et OI. Le domaine d'études des REI englobe également les théories, les politiques, les institutions et les règles de droit qui orientent et réglementent ces transactions. Si ce sont les entreprises privées, et en particulier les FMN[1], qui réalisent la majorité des échanges commerciaux et financiers internationaux, les gouvernements des États et les organisations économiques internationales gouvernementales (OEI) demeurent les acteurs majeurs des REI puisque ce sont elles qui décident des règles essentielles de leur fonctionnement. Le FMI, la Banque mondiale, l'UE, le G8 et le G20 sont les principaux décideurs des questions économiques ; ils établissent les règles pour l'ensemble des acteurs et utilisent leur pouvoir – qui est considérable – pour influencer les résultats des transactions économiques[2].

1. Une FMN est une entreprise qui possède la nationalité d'un pays et qui est propriétaire en tout ou en partie de succursales dans au moins un autre pays. Voir Robert Gilpin, *Global Political Economy. Understanding the International Economic Order* (Princeton : Princeton University Press, 2001), 278.
2. Le G8 regroupe les États-Unis, le Canada, la France, le Royaume-Uni, l'Allemagne, le Japon, l'Italie et la Russie. Le G20 inclut en réalité 19 pays : les membres du G8 plus l'Argentine, l'Australie, le Brésil, la Chine, l'Inde, l'Indonésie, le Mexique, l'Arabie saoudite, l'Afrique du Sud, la Corée du Sud et la Turquie.

Ce chapitre s'intéresse principalement à la dimension interétatique des REI. La première section traite de l'évolution des théories de l'économie internationale depuis la création des États-nations ; la deuxième section examine les déterminants et les composantes des échanges interétatiques comptabilisés dans les balances de paiements ; la troisième section analyse les transformations du système économique international depuis l'entre-deux-guerres.

Les théories de l'économie internationale

Les théories générales réaliste, libérale et marxiste des relations internationales constituent les approches fondamentales des REI. Depuis le Moyen Âge, ces trois théories ont servi de modèle aux politiques économiques nationales et extérieures des États. L'approche réaliste ou nationaliste a inspiré les politiques mercantilistes des premiers États-nations européens, entre le XVIe et le XVIIIe siècle ; elle a également influencé les politiques néomercantilistes des pays du centre et de la périphérie aux XIXe et XXe siècles. L'approche libérale s'est imposée comme modèle dominant des REI, au sein du monde capitaliste, au cours de la période 1750-1920. La théorie marxiste-léniniste a été le paradigme de référence des politiques économiques des États communistes entre 1917 et 1990. Au cours de la seconde moitié du XXe siècle, deux théories ont exercé une influence prépondérante sur l'orientation des politiques économiques des pays capitalistes avancés et en développement. La théorie libérale hétérodoxe de John Maynard Keynes et ses disciples, synthèse critique des approches nationaliste, libérale et marxiste, s'est imposée entre 1935 et 1980, pour être ensuite remplacée par le néolibéralisme, amalgame de plusieurs théories américaines inspirées de la pensée libérale classique et néoclassique. Compte tenu que la théorie marxiste-léniniste a été étudiée dans le premier chapitre et qu'elle a été largement abandonnée depuis la disparition de la plupart des régimes communistes, nous circonscrirons notre exposé aux modèles mercantiliste, néomercantiliste, libéral, libéral hétérodoxe et néolibéral[3].

3. Pour une analyse plus approfondie des théories mercantiliste, libérale et néomercantiliste, voir entre autres Gilpin, *The Political Economy of International Relations* (Princeton : Princeton University Press, 1987), chap. 2 et 5 ; Hughes, *Continuity and Change in World Politics. Competing Perspectives* (Upper Saddle River, NJ : Prentice

Le mercantilisme

Le commerce entre les sociétés remonte à une époque très ancienne. On sait par exemple que dès la haute Antiquité (3000 à 650 avant J.-C.), il existait un troc à large échelle des matières premières (bétail, céréales, fruits et légumes, métaux précieux) et des produits artisanaux (armes, bijoux, poteries, tissus) entre les dynasties pharaoniques égyptiennes et les contrées voisines. Entre le vııᵉ et le vᵉ siècle avant J.-C., les cités de la Mésopotamie, de la Phénicie et de la Grèce développèrent un vaste réseau d'échanges avec l'Inde, l'Arménie, le Caucase et les territoires du pourtour de la Méditerranée. C'est à cette époque qu'apparaissent les premières monnaies métalliques (pièces d'or, d'argent, de bronze) et que naît la pratique du prêt avec intérêt. À partir du ıııᵉ siècle avant J.-C., le commerce s'étend en volume monétaire et géographique mais il reste borné sensiblement aux mêmes produits. Par contre, on assiste à l'essor des banques et de la spéculation sur la valeur des biens transigés. L'Empire romain (du ıᵉʳ siècle au vᵉ siècle après J.-C.) imposa un modèle d'échanges à sens unique. Les armées impériales pillaient les richesses mobilières (métaux précieux, bijoux) des provinces soumises pendant que les banquiers et commerçants romains importaient de ces dernières les aliments et biens manufacturés nécessaires à la consommation des habitants de Rome. La multiplication des monnaies favorisa l'émergence d'un marché monétaire : achat et vente de devises, spéculation sur la valeur des monnaies, usure, crédit. La chute de l'Empire romain et l'instauration du système féodal, caractérisé par le morcellement du territoire entre fiefs seigneuriaux, l'obligation pour la population de se consacrer à la culture des terres et à la défense militaire des seigneuries, et de fortes restrictions au commerce, au voyage et aux migrations entraînèrent un net ralentissement des échanges en Europe[4]. La domination de l'Église catholique, qui condamnait toute activité génératrice de profit, contribua également

---

Hall, 3ᵉ éd., 1997), chap. 12. On trouvera aussi une excellente présentation des principales théories économiques dans Janine Brémond et Alain Geledan, *Dictionnaire des théories et mécanismes économiques* (Paris : Hatier, 1984).

4. Jean Imbert, *Histoire économique des origines à 1789* (Paris : Presses universitaires de France, 1965). Sur l'histoire du commerce mondial, voir notamment Fernand Braudel, *Autour de la Méditerranée* (Paris : Éditions de Fallois, 1996) ; Immanuel Wallerstein, *Le système-monde du xvᵉ siècle à nos jours* (Paris : Flammarion, 1980) ; François Perroux : *L'économie du xxᵉ siècle* (Paris : Presses universitaires de France, 1969).

au recul du commerce. Paradoxalement, ce sont les croisades des chrétiens contre les musulmans qui relancèrent les échanges entre l'Occident et l'Orient aux XIIIᵉ et XIVᵉ siècles. La constitution de l'Empire ottoman, au XVᵉ siècle, ferma la route des Indes, de la Chine et de l'Afrique à l'Europe, obligeant les monarchies européennes à financer des explorations afin de trouver d'autres routes d'accès à ces contrées. La découverte de nouveaux territoires en Amérique, en Asie et en Afrique permirent à plusieurs pays — le Portugal, l'Espagne, les Pays-Bas, l'Angleterre, la France — de se constituer des empires coloniaux aux XVᵉ, XVIᵉ et XVIIᵉ siècles[5]. C'est dans ce contexte que naquit la théorie du mercantilisme.

Le mercantilisme exprime le nationalisme ou l'aspiration des premiers États-nations à développer leur puissance. Il s'imposa comme théorie économique dominante aux XVIᵉ, XVIIᵉ et XVIIIᵉ siècles tout en adoptant plusieurs formes : le bullionisme espagnol (Ortiz), le mercantilisme financier et commercial anglais (Thomas **MUN**, 1571-1641), le mercantilisme industriel français (Jean-Baptiste **COLBERT**, 1619-1683), le mercantilisme financier allemand (**SCHROEDER**).

L'idée centrale du mercantilisme, tel qu'il fut appliqué en Angleterre et en France, est que l'État doit supporter le développement de l'industrie et du commerce afin d'assurer l'augmentation de sa puissance économique, principal support de son pouvoir militaire et politique. Pour ce faire, il doit favoriser la croissance des manufactures par des subventions, des privilèges, des concessions de monopoles et le maintien des salaires à un bas niveau ; encourager la conquête de colonies qui constitueront un marché captif pour l'approvisionnement en matières premières et l'écoulement du surplus de la production manufacturière ; construire une marine marchande puissante afin de favoriser les échanges entre la métropole et ses colonies, d'une part, et barrer la route aux nations rivales, d'autre part. En résumé, le fondement de la richesse d'une nation est la constitution d'un surplus commercial grâce au développement, sous l'égide de l'État, d'une industrie manufacturière exportatrice à l'abri de la concurrence[6].

---

5. Emmanuel Nyahoho et Pierre-Paul Proulx, *Le commerce international* (Québec : Presses de l'Université du Québec, 1993), 11-14.

6. Le bullionisme espagnol est différent. Il préconise la thésaurisation des métaux précieux (or et argent) importés des colonies plutôt que leur investissement dans le

Le mercantilisme est vu comme la pensée économique du réalisme, puisqu'il associe les REI à des rapports de force conflictuels entre États dans le cadre desquels « nul ne gagne que l'autre ne perd[7] », chacun cherchant à accroître sa puissance économique au détriment de celle de ses concurrents afin de préserver ou renforcer sa position militaire et politique au sein de l'arène internationale.

Le libéralisme

Si le mercantilisme permit à tous les empires coloniaux européens de s'enrichir, c'est uniquement dans les pays qui pratiquèrent un mercantilisme industriel et commercial, tels que l'Angleterre et les Pays-Bas, qu'il favorisa la constitution d'une riche bourgeoisie manufacturière, commerciale et bancaire aux XVIIe et XVIIIe siècles. Dans le cadre de la révolution industrielle, qui augmenta énormément le potentiel de développement du capitalisme[8], cette nouvelle élite devint de plus en plus critique à l'égard des contraintes du mercantilisme qui contrecarraient son expansion : la limitation des importations qui restreignait l'approvisionnement en matières premières des manufactures ; la loi d'airain sur les salaires qui, en maintenant ces derniers au strict minimum indispensable à la survie et à la reproduction de la force de travail, réduisait les possibilités de consommation, engendrait des crises de surproduction et infléchissait les investissements et les profits ; les législations qui entravaient la concentration des entreprises, etc.

La théorie économique libérale classique, formulée principalement par des auteurs anglais de la fin du XVIIe siècle (John LOCKE), du XVIIIe siècle (David HUME, Adam SMITH, David RICARDO) et du début du XIXe siècle (Jeremy BENTHAM, Thomas ROBERT MALTHUS, John STUART MILL), traduisait l'aspiration de la bourgeoisie britannique à créer une

---

développement de l'industrie, une approche qui entraînera l'appauvrissement plutôt que l'enrichissement de l'Espagne.

7. Hugon, *Économie politique internationale et mondialisation* (Paris : Economica, 1997), 9.

8. Usage du charbon et de la houille comme combustibles (1760) ; production d'acier (1780) ; découverte de la machine à vapeur (1760) ; invention de la navette mobile (1733) et du métier à tisser hydraulique (1769) dans l'industrie textile ; envol de l'industrie chimique (1743-1794) ; découverte et utilisation de l'électricité (1797-1830). Nyahoho et Proulx, *Le commerce international*, 15.

économie de marché concurrentielle, libérée des contraintes de l'intervention de l'État. Après la révolution de 1688, qui permit à la bourgeoisie d'accéder au pouvoir, elle deviendra la principale source d'inspiration de la politique économique intérieure et extérieure de l'Empire britannique et le restera jusqu'au déclin de ce dernier durant l'entre-deux-guerres. Le libéralisme économique exerça une influence prépondérante sur les REI entre 1750 et 1920, en raison de la suprématie de l'Empire britannique et de son adoption par d'autres puissances européennes, dont la France, à la suite du renversement des régimes absolutistes par les bourgeoisies.

Le postulat de base du libéralisme économique est que tous les individus sont des êtres rationnels qui cherchent naturellement à satisfaire leurs besoins, à accroître leur bien-être au moindre coût possible. C'est de ce désir que naît spontanément le marché, un lieu où les producteurs tentent de vendre le plus grand nombre de marchandises ou de services au prix le plus avantageux pour eux, et où les acheteurs cherchent à se procurer les biens qui répondent à leurs besoins au meilleur prix possible. Lorsque le marché est laissé à lui-même, guidé uniquement par la rationalité des vendeurs et des acheteurs, l'offre et la demande tendent à s'équilibrer sur le long terme et les prix des biens coïncident avec les attentes des uns et des autres. Selon les libéraux, l'économie de marché est le système le plus susceptible de permettre une allocation rationnelle et efficace des ressources lorsqu'il n'est pas perturbé par les ingérences des gouvernements : nationalisations, réglementations, subventions, contrôles, etc. Ce sont ces ingérences qui sont responsables d'une mauvaise allocation des ressources (ex. : chômage ou pénurie de main-d'œuvre), des déséquilibres entre l'offre et la demande (surproduction, récession, pénurie), d'une hausse ou d'une baisse excessive des prix (inflation, déflation). L'objectif des libéraux est la croissance équilibrée de la production et des revenus, l'amélioration du bien-être général, mais non la répartition égalitaire de la richesse ou du revenu national entre les individus et les divers groupes de la société. Selon la théorie libérale, l'État a un rôle minimal mais essentiel à jouer. Il doit prendre en charge les politiques d'intérêt général qui sont essentielles au bon fonctionnement de l'économie et que l'entreprise privée ne veut pas assumer en raison de leurs coûts trop élevés ou de leur rentabilité trop faible ou incertaine : la défense et la sécurité, la justice, la santé, l'éducation, les transports et les communications. Il doit également stimuler les investissements et harmoniser les conditions de la concurrence par un allègement du fardeau fiscal, l'élimination des réglementations trop contraignantes ou discriminatoires, la restriction des pratiques monopolistiques, etc.

Selon les libéraux, si le travail ou la production crée la valeur, c'est dans l'échange que cette valeur se réalise ou se transforme en capital. La richesse des nations repose donc sur le développement du libre commerce au sein des États et entre eux. Compte tenu que tous les pays ne possèdent pas en abondance les facteurs essentiels à la production — matières premières, main-d'œuvre, capital —, il est nécessaire que chacun spécialise sa production en fonction de ses avantages comparatifs afin d'abaisser le coût de ses produits, accroître ses exportations et importer les biens dont il a besoin au meilleur prix possible. Compte tenu que les avantages comparatifs d'un pays changent au fur et à mesure qu'il s'industrialise, la spécialisation internationale de la production est une réalité en constante mutation à laquelle chaque économie doit s'adapter si elle veut maintenir sa compétitivité et conserver une balance commerciale excédentaire. À l'instar des marchés nationaux, le marché mondial tend vers l'équilibre de l'offre et de la demande et des prix lorsqu'il n'est pas perturbé par le protectionnisme des États, les contrôles et les réglementations des institutions économiques internationales, les pratiques monopolistiques des entreprises. L'intervention des États et des OEI au sein du marché mondial doit donc être réduite au strict minimum.

Les libéraux reconnaissent qu'une économie mondiale fondée sur la libre compétition ne peut assurer une répartition égalitaire de la richesse entre les nations. Mais elle permet à chacune d'améliorer son revenu d'une manière relative, favorise une redistribution permanente de la richesse et accroît le bien-être matériel général de l'humanité. En bref, la dynamique du libre marché est un jeu à somme variable dans le cadre duquel ce ne sont pas toujours les mêmes acteurs qui gagnent plus que d'autres. Le capitalisme libéral a un autre avantage inestimable : il est un gage de paix et de sécurité, puisque plus les nations commercent entre elles et deviennent interdépendantes du point de vue économique, moins elles ont intérêt à se faire la guerre.

Le néomercantilisme

Le néomercantilisme du XIXᵉ siècle est une réaction au libéralisme triomphant de cette époque. Systématisé initialement par l'homme politique américain Alexander **HAMILTON** (1757-1804), dont les vues seront reprises par l'École historique allemande (Friedrich **LIST** [1789-1846], Wilhelm **ROSCHER**, Gustav **SCHMOLLER**), il vise à défendre les intérêts des pays qui, comme les États-Unis et l'Allemagne, sont pénalisés par le libre-échange, étant incapables de concurrencer efficacement les importations manufacturières de l'Angleterre.

> Dans son célèbre ouvrage *National System of Political Economy*, List soutient que la théorie du libre commerce défendue par les économistes libéraux classiques britanniques est la politique économique du plus fort, qu'il n'existe pas de division internationale naturelle et immuable du travail basée sur la loi des avantages comparatifs, que la division du travail est simplement une situation historique imposée par les États qui détiennent la suprématie politique et économique. Les Britanniques, selon List, ont utilisé leur État pour protéger leur industrie naissante contre la concurrence étrangère tout en combattant leurs opposants par la force militaire. Ils ne sont devenus les champions du libre-échange qu'après être devenus supérieurs aux autres États sur le plan industriel et technologique[9].

Selon les néomercantilistes, chaque État doit imiter l'Angleterre et se doter d'un système industriel complet, en protégeant ce dernier de la concurrence, au cours des premières étapes de sa construction, grâce à la limitation des importations par des barrières tarifaires (droits de douane, taxes) et non tarifaires (contingentements), dans le but d'assurer son autosuffisance économique, sa souveraineté politique et sa sécurité. L'industrie est jugée plus importante que l'agriculture ou les services car elle génère une plus forte plus-value, contribue davantage à améliorer les qualifications de la main-d'œuvre et l'entrepreneurship, et a des effets d'entraînement sur l'ensemble de l'économie[10]. Lorsqu'un pays a atteint un stade d'industrialisation qui lui permet de concurrencer efficacement les nations les plus avancées, il a alors intérêt à ouvrir son marché aux importations étrangères et à tourner son industrie vers l'exportation. En

---

9. Gilpin, *The Political Economy of International Relations*, 181 (traduction de l'auteure).

10. *Ibid.*, 185.

bref, selon les néomercantilistes, les États ont avantage à être protectionnistes lorsqu'ils sont faibles ou en déclin et libre-échangistes lorsqu'ils sont forts ou en croissance. L'application de cette doctrine fit de l'Allemagne et des États-Unis de grandes puissances industrielles et militaires au XIXe siècle, ce qui leur permit d'agrandir leurs territoires au détriment des principales nations rivales[11].

Au cours des XIXe et XXe siècles, plusieurs pays du tiers-monde, une fois leur indépendance acquise, privilégièrent des politiques économiques néomercantilistes au cours des premières phases de leur développement. Entre 1945 et 1975, cependant, le néomercantilisme des PED prit des formes nouvelles sous l'influence du libéralisme hétérodoxe keynésien. La théorie développementiste, les approches non marxistes de l'école de la dépendance et les thèses structuralistes et néostructuralistes promues par les spécialistes du développement des années 1950, 1960 et 1970 sont en effet des modèles éclectiques inspirés principalement du néomercantilisme et du libéralisme hétérodoxe[12]. Selon Gilpin, le nationalisme économique de l'Italie fasciste, de l'Allemagne nazie et du Japon militariste des années 1930 et 1940 peut être qualifié de néomercantilisme impérialiste. Afin de favoriser l'expansion de leur puissance industrielle, ces pays annexèrent et occupèrent militairement divers pays et territoires pour se procurer les matières et la main-d'œuvre dont ils avaient besoin et écouler leurs surplus de production. À l'instar des premiers États-nations européens, ils développèrent leur puissance économique grâce à la constitution d'empires coloniaux protégés par des barrières protectionnistes[13].

---

11. Les États-Unis conquirent tous les territoires à l'ouest du Mississipi en les rachetant ou en les prenant de force à la France, à l'Angleterre et à l'Espagne. Ils s'emparèrent des deux dernières colonies de l'Espagne — Cuba et les Philippines (1898) — et imposèrent leur influence en Amérique centrale. L'Allemagne triompha de l'Autriche (1866) et de la France (1870), victoire qui lui permit de s'emparer de l'Alsace et de la Lorraine.

12. Sur la théorie développementiste, voir Raul Prebisch, *La politique commerciale dans les pays sous-développés* (Paris : Banque mondiale, 1968). Sur les approches de la dépendance, voir Fernando Henrique Cardoso, « The Originality of a Copy : CEPAL and the Idea of Development », *CEPAL Review*, (2e trimestre de 1977). Pour une rétrospective des théories et des politiques du développement, voir entre autres Pierre Jacquemot et Marc Raffinot, *Économie et sociologie du Tiers-Monde, un guide bibliographique* (Paris : L'Harmattan, 1981).

13. Gilpin, *The Political Economy of International Relations*, 33.

Le libéralisme hétérodoxe

Au cours de la période 1920-1940, John Maynard **Keynes** (1883-1944)[14] et plusieurs économistes libéraux, dont James **Meade**, Joan **Robinson**, Piero **Straffa** et Gunnar **Myrdal**, entreprirent de critiquer le nationalisme, responsable du déclenchement de la Première et de la Deuxième Guerre mondiale, le libéralisme, à l'origine de la très grave dépression des années 1930, et le marxisme qui, quoique plus apte à assurer le développement économique et la justice sociale, prive les citoyens de leurs libertés politiques. Cette critique déboucha sur la construction d'une nouvelle théorie fondée sur la synthèse de ces trois approches. Cette théorie est néanmoins considérée comme l'expression d'un libéralisme hétérodoxe parce qu'elle est, dans l'ensemble, plus proche du libéralisme que du nationalisme et du marxisme. Keynes et ses disciples, en effet, sont convaincus de la supériorité du capitalisme sur le socialisme, mais ils croient que le marché laissé à lui-même, loin de tendre vers l'équilibre comme le soutiennent les libéraux orthodoxes, engendre inévitablement des déséquilibres, des inégalités et des crises comme l'affirment les marxistes. La solution à ce problème est la régulation des forces du marché par l'État. En bref, le modèle que propose l'hétérodoxie libérale keynésienne est un capitalisme de type social-démocrate qui allie économie de marché, démocratie politique et intervention de l'État ; un système qui permet non seulement d'assurer une croissance économique équilibrée et durable, mais une répartition équitable des fruits de la croissance et le respect des libertés politiques.

Afin d'éviter les crises de surproduction, qui entraînent une augmentation du chômage et un appauvrissement des classes moyennes et ouvrières, tout en renforçant l'attrait pour le communisme, les États doivent stimuler la demande effective ou la consommation, au lieu de laisser l'offre déterminer la demande comme le recommandent les libéraux. L'atteinte de cet objectif implique que les gouvernements encouragent le plein emploi, par le financement de grands travaux publics et l'aide aux industries de biens de consommation — davantage génératrices

---

14. L'œuvre la plus importante de John Maynard Keynes est la *Théorie générale de l'emploi, de l'intérêt et de la monnaie*, publiée en 1936. Pour une analyse de la théorie keynésienne, voir Michel Beaud et Gilles Dostaler, *La pensée économique depuis Keynes* (Paris : le Seuil, 1993), 31-69.

d'emplois que l'industrie lourde —, tout en améliorant le niveau général des revenus grâce à la syndicalisation de la main-d'œuvre, à l'augmentation des salaires proportionnellement à la productivité du travail et à la création de politiques sociales redistributives — assurance santé, allocations familiales, assurance chômage, régimes de retraite, etc. — sous la gouverne d'un État-providence[15]. La réalisation de ce programme suppose une importante augmentation des dépenses publiques, financée par des emprunts qui seront remboursés ultérieurement grâce à la hausse des revenus fiscaux provenant de la croissance de l'économie, de l'emploi et des revenus. C'est sur le plan des politiques monétaires et fiscales que la théorie libérale hétérodoxe se démarque le plus de la théorie libérale orthodoxe, celle-ci recommandant *a contrario* aux gouvernements de dépenser le moins possible et uniquement ce qu'ils ont épargné afin de préserver l'équilibre des finances publiques et de maintenir les impôts au niveau le plus bas.

L'idée d'un marché mondial s'ajustant lui-même grâce au libre-échange et à la spécialisation des économies en fonction de leurs avantages comparatifs est une utopie selon les keynésiens. Les REI doivent être régulées par les États au même titre que les rapports économiques nationaux. Les gouvernements doivent créer diverses institutions multilatérales qui fourniront aux PED les capitaux nécessaires à leur industrialisation, assureront la stabilité des taux de change et des balances de paiements, favoriseront une libéralisation graduelle et sélective des échanges qui permettra une plus juste répartition des gains du commerce entre PD et PED. À l'instar des néomercantilistes, les keynésiens sont des libres-échangistes pragmatistes pour lesquels l'ouverture et l'intégration des marchés doivent être adaptées aux inégalités de développement des nations. C'est uniquement dans cette optique, soutiennent-ils, que le renforcement de l'interdépendance économique peut encourager la coopération, la paix et la sécurité internationale tout en endiguant efficacement la propagation du communisme.

La dépression des années 1930 sera la principale cause de l'abandon du libéralisme au profit du libéralisme hétérodoxe. Après la Deuxième

---

15. Il est important de souligner que l'État-providence prendra une importance beaucoup plus grande que ne le suggéraient les keynésiens, en raison de l'influence des syndicats et des partis socialistes et démocrates-chrétiens sur les gouvernements de l'époque.

Guerre mondiale, il deviendra le modèle de référence des politiques nationales et des REI parce qu'il était alors le seul capable d'assurer une croissance durable du capitalisme et de faire échec à la menace d'une troisième guerre mondiale et à l'expansion du communisme. Durant trois décennies, les trente glorieuses (1945-1975), il fut à l'origine du plus long cycle de croissance ininterrompue de l'histoire. Dans tous les PD et PED où il fut appliqué, il favorisa un essor de l'industrialisation et de la consommation, une augmentation et une redistribution plus égalitaire de la richesse.

Ces acquis économiques et sociaux furent cependant largement financés par l'endettement des États, des entreprises et des particuliers, lui-même favorisé par les surplus de capitaux disponibles sur le marché mondial et le bas niveau des taux d'intérêt. Au fil du temps, la spirale de l'endettement provoqua une augmentation du niveau général des prix. Dans les PD, les syndicats réagirent à cette tendance en réclamant une indexation des salaires au coût de la vie, ce qui entraîna, à partir du début des années 1970, une augmentation des coûts de la main-d'œuvre supérieure à la productivité, un infléchissement des taux de profit, une baisse des investissements et un ralentissement de la croissance. Cette situation de stagflation encouragea les grandes entreprises industrielles et bancaires à délocaliser une partie de leurs activités vers certains PED afin de maintenir leurs taux de profits. Les investissements des FMN permirent à plusieurs PED d'accéder au rang de NPI; les pressions conjuguées de ces deux catégories d'acteurs forcèrent les PD à ouvrir davantage leurs marchés aux produits manufacturés des NPI, ce qui entraîna l'apparition et l'aggravation des déficits commerciaux des pays de l'OCDE vis-à-vis des NPI[16]. La décision de l'Organisation des pays exportateurs de pétrole (OPEP) d'augmenter les prix de l'or noir, en 1973 et 1979, provoqua une flambée des taux d'inflation et deux récessions — en 1974-1975 et 1979-1983 — qui aggravèrent la crise structurelle du modèle keynésien. C'est cette dernière crise qui fut à l'origine de la transition du libéralisme orthodoxe vers le néolibéralisme.

---

16. Il existe plusieurs explications de la crise du keynésianisme. Nous privilégions ici celle de l'École française de la régulation. Voir Alain Lipietz, *Mirages et miracles: problèmes d'industrialisation dans le Tiers-monde* (Paris: La Découverte, 1985).

Le néolibéralisme

«Le triomphe du keynésianisme a pu donner l'illusion qu'il occupait toute la scène, que la *Théorie générale* avait effectivement terrassé la théorie libérale[17].» En réalité, cette dernière, loin de disparaître, s'est développée dans l'ombre du keynésianisme tout en prenant un profil bas. Plusieurs économistes, en effet, ne se sont jamais ralliés au keynésianisme, en particulier Friedrich **HAYEK** (1899-1992) et Milton **FRIEDMAN** (1912- 2006), têtes d'affiche de l'École de Chicago. Dès les années 1960 et 1970, aux États-Unis, on assiste à une résurgence du libéralisme sous la forme de nouvelles théories qui trouvent leur inspiration chez les classiques et les néoclassiques tels Alfred **MARSHAL**, Leon **WALRAS**, Paul **SAMUELSON** et Bertil **OHLIN**. Ce sont ces théories qui forment le corpus du néolibéralisme.

Tous les néolibéraux partagent la conviction qu'il faut revenir au libre marché, en confinant l'État à un rôle minimal pour certains, en éliminant toute intervention étatique pour d'autres, tant sur le plan national qu'international. L'originalité du néolibéralisme par rapport au libéralisme tient moins à sa vision dogmatique et radicale du laisser-faire économique (qui n'est pas entérinée par tous les auteurs) qu'aux nouveaux arguments qu'il invoque en faveur de la liberté du marché. Alors que le libéralisme était une réaction au mercantilisme, le néolibéralisme est une critique du keynésianisme. Son objectif est de démontrer que les problèmes de ce modèle, qui deviennent de plus en plus nombreux et importants à partir de la fin des années 1960, sont dus aux interventions de l'État. Trois théories néolibérales ont contribué d'une façon particulièrement importante à la réfutation et au discrédit du keynésianisme: la théorie monétariste, l'économie de l'offre et la théorie du capital humain.

Selon la théorie monétariste de Milton Friedman[18], l'augmentation des prix ou les taux d'inflation de plus en plus élevés que connaissent les pays capitalistes découlent d'une trop forte expansion de la quantité de monnaie en circulation, elle-même due à des taux d'intérêt trop faibles. Ce

---

17. Cette citation et les propos de cette section sont principalement empruntés à Beaud et Dostaler, *La pensée économique depuis Keynes*, 149-169.

18. Milton Friedman, *Studies in the Quantity Theory of Money* (Chicago: Chicago University Press, 1956).

sont les gouvernements qui sont responsables de cette situation puisqu'ils contrôlent les banques centrales et les incitent à maintenir les taux d'intérêt bas afin de favoriser l'endettement des administrations publiques, des entreprises et des ménages jugé essentiel à la croissance de la consommation. Il faut, soutient Friedman, que les banques centrales soient laissées libres d'établir les politiques monétaires en ne tenant compte que des seules forces du marché. Elles ne pourront alors éviter une hausse des taux d'intérêt, ce qui permettra de réduire la demande de crédit, de restreindre la masse monétaire et de faire baisser l'inflation, tout en forçant les gouvernements à diminuer leur endettement par des coupes dans leurs dépenses publiques. Une telle politique anti-inflationniste débouche sur un déclin de l'intervention de l'État, conforme aux prescriptions du programme de politique économique de Friedman :

> L'État doit se limiter à assurer un encadrement stable aux opérations du marché [...] aux politiques keynésiennes de gestion de la conjoncture, en particulier par la fiscalité et les dépenses publiques, il faut substituer quelques objectifs globaux et laisser agir le seul mécanisme le plus apte à gérer efficacement l'allocation des ressources : le marché[19].

Selon l'économie de l'offre, un mouvement de pensée associé aux politiques économiques du président américain Ronald Reagan durant les années 1980, le ralentissement de la croissance économique dans les PD est dû au trop lourd fardeau fiscal qu'impose aux contribuables l'État-providence. En s'appuyant sur la courbe d'Arthur **LAFFER** et de Jan P. **SEYMOUR**[20], la théorie de l'offre soutient que des impôts sur le revenu et des profits trop élevés découragent l'initiative, l'épargne, l'investissement et l'effort productif et encouragent l'évasion fiscale et le travail au noir, ce qui se traduit par une baisse des revenus fiscaux de l'État. Il faut donc que les gouvernements procèdent à une réduction importante de l'impôt, en diminuant davantage celui des riches que celui des pauvres, puisque ce sont les riches qui investissent et consomment le plus. La réduction de la fiscalité doit être accompagnée d'une réorientation des dépenses sociales vers le secteur privé productif. Selon Georges Gilder :

---

19. Beaud et Dostaler, *La pensée économique depuis Keynes*, 155.
20. Arthur Laffer et Jan P. Seymour, *The Economics of the Tax Revolt* (New York : Harcourt Brace Jovanovich, 1979).

les politiques sociales constituent l'obstacle principal, non seulement à la croissance économique mais même à la survie de la civilisation, menacée par les rêves d'état stationnaire, les modes de vie alternatifs et immoraux et les revendications écologistes [...][21].

Rappelant certains accents de Malthus, Gilder écrit que l'aide aux chômeurs, aux divorcés, aux déviants, aux prodigues ne peut que les inciter à se multiplier et constitue ainsi une menace d'éclatement pour la société.

La théorie du capital humain, popularisée principalement par le prix Nobel d'économie Gary **BECKER**[22] et par Jacob **MINCER**, postule que tous les comportements humains, y compris un mariage, un divorce, le partage des tâches ménagères, un crime, sont déterminés par une évaluation rationnelle des coûts et des bénéfices, à l'instar des choix purement économiques. Les gouvernements keynésiens sont confrontés à un endettement excessif, à des déficits budgétaires et à des problèmes de stagflation parce qu'ils ont adopté des politiques publiques irrationnelles, non basées sur un calcul de leurs coûts et bénéfices à court et moyen terme. La solution que préconisent les partisans de la théorie du capital humain est moins une diminution de l'intervention de l'État qu'une réorganisation de cette dernière en fonction de la rationalité économique.

Dès le tout début des années 1980, les gouvernements conservateurs de Margaret Thatcher en Angleterre et de Ronald Reagan aux États-Unis adopteront les politiques économiques recommandées par les néolibéraux. Cependant, contrairement à une idée répandue, l'abandon du keynésianisme au profit du néolibéralisme fut beaucoup moins un choix idéologique de la droite qu'une décision dictée par la crise structurelle du modèle capitaliste social-démocrate de l'après-guerre. Au cours des décennies postérieures à 1980, la très grande majorité des gouvernements de droite, de gauche ou du centre des PD, NPI, PED et ex-pays communistes adopteront — d'emblée ou avec réticence, rapidement ou progressivement — des politiques économiques néolibérales. Cependant, dans la très grande majorité des cas, celles-ci seront davantage hétérodoxes

21. Georges Gilder, *Wealth and Poverty* (New York: Basic Books, 1981, 27), cité dans Beaud et Dostaler, *La pensée économique depuis Keynes*, 158.

22. Gary Becker, *A Treatise on the Family* (Cambridge: Harvard University Press, 1981); et *The Economic Approach to Human Behavior* (Chicago: Chicago University Press, 1976).

qu'orthodoxes, *i.e.* qu'elles combineront les enseignements du keynésianisme et du néolibéralisme[23].

Il est toutefois indéniable, néanmoins, que les États-Unis ont fortement contribué, par leur politique économique et leur influence au sein des OEI, à ce changement de modèle économique sur le plan international. La décision de la Banque fédérale américaine de hausser ses taux d'intérêt, en 1983, acculera plusieurs NPI et PED très endettés à une crise financière. Cette conjoncture incitera le FMI, la Banque mondiale et plusieurs autres OEI à conditionner leur aide financière à l'adoption, par les pays emprunteurs, de réformes économiques à caractère néolibéral. Ces réformes, dont l'un des principaux objectifs était la libéralisation des politiques commerciales, contribuèrent au succès de l'Uruguay Round (1986-1993) du GATT, qui déboucha sur une libéralisation sans précédent des échanges de biens et de services. Elles encouragèrent également l'approfondissement du processus d'intégration européenne (1986-2000) et la multiplication des accords d'intégration économique dans les Amériques, en Afrique et en Asie au cours des années 1990. Dans l'ensemble, la victoire du néolibéralisme sur le keynésianisme stimula le renforcement de l'interdépendance économique des États et le processus de mondialisation. L'opinion selon laquelle ce phénomène est une création du néolibéralisme est toutefois erronée. Le mercantilisme impérialiste des XVIe et XVIIe siècles, le libéralisme des XVIIIe et XIXe siècles et le néomercantilisme du XXe siècle ont tous contribué à la mondialisation progressive du marché capitaliste.

La libéralisation et la déréglementation des marchés de biens, de services, de capitaux et de devises ont favorisé une croissance sans précédent du commerce mondial et une accélération du processus d'industrialisation dans plusieurs pays de la périphérie. Ces changements ont toutefois causé plusieurs crises monétaires, financières et économiques au cours des vingt dernières années. Ils ont encouragé le surendettement

---

23. Plusieurs études ont démontré ce fait, notamment Joan Nelson (dir.), *Economic Crisis and Policy Choice* (Princeton: Princeton University Press, 1990); Stephen Haggard et Steven B. Webb, *Voting for Reform* (Oxford/Washington, DC: Oxford University Press/The World Bank, 1994); Diane Éthier, *Economic Adjustment in New Democracies. Lessons from Southern Europe* (Londres/New York: Macmillan/St. Martin's Press, 1997); et «Does Economic Adjustment Affect the Legitimacy of Democracies? Comparing Seven Western European Cases», *International Journal of Comparative Sociology*, 4 (novembre 1999).

TABLEAU 4.1

Modèles théoriques dominants de l'économie internationale

	MERCANTILISME XVe, XVIe, XVIIe SIÈCLES	LIBÉRALISME XVIIIe, XIXe SIÈCLES	LIBÉRALISME HÉTÉRODOXE 1945-1975	NÉOLIBÉRALISME DEPUIS 1975
PRINCIPAUX ACTEURS DU DÉVELOPPEMENT	L'État	Le marché	L'État et le marché	Le marché
FINALITÉ DU DÉVELOPPEMENT	Puissance industrielle, commerciale, politique et militaire de l'État	Enrichissement relatif des entreprises, des particuliers et des nations	Enrichissement égalitaire des individus et des États	Enrichissement relatif des entreprises, des parti culiers et des nations
DYNAMIQUE DES REI	Compétition et conflits	Concurrence et interdépendance	Coopération	Concurrence et intégration
CAUSES DE L'HÉGÉMONIE DU MODÈLE	Crise du système féodal/ Constitution des États-nations colonialistes	Limites du mercantilisme/ Accession au pouvoir des bourgeoisies	Crise économique/ Modification des rapports de force mondiaux	Crise économique

de plusieurs États, aggravé les inégalités sociales, engendré une exploitation sans précédent des ressources naturelles et contribué à la détérioration de l'environnement. En raison de ces problèmes, le néolibéralisme est la cible de nombreuses critiques. Actuellement, toutefois, rien ne permet de croire à l'adoption d'un modèle de développement alternatif par les grandes puissances. On retiendra toutefois que plusieurs États pratiquent un néolibéralisme hétérodoxe qui laisse place à une intervention importante de l'État (voir *supra*). Par ailleurs, certains pays ont conservé un régime communiste intégral ou mixte (Corée du Nord, Laos, Vietnam, Chine, Cuba) et divers modes de production précapitalistes (féodalisme, nomadisme, agriculture d'autosubsistance) subsistent dans diverses régions du globe.

En conclusion, on constate que toute théorie économique vise à promouvoir un modèle d'organisation de la production, de la consommation et des échanges. Une théorie et son modèle apparaissent et s'imposent principalement lorsque les élites économiques et politiques des États dominants du système international jugent qu'elles sont en mesure d'assurer l'expansion de leur puissance. L'adoption d'un nouveau modèle économique est principalement déterminée par la crise du modèle existant et la modification des rapports de force au sein du système international.

Les échanges internationaux

La balance des paiements

Les échanges économiques internationaux comprennent: (a) les flux commerciaux, soit les importations et les exportations de biens et de services; (b) les flux financiers, soit les entrées et les sorties de capitaux; (c) les mouvements monétaires, soit les fluctuations des avoirs de change des banques et des autorités monétaires. Ces trois items sont comptabilisés dans la balance des comptes courants (BCC), la balance des capitaux (BCA) et la balance monétaire (BM) de la balance des paiements (BP) de chaque pays[24] (voir tableau 4.2).

«La balance des paiements est un compte qui enregistre toutes les transactions donnant lieu à des règlements monétaires entre les unités résidentes et le reste du monde, pendant une période donnée[25].» Elle est un des principaux indicateurs de la situation économique d'un pays, une source cruciale d'informations, tant pour les décideurs politiques nationaux et étrangers que pour les agents du marché national et mondial. Par exemple, les composantes de la BCC révèlent quels sont les secteurs et les branches de spécialisation de l'économie d'un État, quelle place il occupe dans la division internationale de la production et des échanges, quel est le niveau de sa dépendance commerciale vis-à-vis des autres pays. Les données de la BCA permettent de connaître sa situation financière, en particulier l'importance de ses investissements directs et de portefeuille outre-frontière et le niveau de son endettement privé et public externe. Les avoirs de change sont révélateurs de sa capacité à transiger avec les autres pays et à défendre la valeur de sa monnaie.

La balance des paiements est régie par les règles comptables de tout bilan et à ce titre se présente en équilibre. Par construction, on a égalité

24. Pour un complément d'analyse des composantes et du calcul de la balance des paiements, voir entre autres Wilson B. Brown et Jan S. Hogendorn, *International Economics. Theory and Context* (Reading, Mass: Addison-Wesley Publishing Company, 1994), 400-401; Janine Brémond et Alain Geledan, *Dictionnaire économique et social* (Paris: Hatier, 1981), 133-139; R. Glenn Hubbard, *Money, the Financial System and the Economy* (Reading, Mass: Addison-Welsley Publishing Company, 1994), 557-561; Renaud Bouret, *Relations économiques internationales* (Toronto/ Montréal: Chenelière/ Mc Graw Hill, 2008) chap. 6.

25. Janine Brémond et Alain Geledan, *Dictionnaire économique et social* (Paris: Hatier, 1990), 136.

TABLEAU 4.2

Les composantes de la balance des paiements

	BALANCE COMMERCIALE Exportations (FOB)[1] – Importations (CAF)[2] de marchandises
BALANCE DES COMPTES COURANTS	**BALANCE DES SERVICES** Dépenses-recettes • Transport et assurances • Flux touristiques • Transferts privés et publics de revenus et de gains de capital
	BALANCE DES DONS • Transferts des immigrés • Dons au titre de la coopération
	CAPITAUX À LONG TERME Entrées-sorties de capitaux privés et publics
BALANCE DES CAPITAUX	**CAPITAUX À COURT TERME** Entrées-sorties de capitaux privés et publics **AVOIRS DE CHANGE DU SYSTEME BANCAIRE**
MOUVEMENTS MONÉTAIRES	**AVOIRS DE CHANGE DES AUTORITÉS MONÉTAIRES** Banque centrale Trésor public

Source : Janine Brémond et Alain Geledan, *Dictionnaire économique et social* (Paris : Hatier, 1981), 137.

1. Free on board
2. Coût assurances et fret

de la somme de tous les éléments inscrits au passif et à l'actif. En réalité, cependant, la BP est excédentaire si le solde de la BCC + le solde de la BCA > 0 et qu'en conséquence le pays augmente ses créances sur l'étranger. À l'inverse, la BP est déficitaire si le solde de la BCC + le solde de la BCA < 0 et qu'en conséquence le pays est débiteur vis-à-vis de ses partenaires. La BP est équilibrée lorsque le solde de la BCC + le solde de la BCA = 0 ce qui implique que la variation des créances est nulle et qu'il n'est pas nécessaire de régler par des mouvements monétaires les échanges commerciaux[26] (voir tableau 4.3).

26. *Ibid.*, 138.

TABLEAU 4.3

Calcul du solde de la balance des paiements

	SOLDE DE LA BP
Solde de la balance des comptes courants + solde de la balance des capitaux > 0	EXCÉDENTAIRE
Solde de la balance des comptes courants + solde de la balance des capitaux = 0	ÉQUILIBRÉ
Solde de la balance des comptes courants + solde de la balance des capitaux < 0	DÉFICITAIRE

Les flux commerciaux

Les échanges commerciaux ont connu un essor sans précédent depuis la fin de la Deuxième Guerre mondiale, en raison des progrès du développement économique, des investissements des banques et entreprises multinationales dans les PED, de la réduction progressive des barrières tarifaires et non tarifaires au commerce, et des innovations technologiques qui ont facilité et accéléré les transports et les communications. Le tableau 4.4 indique qu'entre 1948 et 2008, la valeur des importations et des exportations mondiales de marchandises est passée de 50 milliards à 16 trillions de dollars US[27], une augmentation de 700 %. Il montre également que la valeur des importations et des exportations mondiales de services, qui totalisait près de 389 milliards en 1980, a atteint près de 4 trillions de dollars US en 2008, une progression de plus de 300 %[28]. Il permet de constater que la part des PED dans le commerce mondial a augmenté alors que celle des PD a diminué, une conséquence de l'industrialisation des PED, principalement concentrée en Asie de l'Est et du Sud-Est et en Amérique latine. Le tableau 4.5, pour sa part, démontre que la délocalisation des entreprises manufacturières des pays occidentaux vers la périphérie a entraîné une augmentation de l'excédent de la balance commerciale des PED et des NPI et un déficit de plus en plus prononcé de la balance commerciale des PD. Par contre, la libéralisation des échanges de services a permis aux PD d'accroître le solde positif de leurs échanges dans ce domaine, tout en suscitant une hausse du déficit de la balance des services des PED et des NPI.

27. Un trillion = mille milliards.
28. *Unctad Handbook of Statistics 2009* (www.stats.unctad.org).

TABLEAU 4.4

Importations et exportations de marchandises et de services

MARCHANDISES
(EN MILLIONS DE DOLLARS US)

	1948	PART EN %	2008	PART EN %	AUGMENTATION
MONDE	50 086		16 026 454		700 %
PED AFRIQUE AMÉRIQUE ASIE EST ET SUD-EST	16 235	32 %	6 198 125 240 870 476 799 2 384 092	37,5 %	
PD	33 851	66 %	9 066 204	56,2 %	

SERVICES
(EN MILLIONS DE DOLLARS US)

	1980	PART EN %	2008	PART EN %	AUGMENTATION
MONDE	388 995		3 856 987		300 %
PED	71 179	18 %	981 696	25,4 %	
PD	313 263	82 %	2 759 063	75,0 %	

Source : *UNCTAD Handbook of Statistics 2009* (http://stats.unctad.org).

TABLEAU 4.5

Solde des échanges de biens et services par catégorie de pays

(EN MILLIONS DE DOLLARS US)

	SOLDE DE LA BALANCE COMMERCIALE		SOLDE DE LA BALANCE DES SERVICES	
	1990	2000	1990	2000
PAYS À FAIBLES REVENUS (PED)	-5302	+15 940	-13 858	-15 137
PAYS À REVENUS INTERMÉDIAIRES (NPI)	+44 555	+111 878	-14 388	-20 545
PAYS À REVENUS ÉLEVÉS (PD)	-116 481	-336 604	+4049	+66 984

Source : The World Bank, *World Development Indicators* 2002, 222 et 226.

La balance des comptes courants

Les flux commerciaux sont comptabilisés dans la BCC de la BP. La BCC comprend trois rubriques : la balance commerciale (BC) (valeur des exportations moins valeur des importations de marchandises) ; la balance des services (BS) (recettes moins dépenses des transport et assurances, des flux touristiques et des transferts privés et publics de revenus et de gains de capital) ; la balance des dons (solde des transferts de revenus par les immigrants et des dons liés à la coopération internationale).

La balance commerciale. La BC est excédentaire lorsque la valeur des exportations est supérieure à la valeur des importations (exportations – importations > 0). Elle est équilibrée lorsque la valeur des exportations est égale à la valeur des importations (exportations – importations = 0). Elle est déficitaire lorsque la valeur des exportations est inférieure à la valeur des importations (exportations – importations < 0). C'est le prix et la quantité des importations et des exportations de marchandises qui déterminent le solde de la BC. Les trois principaux facteurs qui influencent le prix des marchandises sont : 1) les coûts de production (matières premières, loyers des bâtiments et terrains, salaires, taxes et impôts, transport, assurances, intérêts sur les emprunts, etc.) ; 2) l'offre et la demande pour ces marchandises sur le marché ; 3) le taux de change des devises nationales. La quantité des importations et des exportations de marchandises varie selon les besoins des pays échangeurs, le prix des produits importés et exportés et la politique commerciale — protectionniste ou libérale — des gouvernements.

Chaque pays a intérêt à ce que le solde de sa BC soit excédentaire ou au moins équilibré. Dans le contexte du néolibéralisme, les moyens dont disposent les États pour réaliser cet objectif sont toutefois limités. Les accords multilatéraux et régionaux de libre-échange ont progressivement éliminé le recours aux droits de douane et aux quotas qui restreignaient les importations. Les subventions à l'importation et à l'exportation destinées à aider une industrie spécifique sont interdites et peuvent faire l'objet de plaintes auprès des organisations, comme l'OMC et l'ALENA, qui contrôlent le respect des accords de libre-échange. Par contre, les subventions accordées à l'ensemble des entreprises (pour la création d'emplois, l'innovation technologique, le développement de régions éloignées, etc.) sont permises. Les banques centrales peuvent maintenir la fixité du taux de change de la devise nationale par rapport à une ou à un panier de monnaies fortes, en vendant ou en achetant au jour le jour des quantités appropriées de la devise nationale, comme le fait la Chine. Elles peuvent également maintenir la stabilité des prix en haussant les taux d'intérêt lorsque le taux d'inflation augmente. Afin de réduire les importations, certains gouvernements adoptent des lois favorables à la consommation de produits locaux plutôt qu'étrangers (ex. le *Buy American Act*), quitte à indisposer leurs partenaires commerciaux. Les gouvernements peuvent promouvoir les produits de leurs entreprises en participant avec ces dernières à des missions de relations publiques à l'étranger. Les pays donateurs ont le loisir de lier leur aide aux PED à l'importation par ces derniers de certains de leurs biens et services, une pratique courante au Canada depuis les années 1980.

La balance des services. La BS est la différence entre les crédits et les débits qu'enregistre un pays au chapitre des flux touristiques, du transport et de l'assurance des marchandises importées et exportées, des transferts privés et publics de revenus (cachets, honoraires, salaires, rentes de retraite, obligations, etc.) et de gains de capital (loyers, dividendes, intérêts, etc.).

> Lorsqu'un gouvernement (ou une entreprise) vend des obligations à des individus ou à des établissement financiers, il leur promet en retour un certain pourcentage annuel d'intérêts (ou de dividendes). Chaque année, l'emprunteur (canadien dans ce cas) verse des intérêts ou des dividendes aux détenteurs d'obligations; lorsque les détenteurs résident à l'étranger, il s'agit d'une sortie de devises du pays. Sur ce plan-là, l'effet est le même que si nous avions importé un produit: c'est un paiement dans notre compte courant. Ces recettes d'intérêts et de dividendes sont comptabilisées dans la balance des revenus de placement... Si une compagnie québécoise possède une usine à l'étranger, les profits (du moins la partie distribuée aux actionnaires sous forme de dividendes) quitteront l'usine à intervalles réguliers pour être déposés dans les comptes bancaires de ses propriétaires. Étant donné que ces dividendes viennent de l'étranger et que les propriétaires résident ici, il s'agit d'une entrée de devises. L'effet est le même que si nous avions exporté un produit[29].

29. Renaud Bourret, *Relations économiques internationales* (Montréal: Chenelière, 2003), 184.

Dans l'ensemble, comme le montre le tableau 4.5, la balance des services des PD est excédentaire alors que celle des NPI et des PED est déficitaire. Cela est dû à plusieurs raisons. Premièrement, les FMN, qui possèdent des succursales dans plusieurs pays ou qui ont des actions dans plusieurs sociétés étrangères rapportent d'énormes dividendes, royalties et autres revenus à leurs États d'origine, qui sont principalement les PD. Deuxièmement, les citoyens des pays riches sont beaucoup plus nombreux à investir et à travailler en tant qu'experts et professionnels à l'étranger que les habitants des PED et des NPI, ce qui accroît d'autant les entrées de revenus et de gains de capital des PD. Troisièmement, les PD constituent les principales destinations du tourisme d'affaires et de loisirs (qui représente 65 % du tourisme), leurs économies étant plus dynamiques et leurs infrastructures d'accueil plus développées. La troisième source de touristes des PD sont les personnes qui visitent les familles d'immigrants et les travailleurs saisonniers. Ce sont essentiellement ces derniers qui expliquent l'importance des flux touristiques en Ukraine et en Pologne. Les données du tableau 4.6 illustrent ces assertions, tout en montrant que certains nouveaux pays comme la Chine, la Turquie, le Mexique, la Malaisie et la Thaïlande sont devenus des concurrents importants des pays occidentaux en matière de tourisme.

Cela étant dit, ce sont les échanges de biens qui demeurent l'élément le plus important de la BCC. Le tableau 4.4 révèle qu'entre 1990 et 2000, si les PD ont vu augmenter l'excédent de leur BS, ils ont également été confrontés à une hausse du déficit de leur balance commerciale, en raison du transfert de leurs industries manufacturières vers la périphérie, ce qui les place dans une position plus difficile que les PED et les NPI du point de vue de la BCC. Au cours de la même période, en effet, les NPI ont enregistré une importante hausse de leur excédent commercial, grâce à leurs exportations de biens manufacturés, ce qui leur a permis de compenser largement le déficit de leurs échanges de services. Quant aux PED, ils sont parvenus à couvrir le solde négatif de leur BS grâce au surplus de leur BC, généré par leurs exportations de matières premières. Ces écarts expliquent les pressions exercées par les PD pour une plus grande libéralisation des services et des capitaux, à partir de 1980. Cette revendication a été en partie satisfaite par l'Uruguay Round (1986-1994) (voir *infra*).

TABLEAU 4.6

Tendances du tourisme mondial

PART DU TOURISME MONDIAL PAR RÉGION		PRINCIPALES DESTINATIONS SELON LE NOMBRE MOYEN DE TOURISTES PAR ANNÉE		RECETTES EN MILLIARDS DE DOLLARS US
Europe	53,0 %	France	79 millions	50
Asie du Nord-Est	11,0 %	Espagne	58 millions	58
Amérique du Nord	10,6 %	États-Unis	55 millions	97
Asie Sud-Est et Pacifique	9,0 %	Chine	52 millions	38
Moyen-Orient	6,0 %	Italie	42 millions	43
Amérique du Sud	5,3 %	Royaume-Uni	30 millions	36
Afrique	5,1 %	Allemagne	25 millions	36
		Turquie	25 millions	19
		Ukraine	25 millions	—
		Mexique	21 millions	12
		Russie	20 millions	10
		Malaisie	20 millions	14
		Canada	17 millions	15
		Pologne	13 millions	9
		Thaïlande	13 millions	16

Source : Organisation mondiale du tourisme, *Faits saillants du tourisme. Édition 2009* (www.unwto.org).

La balance des dons. Troisième élément de la BCC, la balance des dons comptabilise principalement les transferts d'argent effectués par les travailleurs immigrants vers leur pays d'origine et les dons reçus ou offerts au titre de la coopération. Les PED, qui sont des sources d'émigration et les bénéficiaires des programmes d'aide, ont généralement une balance des dons excédentaire alors que les PD, qui sont des terres d'immigration et les principaux fournisseurs d'aide, ont habituellement une balance des dons déficitaire. La balance des dons a toutefois une incidence moindre que la BC et la BS sur le solde des comptes courants.

Les orientations du commerce extérieur

Le solde des transactions courantes d'un pays est largement influencé par ses politiques économiques – industrielle, monétaire, fiscale, budgétaire, commerciale. Celles-ci sont habituellement articulées de manière à favoriser une stratégie de développement de l'économie nationale et des échanges extérieurs. Comme nous l'avons vu précédemment, diverses stratégies ont été privilégiées par les États au cours des siècles : limitation des importations par des mesures protectionnistes et promotion des exportations (mercantilisme) ; libéralisation des importations et promotion des exportations (libéralisme, néolibéralisme) ; combinaison des approches protectionniste et libre-échangiste en fonction du niveau de développement de l'économie nationale (néomercantilisme, libéralisme hétérodoxe).

Durant la période du keynésianisme (1945-1975), les gouvernements ont privilégié des stratégies de substitution des importations dont l'objectif était le développement des industries de biens de consommation nationales et l'augmentation de la demande interne pour ces biens. Ils ont donc adopté des politiques commerciales qui limitaient les importations de biens de consommation susceptibles de concurrencer leurs propres industries, tout en favorisant l'exportation dans d'autres secteurs. Afin de stimuler la consommation, ils ont opté pour des politiques économiques et sociales qui facilitaient l'accès au crédit (bas taux d'intérêt) et encourageaient la hausse des revenus (stimulation de la création d'emplois, amélioration des salaires et des avantages sociaux, État-providence).

Dans le cadre du néolibéralisme, le développement économique est principalement axé sur la promotion des exportations de biens et de services. Cet objectif implique une libéralisation des échanges, une spécialisation du système productif en fonction de ses avantages comparatifs et une augmentation de sa compétitivité. Le principal moteur de la croissance économique n'étant plus la consommation interne, mais la demande externe, les politiques gouvernementales visent surtout à améliorer la productivité des entreprises par des mesures telles que la réduction des impôts, la hausse des taux d'intérêt en cas d'inflation, l'augmentation des taxes à la consommation, l'assouplissement des lois du travail, la privatisation des sociétés d'État, et la réduction des dépenses du secteur public au profit du secteur privé. Ces politiques ont entraîné une diminution du taux de syndicalisation, une augmentation des emplois précaires, une stagnation du revenu réel des classes moyennes et un approndissement des disparités socioéconomiques. Néanmoins, la consommation a continué à progresser, soutenue par l'endettement des ménages, l'entrée sur le marché du travail d'un nombre grandissant de femmes et de jeunes, et le maintien des programmes de soutien au revenu des gouvernements.

Les mesures protectionnistes[30]

Les progrès du libre-échange ont pratiquement éliminé les mesures protectionnistes traditionnelles (droits de douane et quotas), tout en encourageant les gouvernements à recourir à des mesures néoprotectionnistes[31].

Les droits de douane sont des taxes qu'impose un gouvernement sur certaines catégories de biens importés. Le prix de vente de ces derniers devient alors plus élevé ou équivalent à celui des biens identiques fabriqués sur le marché national, ce qui incite les consommateurs à privilégier ces derniers. Des tarifs douaniers peuvent être également appliqués aux exportations afin d'accroître les revenus du gouvernement. Ainsi, au cours des années 1970 et 1980, le Canada a imposé un tarif sur le pétrole albertain exporté aux États-Unis afin de financer les importations de pétrole du Québec et des quatre provinces maritimes. Il y a deux types de tarifs : le tarif *ad valorem* et le tarif spécifique. Le tarif *ad valorem* représente un pourcentage de la valeur d'un bien (ex. : un tarif de 10 % de la valeur d'une voiture de 30 000 $ équivaudra à 3 000 $). Le tarif spécifique est un montant fixe par unité de bien (ex. : 500 $ par voiture importée, peu importe sa valeur). Le tarif *ad valorem* est généralement préféré au tarif spécifique parce qu'il est plus équitable et protège davantage contre l'inflation. Le quota ou contingentement limite la quantité d'un bien importé en fixant une valeur ou un montant d'unités au-delà desquels ce bien est interdit d'entrée sur le marché national. Des quotas peuvent être également appliqués aux exportations. Plus rares que les quotas d'importations, ils répondent parfois à des considérations stratégiques plutôt que commerciales. Ainsi, la Maison-Blanche a contingenté l'exportation des super-ordinateurs *Apple* parce qu'elle craignait qu'ils soient utilisés à des fins militaires par des pays ennemis. C'est par la fixation périodique de quotas plus ou moins élevés à leurs exportations que les pays de l'OPEP déterminent les prix du pétrole sur le marché mondial. Durant les années 1970, le GATT a approuvé les accords multifibres qui autorisaient les PD à contingenter leurs importations de textiles en provenance des NPI.

30. Cette section est largement inspirée de Emmanuel Nyahoho et Pierre-Paul Proulx, *Le commerce international*, 170-175. Pour une analyse plus spécialisée des mesures protectionnistes, voir Wilson B. Brown et Jan S. Hogendorn, *International Economics. Theory and Context*, chapitres 4 et 5, 105-188.

31. Les droits de douane moyens sont passés de 40 % pendant la Deuxième Guerre mondiale à 2 % en 2002.

L'interdiction progressive des droits de douane et des quotas par le GATT et l'OMC ont favorisé le recours à des mesures néoprotectionnistes.

Plusieurs États ont négocié des accords de restriction volontaire des exportations (ARVE) afin de limiter l'entrée de certains produits sur leur marché. Par exemple, en 1981, le Japon a conclu un accord de réduction volontaire de ses exportations de voitures aux États-Unis. En 1993, le Canada a accepté par une entente similaire de diminuer ses exportations de blé d'orge vers les États-Unis. Les accords de libre-échange n'interdisent pas les ARVE, car il s'agit de quotas négociés librement entre États. Plusieurs autres sortes de barrières non tarifaires licites sont utilisées, notamment des normes techniques, hygiéniques, sanitaires et environnementales. En vertu de la clause de réciprocité du GATT, les États peuvent imposer de telles normes aux fournisseurs étrangers, si les entreprises nationales sont également tenues de les respecter. L'UE a interdit les importations d'organismes génétiquement modifiés (OGM) pendant plusieurs années, après les avoir bannis de son territoire au nom du principe de précaution. Elle a imposé un moratoire sur les importations de saumon d'élevage du Canada, parce que ce dernier est nourri avec des farines animales, interdites en Europe depuis la maladie de la vache folle durant les années 1990. Elle refuse d'importer des bovins de l'Amérique du Nord, parce que les éleveurs leur administrent des hormones de croissance, substances proscrites en Europe. La *Loi sur les langues officielles* du Canada est une barrière non tarifaire, dans la mesure où elle exige que les emballages des produits importés, comme ceux des produits locaux, soient rédigées en anglais et en français. Les procédures administratives peuvent également être considérées comme des barrières non tarifaires lorsqu'elles contribuent à décourager et à réduire les importations. Ainsi en est-il des réglementations qui complexifient et allongent indûment le dédouanement des marchandises, l'obtention de licences d'importation ou de visas de séjour, l'ouverture de filiales ou de bureaux à l'étranger. Les législations visant à privilégier l'achat de produits nationaux, comme le *Buy American Act,* subsistent sous une forme plus ou moins officielle malgré leur caractère discriminatoire. Au Japon, de telles législations protectionnistes sont inutiles car les consommateurs privilégient spontanément les produits japonais, quitte à débourser davantage pour ces derniers. L'éventail des barrières non tarifaires licites est très large. Citons un dernier exemple. Les gouvernements sont tenus de procéder à des appels d'offres internationaux pour tous leurs projets d'infrastructures majeurs. Mais ils sont libres d'imposer aux soumissionnaires diverses conditions (fabrication de tel pourcentage des équipements sur le territoire national, utilisation de tels matériaux, respect de telles ou telles spécifications techniques, etc.) qui ont souvent pour effet de décourager ou de disqualifier les concurrents étrangers.

Plusieurs études ont constaté que les mesures néoprotectionnistes sont de plus en plus utilisées par les États dans le contexte de la libéralisation des échanges. Cela prouve qu'au-delà des déclarations en faveur de la saine concurrence, les gouvernements cherchent avant tout, aujourd'hui comme hier, à défendre leurs intérêts nationaux. Ces mesures, en effet, sont concentrées dans des secteurs plus menacés par la concurrence : agriculture, produits énergétiques, textile, acier, chaussures, machines électriques, automobile, métaux, produits chimiques[32].

C'est dans le contexte de la montée du néoprotectionnisme qu'est apparue, aux États-Unis, durant les années 1980, une nouvelle version du néomercantilisme : la théorie du commerce stratégique. Élaborée par James **BRANDER** et Barbara **SPENCER**, cette théorie soutient que l'industrie manufacturière, en particulier les branches qui produisent des biens à haute valeur ajoutée (ordinateurs, semi-conducteurs, logiciels, biotechnologies, etc.), est plus importante que les autres secteurs d'activité parce qu'elle a des effets d'entraînement positifs sur l'ensemble de l'économie. Les gouvernements doivent donc aider ces industries à se développer par des subventions et des mesures protectionnistes. Plus globalement, la théorie du commerce stratégique affirme que dans un marché de concurrence imparfaite, dominé par les oligopoles, les États doivent favoriser la concentration des industries porteuses et les aider à conquérir de nouveaux marchés[33]. Bien que largement critiquée par les néolibéraux, la théorie du commerce stratégique est en fait appliquée par de très nombreux gouvernements, ce qui tend à multiplier les différends commerciaux

---

32. Andrzej Olechowski, « Non-Tariff Barriers to Trade », *in* J. Michael Finger et Andrzej Olechowski (dir.), *The Uruguay Round. A Handbook for the Multilateral Trade Negotiations* (Washington, DC, Banque mondiale, 1987), 121-126.

33. Gilpin, *Global Political Economy*, 216-217. Sur cette théorie, voir aussi Paul R. Krugman, *La mondialisation n'est pas coupable. Vertus et limites du libre-échange* (Paris : La Découverte, 1998).

et les recours devant les instances d'arbitrage des organisations commerciales internationales.

Les flux financiers et monétaires

La balance des capitaux

Deuxième grande composante de la BP, la BCA est la différence entre les entrées et les sorties de capitaux à court terme (moins d'un an) et à long terme (plus d'un an).

Les entrées de capitaux incluent toutes les entrées d'argent enregistrées par un pays : achat d'obligations et de bons du Trésor des gouvernements ou achat d'obligations et d'actions des entreprises nationales par des étrangers ; intérêts, dividences et loyers versés par les étrangers aux émetteurs d'obligations, bons du Trésor, actions et propriétaires d'immeubles nationaux. Les sorties de capitaux englobent toutes les sorties d'argent enregistrées par un pays : les investissements étrangers des gouvernements, entreprises et particuliers et les intérêts, dividendes et loyers perçus par les investisseurs étrangers. Le solde de la BCA est excédentaire lorsque les entrées de capitaux sont supérieures aux sorties, *i.e.* lorsque les ressortissants du pays vendent plus d'avoirs (actions, immeubles, obligations, etc.) aux étrangers qu'ils n'en achètent d'eux. Il est déficitaire lorsque les entrées de capitaux sont inférieures aux sorties, *i.e.* lorsque les ressortissants du pays achètent plus d'avoirs aux étrangers qu'ils ne leur en vendent. Le solde de la BCA est donc calculé différemment du solde de la BCC. Dans le second cas, les sorties sont des crédits et les entrées des débits. Dans le premier cas, les sorties sont des débits et les entrées des crédits.

Depuis 1975, il est devenu presque impossible pour les gouvernements de contrôler les entrées et les sorties de capitaux afin de maximiser leurs effets bénéfiques sur l'économie, en raison de la déréglementation progressive des institutions bancaires, boursières et financières, de l'intégration des marchés de capitaux, de la création de produits dérivés, de l'accélération et de l'essor fulgurants des transactions financières internationales. Au milieu des années 1990, les opérations de vente et d'achat de valeurs mobilières réalisées par les seuls fonds mutuels et caisses de retraite totalisaient 20 trillions de dollars US, un montant dix fois plus élevé qu'en 1980. La généralisation des investissements sur marge, soit des investissements effectués avec des capitaux empruntés dont la valeur dépasse largement les avoirs de l'emprunteur, a fortement contribué à cette explosion du volume des transactions tout en haussant considérablement leur niveau de risques. Les opérations sur les produits dérivés[34], dont la valeur à la fin des années 1990 atteignait la somme astronomique de 360 trillions de dollars US — un montant supérieur à la valeur de l'économie mondiale —, a énormément augmenté la complexité, la volatilité et l'incertitude des marchés financiers[35]. La crise financière et économique de 2008-2009 a été causée par les faillites et pertes résultant des investissements des banques, sociétés de placement, maisons de courtage, fonds de retraite et autres institutions financières dans les *subprimes*, les *hedge funds*, le papier commercial adossé à des actifs (PCAA) et autres produits dérivés[36]. Depuis, les gouvernements du G7 et du G20 ont discuté de mesures visant à réglementer les stratégies d'investissement des institutuions financières. En juillet 2010, les États-Unis et l'UE ont adopté une série de mesures de restriction à l'égard des institutions bancaires et financières dont le contenu demeure à clarifier.

Les mouvements monétaires

Les mouvements monétaires incluent les avoirs de change du système bancaire et des autorités monétaires (trésor public et banque centrale), *i.e.* de l'or et des devises étrangères, en particulier les devises fortes comme le dollar US et l'Euro, sous forme notamment de bons du Trésor

---

34. Les deux principaux produits dérivés sont les contrats à terme (*future contracts*) et les contrats d'option (*option contracts*). Les contrats à terme sont des ententes entre acheteurs et vendeurs qui prévoient qu'un bien (production minière, récolte agricole) ou un instrument financier (émission de bons du Trésor, fixation du taux de change d'une monnaie) sera livré à telle date et à tel prix dans le futur. Les contrats d'option confèrent le droit d'acheter ou de vendre un bien réel ou financier à un prix prédéterminé et à un moment prédéterminé. Sur les produits dérivés et autres aspects du marché financier, voir Hubard, *Money, the Financial System and the Economy*, 203-207.

35. Gilpin, *Global Political Economy*, 6-7.

36. Les *hedge funds* sont des fonds d'investissement spéculatifs non cotés, constitués de produits dérivés, notamment les contrats d'option. Les investisseurs utilisent l'effet de levier, *i.e.* qu'ils achètent ces produits avec des capitaux empruntés dont la valeur est très supérieure à celle des capitaux dont ils disposent. Les PCAA sont des titres de dettes à court terme (30 à 90 jours) constitués par un ensemble de dettes achetées à différents prêteurs (hypothèques, prêt-bail auto, créances sur cartes de crédit, etc.).

et de comptes au sein des banques centrales d'autres pays. Les avoirs de change des banques servent à financer les importations des entreprises nationales. Un très grand nombre de pays, en effet, exigent que les achats de biens et de services soient libellés en devises fortes, le dollar US étant à cet égard le plus prisé. Ils permettent également aux citoyens qui font des transactions ou qui voyagent dans d'autres pays d'acheter des devises de ces derniers. Les avoirs de change des banques et des autorités monétaires servent à rembourser les dettes contractées par les particuliers, les entreprises et les gouvernements auprès de créanciers étrangers. En mai 2010, les banques et les gouvernements de l'UE ont constitué un fonds d'assistance financière équivalent à 700 milliards de $US afin d'aider éventuellement les États très endettés (Grèce, Espagne, Portugal, Irlande) à éviter un défaut de paiement et une dévaluation majeure de l'euro.

Les avoirs de change des banques centrales jouent un rôle crucial lorsque la monnaie de leur pays subit une forte dévaluation, comme ce fut le cas au Mexique en 1995, en Asie de l'Est et du Sud-Est en 1997 et en Argentine en 2001. Si la valeur de ces réserves est importante, elles peuvent être utilisées pour acheter de grandes quantités de leur devise afin de contrer cette dévaluation. Si leurs réserves sont insuffisantes, comme ce fut le cas lors de ces crises, les gouvernements doivent contracter un emprunt auprès du FMI, ce qui implique une augmentation de leur dette extérieure et la mise en œuvre de mesures de stabilisation et d'ajustement structurel — souvent douloureuses — exigées par le FMI. On comprend ici pourquoi les avoirs de change des banques centrales sont révélateurs de la capacité d'un pays à éviter les crises monétaires et à limiter son endettement vis-à-vis des institutions financières internationales. Lorsque la valeur de la monnaie nationale est soumise à des hausses ou à des baisses modérées, les banques centrales peuvent acheter ou vendre des quantités appropriées de la devise nationale afin de contrer ces fluctuations, comme le fait la Chine. Dans les faits, de telles interventions sont de plus en plus rares, car depuis l'abandon du système de change or, au début des années 1970 (voir *infra*), la valeur des devises est déterminée par les transactions des acheteurs et des vendeurs sur le marché monétaire. Sauf dans le cas d'une dépréciation majeure de la monnaie nationale, les banques centrales préfèrent laisser le marché décider ; d'une part, parce qu'elles veulent économiser leurs avoirs de change ; d'autre part, parce que tant une hausse qu'une baisse modérée de la devise nationale ont des effets positifs et négatifs sur l'économie. Une monnaie forte entrave les exportations de biens et de services et réduit les recettes du tourisme, mais elle favorise les importations, attire les investissements étrangers et allège le fardeau de la dette extérieure des gouvernements. Une monnaie faible stimule les exportations de biens et de services et accroît les recettes touristiques, mais elle pénalise les entreprises importatrices, limite les investissements étrangers et alourdit le fardeau de la dette extérieure des gouvernements.

En conclusion, on retiendra que si les mouvements monétaires ne sont pas pris en compte dans le calcul du solde de la BP, ils ont une incidence sur les composantes de la BCC.

Le système économique international depuis 1945

Le dispositif de l'après-guerre

Les antécédents de l'entre-deux-guerres[37]

La période de l'entre-deux-guerres a été marquée par la crise du modèle économique libéral, à l'origine de la suprématie de l'Empire britannique. Durant la Première Guerre mondiale, il devint évident que le système de l'étalon-or, qui obligeait les États à garantir la convertibilité de leur monnaie à l'or afin d'assurer la stabilité des taux de change, n'était plus viable. Durant les années 1920, les pays abandonnèrent cette règle car il était de plus en plus difficile d'acheter et de vendre de l'or. On assista alors à des fluctuations de plus en plus importantes des monnaies, à une hausse des taux d'inflation, à une augmentation du chômage et à un accroissement de l'endettement des États. Afin de contrer les dévaluations monétaires, les banques centrales commencèrent à racheter leur monnaie nationale à l'aide de leurs réserves de devises étrangères fortes, essentiellement la livre sterling et le dollar américain. Compte tenu que la disponibilité de ces devises était limitée, cette nouvelle forme de contrôle des changes fut cependant inefficace. Les fluctuations monétaires persistèrent et l'inflation continua à progresser, ce qui contribua à alourdir la dette des États européens, dont une part importante était due aux dettes de

---

37. La principale source de référence de cette section est Brown et Hogendorn, *International Economics*, 568-573.

guerre de la France et de la Grande-Bretagne à l'égard des États-Unis et aux réparations que devait rembourser l'Allemagne à la France et à la Grande-Bretagne.

Très fragilisé, le système monétaire international ne résista pas à la secousse du krach d'octobre 1929 à Wall Street. Les faillites d'entreprises jumelées à une demande insuffisante provoquèrent la plus grave dépression économique de l'histoire. Durant cette crise monétaire et économique, qui dura jusqu'à la fin des années 1930, les États se replièrent sur eux-mêmes. Le protectionnisme se généralisa, allant même quelquefois jusqu'à l'autarcie ; les guerres commerciales se multiplièrent et le commerce connut un ralentissement considérable. Cette situation favorisa l'essor du néomercantilisme impérialiste et du fascisme en Italie, en Allemagne et au Japon, et le déclenchement de la Deuxième Guerre mondiale.

Le système de Bretton Woods[38]

Le conflit de 1939-1945 dévasta les économies européennes en détruisant leurs industries, en réduisant fortement la productivité de leur agriculture et en jetant à la rue des millions de personnes. Il fit du Japon et de l'Allemagne des nations exsangues. S'il permit à l'URSS de devenir une superpuissance politique et militaire, il eut cependant des effets désastreux sur l'économie soviétique. Par contre, en épargnant le territoire américain, il permit aux États-Unis de relancer leur production et de devenir une superpuissance politique, militaire et économique. À la fin des hostilités, seuls ces derniers étaient en mesure de soutenir une reprise de la production et des échanges mondiaux grâce à une injection massive d'argent au sein des pays alliés et vaincus. Les Américains étaient d'ailleurs désireux d'assumer cette mission puisqu'elle leur offrait la possibilité de créer des débouchés pour leur surplus de capitaux et de marchandises, tout en leur fournissant l'occasion d'étendre leur influence politique et militaire, et de contrer la menace d'expansion du communisme.

---

38. Sur les grands principes de Bretton Woods, voir entre autres Paul Reuter et Jean Combacau, *Institutions et relations internationales* (Paris : Presses universitaires de France, 1998), 448-465. Pour une analyse détaillée du FMI, de la Banque mondiale et du GATT, on peut se référer à Jacques Fontanel, *Organisations économiques internationales* (Paris : Masson, 1981), chapitres 8 et 10. On trouvera le texte du GATT et un court bilan de chaque round de négociations dans Ismaël Camara, *Comprendre le GATT* (Sainte-Foy : Le Griffon d'argile, 1990).

Les États-Unis conditionnèrent cependant leur aide à la mise en place d'un nouveau système de règles et d'institutions fondé sur un compromis entre la vision de Washington et celle des libéraux hétérodoxes keynésiens à laquelle l'administration américaine s'était ralliée en partie durant la guerre. Ce «compromis du libéralisme encastré», selon l'expression de Gilpin, fut accepté par les autres pays qui participèrent à son élaboration, car tous ressentaient la nécessité d'un ordre économique multilatéral par opposition au désordre unilatéral antérieur, à l'origine des problèmes et des conflits économiques des années 1920 et 1930 et de la Deuxième Guerre mondiale.

La Conférence monétaire et financière des Nations Unies, qui réunit les 45 nations alliées à Bretton Woods, en juillet 1944, fut le principal lieu d'élaboration du nouveau système économique de l'après-guerre. Ce dernier reposait sur deux idées-forces. Premièrement, on doit éviter l'unilatéralisme et la politique du fait accompli. Il est nécessaire de trouver un compromis entre les exigences de la coopération et le respect de la souveraineté des États. Les gouvernements exerceront une large autonomie sur leurs politiques économiques, notamment celles relatives à la fiscalité, à la création d'emplois et à la croissance, mais ils devront consulter un organisme international, et parfois même solliciter son autorisation, avant de prendre une décision. En contrepartie, les États en difficulté pourront compter sur la solidarité des pays riches. En bref, il faut instaurer un système de sécurité économique collective fonctionnant à la manière d'un système de sécurité militaire. Deuxièmement, il faut encourager au maximum le développement du commerce par une généralisation du libre-échange, la convertibilité des monnaies et le maintien de parités fixes. Les participants à la conférence de Bretton Woods créèrent deux institutions spécialisées de l'ONU en vue de concrétiser ces idées-forces: le FMI et la Banque mondiale. Ils s'entendirent également sur un projet d'organisation mondiale du commerce qui ne vit finalement le jour qu'en 1947.

Le FMI. Le FMI, auquel peuvent adhérer les États qui acceptent ses statuts même s'ils ne sont pas membres de l'ONU, s'est vu confier deux missions: assurer la convertibilité et la parité des monnaies, aider les États à sauvegarder l'équilibre de leur balance des paiements.

Les États membres du FMI s'engagent à permettre la libre conversion de leur monnaie en devises étrangères et le libre transfert de ces devises hors de leur territoire. Cette obligation ne vise toutefois que les paiements des transactions courantes et non les mouvements de capitaux que les États demeurent libres de réglementer.

La parité des monnaies est basée sur l'étalon de change-or. Ce dernier fonctionne de la manière suivante : pour faire ses règlements extérieurs, l'État détient comme liquidités internationales non seulement de l'or (comme dans le système de l'étalon-or), mais aussi toutes les devises étrangères convertibles à l'or. Dès 1945, le dollar américain deviendra la seule monnaie convertible à l'or, les États-Unis possédant alors 70 % des réserves mondiales de ce métal précieux, et servira *de facto* d'étalon monétaire. Chaque État doit déclarer sa parité, soit la valeur de sa monnaie en or et en dollar US. Les parités demeureront fixes, le taux de change d'une monnaie pouvant varier uniquement de plus ou moins 1 % par rapport à sa parité déclarée. Ce système de taux de change fixes oblige l'État à mettre en place des mécanismes d'intervention pour assurer le maintien du prix de sa monnaie à l'intérieur de la marge autorisée. Cela signifie que les autorités monétaires devront acheter leur monnaie à l'aide de leurs réserves de devises étrangères, si sa valeur baisse de plus de 1 %, ou la vendre en contrepartie de devises étrangères, si sa valeur augmente de plus de 1 %. Lorsqu'un État est forcé d'intervenir fréquemment pour contrer la dépréciation de sa monnaie, il épuise ses réserves de devises étrangères et provoque un déficit de la BP. Dans ce cas, ou le FMI aide temporairement l'État à maintenir sa parité, en alimentant ses réserves de devises, ou l'État modifie la parité de sa monnaie par rapport à l'or et au dollar US.

Chaque État membre du FMI doit verser à l'organisation une quote-part d'or et de devises, établie par l'organe plénier — le Conseil des gouverneurs — en fonction de son importance dans les relations monétaires internationales. Lorsqu'un État fait face à un déficit provisoire de sa BP, il peut emprunter au FMI un montant de liquidités équivalent à 125 % de sa quote-part. Plus le montant de l'emprunt est élevé, plus il est conditionnel à l'adoption de mesures de stabilisation par l'État emprunteur.

La Banque mondiale. La Conférence de Bretton Woods créa la Banque internationale de reconstruction et de développement (BIRD) en tant que complément du FMI, l'adhésion à la Banque étant conditionnelle à l'adhésion au FMI. La mission de la BIRD était de fournir des prêts à long terme pour la reconstruction des pays détruits par la guerre et le développement des nations du tiers-monde, en particulier celles dont la décolonisation était en cours ou à l'agenda en 1944. Financée par les entreprises privées, les gouvernements et des emprunts bancaires, elle fut incapable d'assumer seule la reconstruction de l'Europe, qui fut prise en charge directement par les États-Unis, par l'intermédiaire du plan Marshall (1948-1952). La Banque s'est donc essentiellement consacrée au développement des pays pauvres. Elle a, à cette fin, créé deux filiales : la Société financière internationale (SFI), en 1956, chargée de financer les entreprises privées rentables, et l'Association internationale pour le développement (AID), en 1960, dont la mission est d'octroyer des crédits moins contraignants aux PED les plus pauvres, non admissibles aux prêts de la SFI. Le réseau de ces institutions sera complété en 1988 par l'Agence multilatérale de garantie des investissements. Celle-ci vise à encourager les investissements des entreprises privées en les protégeant contre les risques de pertes inhérents à l'instabilité politique des États du tiers-monde.

Le GATT. La conférence de Bretton Woods prévoyait la création d'une organisation mondiale du commerce (OMC) à laquelle serait dévolue une double mission : instaurer un code du commerce international et amener les États à négocier un abaissement des barrières tarifaires et non tarifaires. Ce projet sera toutefois un échec et il faudra attendre 1947 pour que soit adopté par 23 États, hors du cadre de l'ONU, l'Accord général sur les tarifs douaniers et le commerce, mieux connu sous le nom de General Agreement on Tariffs and Trade (GATT). Ce dernier assumera la double mission qu'on prévoyait confier à l'OMC.

En vertu de la première mission, il impose des obligations aux parties contractantes. Premièrement, en vertu de la *clause de la nation la plus favorisée*, chaque État s'engage à accorder à tous les autres États membres du GATT les concessions (par exemple l'élimination ou l'abaissement d'un droit de douane sur telle marchandise importée) qu'il a accordées à un État. Deuxièmement, chaque État doit accorder *l'égalité de traitement* aux produits nationaux et étrangers. Ainsi, il ne peut imposer à des produits importés d'autres États membres du GATT des normes sanitaires, environnementales ou techniques qui ne s'appliquent pas aux biens produits sur son territoire. Troisièmement, le GATT interdit le recours aux quotas entre États membres. Enfin, il condamne le *dumping*, une politique d'exportation qui vise à éliminer la concurrence. Ces obligations, imposées du jour au lendemain, auraient été très lourdes à respecter. C'est pourquoi l'application des obligations du GATT comporte-t-elle des limites. Certaines sont spécifiques, comme la *clause de sauvegarde* qui permet à un État membre de déroger aux règles du GATT, lorsque celles-ci compromettent l'équilibre de sa balance des paiements. D'autres sont globales, comme celle qui autorise plusieurs États à s'accorder un *traitement préférentiel* dans le cadre d'un processus d'intégration régionale.

En vertu de sa seconde mission, le GATT a servi de cadre aux négociations de libéralisation des échanges et d'instrument de consultation et de conciliation entre les États membres. Entre 1947 et 1988, le nombre des États signataires du GATT est passé de 23 à 96 et près de 30 pays ont appliqué l'Accord *de facto*. À la suite de la conférence de fondation du GATT, à Genève, en 1947, six cycles de négociations ont eu lieu : Annecy, 1949 ; Torquay, 1950-1951 ; Genève, 1956 ; Dillon Round (à Genève), 1960-1961 ; Kennedy Round, 1963-1967 ; Tokyo Round, 1973-1979. Dans l'ensemble, ces négociations ont permis de réduire d'environ 40 % les barrières tarifaires aux échanges de produits manufacturés mais ces réductions ont davantage profité aux PD qu'aux PED. Ce déséquilibre a incité le Groupe des 77 PED de l'Assemblée générale de l'ONU à créer, en 1964, la CNUCED. Le principal objectif de la CNUCED était d'obtenir l'établissement d'un système généralisé de préférences (SGP) qui permettrait aux PED de protéger leurs industries par des mesures protectionnistes, tout en obligeant les PD à ouvrir davantage leurs marchés à leurs exportations de biens manufacturés. Contesté par le GATT, le SGP sera néanmoins adopté par divers PD et finalement reconnu par le Tokyo Round.

Le système de Bretton Woods a rempli ses promesses pendant les trente premières années de son existence. Il a suscité le plus long cycle de croissance économique de l'histoire et a permis aux États européens et au Japon de redevenir des puissances économiques de premier plan dès les années 1960. Il a été à l'origine d'un transfert massif de capitaux, américains puis européens et japonais, vers plus de soixante-dix PED et a contribué à une expansion sans précédent des flux commerciaux et financiers, notamment au sein du monde occidental. Si la très grande majorité des pays ont adhéré au système de Bretton Woods, l'URSS et les pays du bloc communiste ont cependant refusé d'y participer considérant que la BIRD, le FMI et le GATT étaient des instruments de promotion du capitalisme.

L'intégration européenne[39]

La nécessité de construire un vaste réseau d'organisations de coopération multilatérales qui favoriserait l'établissement d'une paix durable s'est imposée aux dirigeants alliés pendant la Deuxième Guerre mondiale. Plusieurs projets ont été envisagés parallèlement à ceux de l'ONU et des institutions de Bretton Woods, notamment la création d'une fédération des États européens similaire à celle instaurée par les États-Unis en 1787. Initialement conçu par le Français Jean Monnet, alors qu'il dirigeait l'organisation de la défense commune à Washington, et appuyé par le président Franklin Delanoe Roosevelt qui tenait Monnet[40] en haute estime, ce projet ne verra cependant jamais le jour en raison de l'opposition du Royaume-Uni et des pays scandinaves à toute forme d'organisation supranationale. Lors de la création du Conseil de l'Europe par 10 États européens, en 1949, les partisans du fédéralisme, ayant la France à leur tête, tenteront sans succès de faire de cette organisation l'instrument d'une intégration politique de l'Europe. Les États rebelles à tout fédéralisme imposeront leur vision et le Conseil demeurera une structure de coopération politique intergouvernementale vouée à la défense de la démocratie et des droits de la personne. Toutes les autres organisations européennes créées au lendemain de la guerre, telles l'Organisation européenne de coopération économique (OECE) et l'UEO, seront également fondées sur le principe de la coopération entre États souverains.

---

39. Les études sur l'intégration européenne sont légion. Sur les débuts de ce processus, on pourra consulter, entre autres, Reuter et Combacau, *Institutions et relations internationales*, 467-483; Fontanel, *Organisations économiques internationales*, 273-287; P. Laurette, *La construction européenne* (Paris: Syros-Alternatives, 1992); R. Touleman, *La construction européenne* (Paris: Le livre de poche, 1994).

40. Jean Monnet avait été un des principaux artisans des organismes interalliés durant le conflit de 1914-1918, puis secrétaire général de la SDN au début des années 1920. Profondément démocrate, il n'appuiera jamais le régime de Vichy et sera l'un des principaux intermédiaires entre la Maison-Blanche et les Forces de la France libre durant la Deuxième Guerre mondiale. André Kaspi, *Franklin Roosevelt* (Paris: Fayard, 1988).

C'est donc dans un cadre différent de celui prévu initialement que se développera l'intégration européenne durant les années 1950. La première étape sera le plan Schuman de 1950, élaboré par Jean Monnet et le ministre français des Affaires étrangères, Robert Schuman, qui plaçait la production française et allemande de charbon et d'acier sous une autorité internationale commune. Ce plan sera suivi, en 1951, de la création de la Communauté européenne du charbon et de l'acier (CECA) par six pays : la France, la République fédérale d'Allemagne, l'Italie, les Pays-Bas, le Luxembourg et la Belgique. La CECA était l'équivalent d'une zone sectorielle de libre-échange puisqu'elle éliminait les barrières tarifaires et non tarifaires aux échanges de charbon et d'acier entre pays membres et interdisait toute pratique commerciale discriminatoire, tels les subventions aux exportations et les cartels.

La seconde étape sera l'adoption, par les six États membres de la CECA, du traité de Rome de 1957 instituant la Communauté européenne de l'énergie atomique (EURATOM) et la Communauté économique européenne (CEE). En vertu des dispositions du traité de Rome, la CEE est une union douanière, c'est-à-dire une zone de libre-échange (abolition des obstacles tarifaires et non tarifaires aux échanges de biens et de services), assortie d'un tarif extérieur commun sur les importations provenant des pays tiers. Elle est appelée à se transformer progressivement en un marché commun caractérisé par la libre circulation des marchandises, des services, des capitaux et des personnes, l'harmonisation des législations ayant une incidence sur les conditions de la concurrence et l'établissement de politiques communes dans certains secteurs, en particulier les transports et l'agriculture. Pour réaliser le Marché commun européen, un important dispositif d'institutions intergouvernementales fut mis en place : le Conseil, qui réunit périodiquement les ministres ou les chefs d'État des pays membres et qui est le seul organe habilité à prendre des décisions à l'unanimité ou à la majorité qualifiée ; la Commission, composée des fonctionnaires délégués par les États membres, qui élabore les propositions législatives et réglementaires soumises au Conseil ; une assemblée parlementaire, désignée par les Parlements nationaux qui émet des avis sur les actes normatifs des organes directeurs ; la Cour européenne de justice, qui a pour mandat de vérifier si les lois des États membres sont conformes aux traités de la Communauté ; la Cour des comptes, qui vérifie la légalité et la régularité des dépenses et des recettes de la Communauté; le Comité économique et social, organe consultatif rattaché à la Commission où siègent des représentants des employeurs, des syndicats et des nombreux groupes d'intérêt des États membres.

Le Marché commun européen est la première expérience d'intégration économique régionale de l'après-guerre. Elle a démontré que l'application limitée des règles du GATT, autorisée par ce dernier, encourageait plutôt qu'elle ne nuisait au développement du commerce international. En effet, si la construction du Marché commun a été beaucoup plus lente et problématique que prévue[41] — elle ne sera véritablement complétée qu'au début des années 1990, à la suite de la mise en œuvre de l'Acte unique européen (1987-1992) —, elle a fortement contribué à la relance des échanges intra et extracommunautaires. Entre 1958 et 1973, les échanges entre les six pays fondateurs ont été multipliés par dix et les échanges entre la CEE et les pays tiers par six, « ce qui représente, pour la période considérée, le plus grand progrès commercial au monde avec celui du Japon[42] ».

L'érosion du système de Bretton Woods

Le compromis de Bretton Woods, dont la finalité était de concilier la libéralisation des échanges avec le développement économique égalitaire des nations, grâce aux interventions régulatrices et redistributives des États sur le plan interne et international, a dès l'origine été envisagé comme un modèle transitoire. Ses principaux artisans, l'Américain Harry Dexter White et le Britannique John Maynard Keynes, considéraient qu'au bout du compte, le libéralisme l'emporterait nécessairement sur l'interventionnisme. Toutefois, ils étaient convaincus que ce nouvel ordre libéral mondial serait plus juste que celui de l'avant-guerre, puisqu'il reposerait sur une répartition plus équilibrée de la puissance économique, une compétition moins inégale des forces du marché et une répartition plus équitable des bénéfices de la production et des échanges

41. Par exemple, la libéralisation de la circulation des personnes a été limitée à certaines catégories de travailleurs salariés; la libéralisation des capitaux a été restreinte à quelques mesures; la politique agricole commune a entraîné une forte augmentation des prix des biens agricoles au sein de la CEE; les politiques de cohésion économique et sociale ont été mises en œuvre tardivement, durant les années 1970, et n'ont pas réussi à réduire les disparités régionales et les écarts de revenus.

42. Reuter et Comabacau, *Institutions et relations internationales*, 470.

entre les groupes sociaux et les États. Les faits leur ont donné raison en partie. Le libéralisme hétérodoxe de l'après-guerre a effectivement été remplacé par un modèle néolibéral orthodoxe ou hétérodoxe, mais plus tôt qu'ils ne l'avaient prévu, après avoir généré une augmentation de la croissance économique dans les PD et certains NPI, et une réduction des écarts de développement et des disparités de revenus beaucoup moins importante qu'ils ne le souhaitaient. Deux phénomènes principaux expliquent l'érosion du système de Bretton Woods : la crise monétaire de 1971 et la crise financière de 1983.

La crise monétaire de 1971

À la suite de leur reconstruction économique, due largement aux investissements américains, les pays d'Europe et le Japon sont devenus d'importants compétiteurs des États-Unis durant les années 1960. À cette époque, ces derniers ont commencé à dépenser des sommes prodigieuses afin de financer leur intervention militaire au Vietnam, sans contrebalancer ces dépenses par une augmentation des taxes et des impôts, ce qui a engendré des déficits budgétaires de plus en plus importants. Leur balance commerciale est également devenue déficitaire en raison d'une croissance de leurs importations supérieure à celle de leurs exportations. Durant les années 1960, en effet, les États-Unis ont commencé à importer de plus en plus de marchandises, non seulement de l'Europe et du Japon, mais des NPI du tiers-monde. Ces derniers, rappelons-le, sont devenus des exportateurs de biens manufacturés à bas coût, à partir de la seconde moitié des années 1960, en raison principalement des investissements directs des FMN américaines, européennes et japonaises au sein de leurs économies. Ce développement des échanges, entre les PD et les NPI, a contribué à une forte augmentation de la quantité des eurodollars en circulation[43]. Les déficits commerciaux et budgétaires des

---

43. «Les eurodollars sont des avoirs en dollars possédés par des ressortissants extérieurs aux États-Unis (banques ou entreprises) et qui se négocient et circulent à l'extérieur des États-Unis» (Bremond et Geledan, *Dictionnaire économique et social*, 357). «C'est l'ouverture par les banques américaines de succursales en Europe, afin d'échapper à la législation qui imposait un plafond aux taux d'intérêt, qui est à l'origine du marché des eurodollars. Le dépôt dans des banques européennes de ses réserves de dollars par l'Union soviétique contribua également à l'expansion du marché des eurodollars» (Gilpin, *Global Political Economy*, 234, note 2).

États-Unis ont affaibli la confiance dans le dollar et incité un nombre de plus en plus important de détenteurs d'eurodollars à demander leur conversion en or aux autorités monétaires américaines. Cela a eu pour effet de réduire considérablement les réserves d'or des États-Unis. La part des réserves d'or mondiales détenues par ces derniers est passée de 70 % en 1944, à 28 % en 1962 et à 8 % en 1970.

L'atteinte de ce seuil critique explique la décision du président Nixon, en 1971, d'abandonner la convertibilité du dollar à l'or. Cette décision conduisit à l'abandon du système des taux de change fixes, en 1975, et son remplacement par une politique de taux de change flottants. Désormais, la valeur de chaque devise est déterminée par l'offre et la demande. Plus les entreprises, les institutions finanières, les gouvernements et les particuliers achètent de grandes quantités d'une devise, plus sa valeur augmente ; à l'inverse, plus ces acteurs se départissent de cette dernière, plus sa valeur diminue. Les transactions monétaires sont largement infuencées par les perceptions des acteurs du marché quant à la prospérité économique et financière d'un pays. Ces perceptions, souvent erronées car fondées sur des informations imparfaites, entraînent des fluctuations injustifiées de la valeur des monnaies et peuvent être à l'origine de dévaluations irrationnelles très dommageables pour les économies concernées. La fluctuation de plus en plus erratique des monnaies aura un effet perturbateur sur les échanges commerciaux et contribuera à accroître la fréquence des déficits des balances de paiements.

Il ne faudrait pas conclure que les autorités nationales et internationales ont cessé d'intervenir sur le marché monétaire. Le FMI a créé une nouvelle monnaie internationale, les droits de tirage spéciaux (DTS), pour aider les États à restaurer l'équilibre de leurs échanges extérieurs. Les gouvernements et les banques centrales de plusieurs pays ont continué à recourir à diverses mesures pour stabiliser leurs monnaies : dollarisation, contrôle des changes, émission de nouveaux billets de banque, rachat de la monnaie nationale, augmentation ou diminution des taux d'intérêt. Les pays membres du Marché commun européen ont créé le « Serpent monétaire européen » (1972-1978) et le « Système monétaire européen », en 1979, afin de stabiliser les fluctuations de leurs monnaies[44].

---

44. Le Système monétaire européen (SME) remplaça en 1979 le « Serpent monétaire européen » (1972-1978). Ce dernier visait à stabiliser le cours des monnaies des neuf

En 1974, le président français Valery Giscard d'Estaing a créé le G7 dans le but d'amener les principaux pays occidentaux à harmoniser leurs politiques macroéconomiques, condition nécessaire à la stabilité de leurs devises. Dans l'ensemble, l'efficacité de ces interventions s'est toutefois avérée très relative dans le contexte de la mondialisation.

La crise financière de 1983

L'abandon des taux de change fixes sera la seule modification d'envergure apportée au système de Bretton Woods durant les années 1970. D'autres changements majeurs interviendront à la suite de la crise financière de 1983.

Comme nous l'avons expliqué dans la première section de ce chapitre, durant la période 1945-1975, la croissance a été largement alimentée par les dépenses des gouvernements, elles-mêmes financées par des emprunts auprès des banques et des institutions financières. Au lieu de rembourser leurs dettes dans un contexte de croissance, comme le recommandait la théorie keynésienne, les gouvernements ont alourdi ces dernières, ce qui a provoqué une hausse des taux d'inflation, aggravée par l'augmentation des prix du pétrole en 1973 et 1979. Malgré le renchérissement du coût des biens, des services et des salaires, la récession de 1974-1975, et la baisse de leurs revenus fiscaux, les gouvernements ont poursuivi leur endettement, quitte à enregistrer des déficits budgétaires, notamment parce que l'existence sur le marché d'une grande quantité de pétrodollars rendait l'accès au crédit facile et peu coûteux. Les institutions financières, qui avaient encouragé l'endettement des États, devinrent cependant de plus en plus inquiètes de leur solvabilité dans le contexte de la grave récession de 1979-1983 et exercèrent d'intenses pressions en faveur d'un relèvement des taux d'intérêt. Ces pressions, conjuguées à celles des économistes

États membres en limitant les fluctuations de leurs taux de change à plus ou moins 2.25 %. Mais en 1978, seuls l'Allemagne de l'Ouest et les trois pays du Bénélux (Pays-Bas, Belgique, Luxembourg) respectaient cette règle. L'Allemagne de l'Ouest et la France négocièrent alors en secret la mise en place du SME, qui fut adopté par l'ensemble des États membres en mai 1979. Le SME obligeait ces derniers à aligner leurs taux de change sur l'écu, une monnaie virtuelle dont la valeur était établie quotidiennement en fonction du cours moyen des monnaies de la CE. Le non-respect de cette nouvelle politique de stabilisation des taux de change par les États membres conduisit à l'adoption de l'Union économique et monétaire (UEM) et de l'euro dans le cadre du traité de Maastricht (en 1993).

néolibéraux américains, très influents auprès de l'administration Reagan, convainquirent la Réserve fédérale américaine de hausser fortement les taux d'intérêt en 1983. Compte tenu que, d'une part, une large partie des dettes des États était libellée en dollars et que, d'autre part, les institutions financières des pays investisseurs furent forcées de suivre le mouvement, un grand nombre d'États se trouvèrent soudainement confrontés à l'incapacité de rembourser les intérêts et le capital de leurs emprunts.

Afin d'éviter des cessations de paiement en série, qui auraient eu des effets dévastateurs sur l'économie mondiale, le FMI proposa aux pays aux prises avec une crise financière de renégocier les termes et l'échéancier du remboursement des dettes contractées auprès des institutions financières privées et publiques. En vertu de cet arrangement, le FMI se portait garant du remboursement des dettes des États à l'égard de la communauté financière, à la condition que ces derniers acceptent de mettre en œuvre non seulement des mesures de stabilisation, comme cela avait toujours été le cas lors des prêts pour rééquilibre d'un déficit provisoire de la balance des paiements, mais aussi des changements structurels (réduction des dépenses gouvernementales, privatisation d'entreprises publiques, déréglementation du marché, libéralisation de toutes les législations économiques, etc.) inspirés du paradigme néolibéral.

La Banque mondiale suivit l'exemple du FMI et décida de conditionner ses programmes d'aide à l'adoption par les États receveurs de programmes d'ajustement structurel destinés à améliorer la bonne gouvernance de leurs administrations publiques. Cette nouvelle orientation fut adoptée sous la pression des principaux pays donateurs membres de l'OCDE qui souhaitaient réduire le volume de leur aide tout en augmentant l'efficacité de cette dernière. La fin de la guerre froide, qui avait été une motivation cruciale de l'aide entre 1945 et 1990, les contraintes budgétaires des PD, eux-mêmes confrontés à la nécessité d'assainir leurs finances publiques, les impacts très décevants de l'assistance au développement, notamment en Afrique, principale bénéficiaire de cette assistance depuis 1945, des opinions publiques moins favorables que dans le passé au transfert de ressources vers les PED et la complémentarité des actions de la Banque par rapport à celles du FMI expliquent en grande partie ce changement d'attitude des donateurs. La Banque mondiale ne fut d'ailleurs pas la seule organisation prêteuse à modifier son approche de l'aide sous les pressions des bailleurs de fonds. Ses filiales régionales, telles la Banque interaméricaine de développement et la Banque asiatique de développement, les agences nationales des PD, l'UE et la BERD, parmi d'autres, imposèrent également des conditions économiques aux pays receveurs. En outre, la United States Agency for International Development, l'Agence canadienne de développement international et d'autres agences nationales lièrent leur assistance à trois nouvelles conditions politiques : le respect de la bonne gouvernance ; la reconnaissance des droits de la personne ; et la démocratisation des institutions politiques[45].

La prédominance du néolibéralisme

La transition du modèle keynésien au modèle néolibéral a entraîné une série de changements dont plusieurs ont été examinés précédemment. Dans le cadre de cette section, nous analyserons plus en détail les différents accords de libéralisation des échanges et deux de leurs effets : l'ouverture inégale des économies et la déréglementation des institutions financières.

La libéralisation multilatérale des échanges

L'Uruguay Round[46], lancé en septembre 1986 à Punta del Este en Uruguay, et conclu en avril 1994 à Marrakech au Maroc, constitua le cycle de négociations le plus long et le plus ambitieux de l'histoire du GATT. « Si le Tokyo Round fut plus complexe et plus vaste que les séries antérieures de négociations, l'Uruguay Round est encore plus important en raison de son imposant ordre du jour, de ses nombreux participants et de la gamme des nouveaux sujets abordés[47]. »

---

45. Il existe une très vaste littérature sur les politiques conditionnelles d'aide. Voir, entre autres, Deborah Brautigan, « Governance, Economy and Foreign Aid », *Studies in Comparative International Development*, 27, 3 (1992), 3-25 ; Georg Sorensen (dir.), *Political Conditionality* (Londres : Frank Cass, 1993) ; Adrian Leftwich, « Governance, the State and the Politics of Development », *Development and Change*, 25, 2 (1994), 363-386 ; Diane Éthier, « Is Democracy Promotion Effective ? Comparing Conditionality and Incentives », *Democratization*, 3, 1 (2003).

46. Sur l'Uruguay Round, voir notamment Camara, *Comprendre le GATT* ; Nyahoho et Proulx, *Le commerce international*, partie III ; Ann Weston, « L'Uruguay Round : les pays du tiers-monde face aux négociations », *in* Christian Deblock et Diane Éthier (dir.), *Mondialisation et régionalisation*, 281-307.

47. Nyahoho et Proulx, *Le commerce international*, 294.

L'Uruguay Round a été amorcé dans le but de résoudre les problèmes créés par la crise du début des années 1980 : incertitude des taux d'intérêt, chômage élevé, instabilité des marchés de change, fluctuation des prix de l'énergie, comportement spéculatif des marchés financiers, récession des économies des PD, crise financière des PED. Promu principalement par les États-Unis et les pays de l'OCDE, il visait également à solutionner les conflits engendrés par l'accentuation de la compétition entre les États-Unis, le Japon et la CEE et l'augmentation de la concurrence des NPI.

L'agenda de l'Uruguay Round comportait cinq grands objectifs : approfondir la libéralisation des échanges de biens manufacturés entamée par les négociations précédentes du GATT ; libéraliser les échanges de services ; libéraliser les mouvements de capitaux ; réduire les subventions aux exportations agricoles ; protéger par des redevances la propriété intellectuelle des PD sur leurs inventions technologiques, pharmaceutiques et autres. Quinze groupes de négociation ont été formés à cet effet, dont les groupes quatre (textiles et vêtements), cinq (agriculture), treize (propriété intellectuelle), quatorze (investissements) et quinze (services). Dès le départ, les PED étaient réticents à libéraliser davantage les échanges de produits manufacturés. Les États-Unis militaient en faveur de la propriété intellectuelle et de la libéralisation des services et des investissements, objectifs pour lesquels ils avaient un appui partiel du Canada et de la CEE. Ils souhaitaient également une libéralisation du commerce des biens agricoles, revendication appuyée par les pays producteurs de céréales (dont le Canada, l'Argentine et l'Australie) mais fortement contestée par la plupart des États de la CEE, qui souhaitaient conserver les avantages concédés à leurs agriculteurs par la politique agricole commune.

Malgré les nombreuses difficultés qu'il a soulevées, notamment le conflit entre les États-Unis et la CEE sur la question des subventions agricoles, l'Uruguay Round s'est achevé sur un compromis. L'accord conclu dans le domaine agricole comprend deux points essentiels : conversion des restrictions à l'importation en tarifs et réduction de ces tarifs de 36 % sur six ans pour les PD, et de 24 % sur dix ans pour les PED ; réduction des aides à l'exportation de 36 % en valeur et de 21 % en volume, sur six ans pour les PD et sur dix ans pour les PED. Dans le domaine des produits manufacturés, on a convenu de démanteler progressivement (1995-2005) les accords multifibres qui permettaient aux PED de limiter les importations de textiles et vêtements par des mesures protectionnistes, tout en obligeant les PD à ouvrir partiellement leurs marchés à ces exportations. En vertu de cet arrangement, tous les échanges de textiles et de vêtements devaient être soumis aux règles du GATT/OMC à partir de 2005. Dans le domaine des services, il a été décidé d'appliquer les règles du GATT (entre 1994 et 1999), sauf en ce qui a trait aux services financiers. Diverses mesures ont également été adoptées dans le but de protéger la propriété intellectuelle des PD sur les brevets d'invention enrégistrés par leurs entreprises.

Au-delà des progrès considérables qu'il a permis de réaliser quant à la libéralisation des échanges, l'Uruguay Round a donné naissance à l'OMC. Contrairement au GATT, celle-ci est membre du système des Nations Unies et dispose d'un secrétariat permanent à Genève. Elle détient également plus de pouvoirs en matière de règlement des différends commerciaux entre États membres[48] et son autorité s'applique non seulement aux marchandises mais aussi aux services et à la propriété intellectuelle. L'OMC est responsable de l'application des accords de l'Uruguay Round et des autres accords commerciaux multilatéraux et elle a le mandat de voir à la poursuite de la libéralisation des échanges par l'organisation de nouvelles négociations multilatérales. C'est dans ce but qu'a été amorcé, après une première tentative infructueuse à Seattle en 1998, un nouveau cycle de négociations à Doha, en 2001. L'objectif était de conclure en 2005 une entente sur la réduction des subventions à l'agriculture et la libéralisation des services et des mouvements de capitaux. Cependant, les dissensions, entre l'UE et les États-Unis d'une part, et entre les PD et les PED d'autre part, ont empêché le respect de ce calendrier. Depuis l'échec de la conférence de Hong-Kong en 2005, les discussions se poursuivent entre les fonctionnaires des États membres, mais aucune réunion formelle des dirigeants n'a eu lieu, ce qui indique que ces pourparlers n'ont pas réussi à rapprocher les parties.

Le principal problème qui bloque la poursuite de la libéralisation multilatérale des échanges a trait à l'agriculture. Les PED demandent que les grands producteurs de denrées alimentaires, notamment l'UE et les

---

48. Sur les règles, pouvoirs et mécanismes de règlement des différends de l'OMC, voir Renaud Bouret, *Les relations économiques internationales*, 2008, 81-82.

États-Unis, réduisent leurs subventions aux exportations agricoles car celles-ci menacent la survie de leurs propres agricultures et augmentent leur dépendance alimentaire. Ce problème est très important, car dès que le prix des biens exportés − comme les céréales − qui constituent la base de l'alimentation des PED augmentent, en raison de mauvaises récoltes ou de tout autre problème au sein des pays producteurs, ils deviennent inaccessibles à la plupart des ménages, ce qui engendre des émeutes de la faim. En outre, ces politiques protectionnistes empêchent les PED d'exporter leurs productions agricoles qui sont généralement le principal secteur de leurs économies. Les PED sont ouverts à une plus grande libéralisation des services en échange d'une libéralisation accrue des marchés agricoles. Les États-Unis, et les pays de l'UE qui bénéficient le plus des aides de la politique agricole commune comme la France, sont opposés à un tel compromis. Par contre, plusieurs grands producteurs de céréales, comme la Nouvelle-Zélande, l'Australie, l'Argentine et le Canada, dont les fermiers sont beaucoup moins subventionnés, y sont favorables. Le Canada doit cependant faire face à l'opposition des producteurs de lait, de volaille et d'œufs de toutes les provinces qui profitent de la gestion de l'offre, et au refus des agriculteurs du Québec de renoncer aux mesures qui protègent leurs revenus comme l'assurance-stabilisation et l'assurance-récolte[49]. Ajoutons que ce débat est complexifié par les mouvements écologiques qui dénoncent les gaz à effet de serre générés par le transport des biens alimentaires sur de grandes distances, et promouvoient la consommation de produits agricoles locaux. D'autres sujets de discorde hypothèquent ces négociations : la protection des industries culturelles nationales (appuyée par les signataires de la Convention de l'UNESCO sur la diversité culturelle de 2005, mais rejetée par les États-Unis) ; la protection de l'environnement (à laquelle souscrivent l'UE et la plupart des PD, mais que ni les États-Unis ni les PED ne

---

49. La gestion de l'offre a été mise en place au Canada au début des années 1970. Afin d'éviter que la production de lait, de volailles et d'œufs ne crée des surplus, ce qui entraîne la diminution du prix de ces produits pour les fermiers et réduit leurs revenus, ces derniers ont accepté de contingenter leur production (*i.e.* d'acheter des quotas de production), qui garantissent l'écoulement de leurs produits sur le marché. L'assurance-stabilisation permet aux agriculteurs d'obenir des compensations monétaires lorsque le prix moyen de leurs produits diminue en raison des fluctuations du marché. L'assurance-récolte rembourse une partie des pertes causées par des variations climatiques exceptionnelles et des désastres naturels.

veulent négocier dans le cadre de l'OMC); la libéralisation des investissements financiers (que réclament les États-Unis, mais à laquelle sont réfractaires plusieurs PD, NPI et PED).

La libéralisation régionale des échanges

Depuis 1947, la libéralisation des échanges a progressé à des rythmes divers, non seulement à cause des négociations multilatérales menées dans le cadre du GATT et de l'OMC, mais grâce à la multiplication des accords d'intégration régionale (AIR). Selon Bela Balassa, la dynamique de l'intégration comporte cinq stades successifs: zone de libre-échange, union douanière, marché commun, union économique et monétaire, union politique. Les caractéristiques de chacun de ces stades sont décrites dans le tableau 4.7. Le GATT a enregistré 124 AIR entre 1948 et 1994 et 90 depuis 1995. Sur ce total, 134 étaient toujours en vigueur en 1999. Actuellement, presque tous les États membres de l'OMC participent à au moins un AIR. La très grande majorité des AIR sont des accords de libre-échange. Certains, comme le Mercosur, ont atteint le stade d'une union douanière, alors que d'autres, comme l'ALENA, sont des accords de libre-échange qui comportent une des caractéristiques d'un marché commun (la libéralisation des mouvements de capitaux), sans pour autant être une union douanière. Dans la mesure où tout AIR contrevient à la clause de la nation la plus favorisée et à celle de l'égalité de traitement, il constitue une dérogation aux règles du GATT/OMC. Mais ces dérogations ont été acceptées parce que les États étaient convaincus qu'au bout du compte, l'approfondissement et la multiplication des AIR favoriseraient la libéralisation multilatérale des échanges. En dépit des nombreux débats théoriques sur le sujet, l'expérience a démontré que les AIR ne conduisaient pas à l'érection de forteresses commerciales et qu'ils contribuaient à une plus grande libéralisation du commerce mondial[50].

L'accélération de l'intégration européenne. Parmi tous les AIR, l'intégration européenne demeure un cas unique, parce qu'au cours de la période 1987-2000, elle est passée du stade d'un marché commun inachevé à celui

---

50. Pour un bilan des expériences d'intégration régionale, voir Young Jong Choi et James A. Caporaso, « Comparative Regional Integration », *in* W. Carlsnaes, T. Risse et B. A. Simmons, *Handbook of International Relations* (Thousand Oaks, CA: Sage, 2002): 480-500.

TABLEAU 4.7

Les stades de l'intégration internationale

PROGRESSION \ ZONE	ZONE DE LIBRE-ÉCHANGE	UNION DOUANIÈRE	MARCHÉ COMMUN	UEM	UNION POLITIQUE
Suppression des droits de douane et des quotas sur les échanges de biens et de services	X	X	X	X	X
Tarif extérieur commun à l'égard des pays tiers		X	X	X	X
Élimination des obstacles à la libre circulation des biens, des services des capitaux et de la main-d'œuvre			X	X	X
Harmonisation des politiques économiques			X	X	X
Uniformisation des politiques économiques/ banque centrale et monnaie commune				X	X
Unification politique et institutionnelle					X

d'une UEM, alors que le nombre de ses États membres passait de 12 à 27. Bien que les trois communautés européennes (CECA, EURATOM, CEE) eurent été fusionnées au sein de la CE (en 1967), que trois nouveaux pays — l'Irlande, la Grande-Bretagne et le Danemark — eurent adhéré à cette dernière (en 1973), et que le Parlement européen fut devenu une instance élue au suffrage universel (en 1979), le Marché commun européen demeurait largement inachevé. C'est la crise économique du début des années 1980 et le leadership du président de la Commission européenne, Jacques Delors, qui convainquirent la CE d'accélérer son intégration. Celle-ci se traduisit par l'élargissement à la Grèce, à l'Espagne et au Portugal (en 1981 et 1986); l'achèvement du Marché commun dans le cadre de l'Acte unique européen (entre 1987 et 1992); l'adoption du traité de Maastricht (en 1993) qui conduisit à l'instauration de l'UEM (en 1999) et à l'adoption de l'euro comme monnaie unique (en 2000), à l'abolition des frontières entre plusieurs États membres (zone Schengen), au renforcement des pouvoirs du parlement européen et à la mise en œuvre de la PESC.

Concurremment à la mise en œuvre du traité de Maastricht, on assista à l'adhésion de l'Autriche, de la Finlande et de la Suède (en 1995), à l'adoption du traité d'Amsterdam (en 1996), et au lancement de l'élargissement vers l'Est (en 1997). Compte tenu que ce dernier prévoyait l'intégration de 13 nouveaux membres, il donna lieu à une réforme du fonctionnement des institutions communautaires dans le cadre du traité de Nice (adopté en 2000). Les négociations avec ces 13 candidats aboutirent à l'adhésion des trois Républiques baltes (Lituanie, Estonie, Lettonie), de cinq pays de l'Europe de l'Est et du Sud-Est (Hongrie, Pologne, Slovaquie, République tchèque, Slovénie), de Malte et de la partie grecque de Chypre en 2004. Trois ans plus tard, la Bulgarie et la Roumanie se joignirent à l'UE. Cet élargissement sans précédent fut à l'origine d'un projet de Constitution européenne, qui fut cependant rejeté lors des référendums tenus en France et aux Pays-Bas en 2005. Après 4 ans de discussions souvent acrimonieuses entre les partisans de la conversion de l'UE en une fédération et les défenseurs de sa structure confédérale, les 27 États membres adoptèrent le traité de Lisbonne (en 2009). Ce dernier amende les dispositions du traité de Nice de 2000 ; il élargit les pouvoirs de codécision du Parlement et du Conseil ; il renforce les pouvoirs des Parlements nationaux au nom du principe de subsidiarité ; il permet la tenue de référendums sur les législations de l'UE si un million de citoyens appuient cette initiative ; il améliore l'efficacité de la prise de décision au Conseil, en remplaçant le vote à l'unanimité par le vote à la majorité qualifiée pour nombre de sujets ; il instaure l'élection, pour deux ans et demi, d'un président du Conseil[51].

Malgré ce processus d'intégration et d'élargissement accéléré, l'UE demeure une UEM confédérale… et problématique. Bien que 80 % des législations des 27 États membres émanent désormais du Conseil, ces derniers, en raison de leurs intérêts particuliers divergents, sont incapables d'harmoniser leurs politiques étrangères et leurs politiques écono-

---

51. Sur l'évolution des institutions et politiques de l'UE entre 1984 et 2000, voir Helen et William Wallace, *Policy Making in the European Union* (Oxford: Oxford University Press, 2000) ; pour un bilan des changements institutionnels intervenus entre 2000 et 2003, voir Daniel Guéguen, *Guide pratique du labyrinthe communautaire* (Rennes : Éd. Apogée, 9ᵉ éd., 2003) ; Paul Magnette, *Contrôler l'Europe. Pouvoirs et responsabilités dans l'Union européenne* (Bruxelles : Éditions de l'Université de Bruxelles, 2003). Pour des informations plus récentes sur tout sujet relatif à l'UE, il faut consulter son site internet Europa.

miques. En témoigne l'incapacité de l'UE à résoudre les guerres balkaniques durant les années 1990 et les conflits qui ont caractérisé la gestion de la crise de l'euro, provoquée par la situation dramatique des finances publiques de la Grèce et d'autres États membres (Espagne, Portugal, Irlande) en mai 2010[52].

Les autres AIR. Bien qu'un certain nombre de zones de libre-échange et d'unions douanières régionales aient vu le jour au sein du tiers-monde, durant les années 1960 et 1970 (ANASE, 1967; Communauté d'Afrique de l'Est, 1967; Pacte andin, 1969; CARICOM, 1973; CEDEAO, 1977), la plupart sont demeurées en sommeil. Ce sont les changements évoqués plus haut — émergence de nouveaux pôles de concurrence au sein du système mondial, crise économique des années 1980, fin de la guerre froide, échec du cycle de Doha — qui expliquent la réactivation des accords existants ou la naissance de nouveaux AIR, tant au Nord qu'au Sud, depuis 1990: ALE (1989), Mercosur (1991), Communauté de développement de l'Afrique australe (1992), Accord de libre-échange centre-européen (1992), Coopération économique de la mer Noire (1992), Initiative centro-européenne (1992), ALENA (1994), Marché commun de l'Afrique australe et orientale (1994), Communauté d'Afrique de l'Est (1994), Union économique et monétaire ouest-africaine (1994), Association des États de la Caraïbe (1994), Communauté andine (1996), Communauté économique et monétaire de l'Afrique centrale (1998), Communauté des

52. La crise financière de 2010 (dévaluation de l'euro et décotes du pouvoir d'emprunt de la Grèce, de l'Espagne, du Portugal et de l'Irlande, en raison de leurs dettes extérieures et de leurs déficits budgétaires trop élevés) a démontré que l'UEM était plus ou moins une fiction. Plusieurs des 16 États membres de la zone euro, dont la France, ne respectent pas les critères de convergence de l'UEM (limitation de la dette extérieure publique brute à 60 % du PIB et limitation du déficit budgétaire des administrations gouvernementales à 3 % du PIB); les sanctions prévues à l'endroit des contrevenants ne sont pas appliquées; au-delà de ces critères, il n'existe aucun mécanisme de supervision des politiques fiscales et budgétaires des États membres. Bien qu'elle ait constitué un précédent, la création d'un fonds d'assistance financière de près de 700 milliards, destiné à aider un État de la zone euro menacé de défaut de paiement, en mai 2010, n'a pas rassuré les investisseurs, car elle n'a fait qu'accroître l'endettement déjà très élevé de la plupart des pays de l'UE. C'est la raison pour laquelle cette initiative n'a pu contrer la dépréciation de l'euro. Malgré les propositions en ce sens de la Commission, il est peu probable que les États membres acceptent de se conformer aux règles d'une véritable UEM, qui impliquent l'harmonisation et la supervision de leurs politiques fiscales et budgétaires.

États subsahariens (1998). Étant donné les limites de cet ouvrage, nous concentrerons notre attention sur l'ALENA et le Mercosur.

L'ALENA était fondé sur les principes du GATT/OMC. Il prévoyait une élimination de la plupart des droits de douane au cours de la période 1994-2004.

> En ce qui concerne les biens, l'ALENA implique, pour le Mexique, l'élimination de ses tarifs sur 43 % des importations des États-Unis et sur 41 % des importations canadiennes. Le marché américain sera ouvert à 84 % et celui du Canada à 79 % dès le début. Le calendrier mexicain de diminution tarifaire sur cinq ans englobe une tranche additionnelle de 18 % des exportations américaines et de 19 % de celles du Canada, ces deux pays ajoutant chacun 8 % de leurs importations du Mexique au commerce en franchise. Après 19 ans (donc en 2013), 99 % du commerce (entre les trois pays) se fera sans tarif[53].

Depuis 2004, le Mexique est censé avoir éliminé complètement ses restrictions aux importations et aux investissements, ses exigences de contenu local et ses subventions aux exportations. L'ALENA libéralise les investissements entre le Canada, les États-Unis et le Mexique tout en définissant les investissements d'une façon plus large que l'ALE. Alors que ce dernier ne portait que sur les investissements directs, l'ALENA couvre tous les types d'investissements. Il énonce des principes généraux quant à la liberté de commerce transfrontalier des services financiers, quant à la liberté d'établissement des entreprises financières et quant à leur droit de bénéficier d'un traitement équivalent à celui octroyé aux entreprises nationales. Néanmoins, il ne modifie pas les lois très différentes des trois pays en matière de services financiers. L'ALENA reprend à son compte les règles de protection de la propriété intellectuelle inscrites dans l'Uruguay Round. Selon plusieurs spécialistes, le Canada ne fera pas de gains importants sur le plan commercial grâce à l'ALENA. Par contre, son adhésion à l'accord lui permettra de rivaliser avec les États-Unis et le Mexique pour attirer des investissements, concurrencer les Mexicains sur leur propre marché et celui des États-Unis, notamment dans le secteur des produits de haute technologie. Il pourra aussi profiter du détournement des flux commerciaux aux dépens des pays non membres de l'ALENA.

53. Nyahobo et Proulx, *Le commerce international*, 263.

Le Mercosur se classe au troisième des blocs régionaux du monde, après l'UE et l'ALENA. Créé en 1991, il a d'abord été une zone de libre-échange entre l'Argentine, le Brésil, l'Uruguay et le Paraguay. Entre 1991 et 1994, ces derniers ont réduit considérablement leurs barrières tarifaires tout en protégeant leurs industries sensibles. Mais ils n'ont pas libéralisé les services et les marchés publics et n'ont pas adopté de dispositions en faveur de la propriété intellectuelle comme dans l'ALENA. En 1994, le Mercosur s'est transformé en une union douanière. Des droits de douane communs de 0 % à 20 % ont été adoptés à l'égard des importations provenant des pays tiers. En 1995, les quatre pays membres ont convenu d'harmoniser leurs politiques économiques sans pour autant permettre la libre circulation des travailleurs, ce qui fait que le Mercosur ne correspond pas tout à fait à la définition d'un marché commun. À l'instar de la CE/UE, le Mercosur a permis une croissance des échanges entre les États membres et entre ces derniers et le reste du monde. À l'instar de la CE/UE, il a été envisagé, dès ses débuts, non seulement comme un instrument de développement économique, mais aussi comme un moyen de promotion de la sécurité et de la démocratie dans la région.

La libéralisation interrégionale des échanges

Parallèlement aux négociations multilatérales et régionales, plusieurs accords interrégionaux ont vu le jour. La coopération économique de la zone Asie-Pacifique, mieux connue sous le nom de Asia Pacific Economic Cooperation (APEC), a été créée en 1989 dans le but de libéraliser les échanges entre les pays riverains de l'océan Pacifique. Envisagé pour 2020, cet objectif ne s'est pas concrétisé. En revanche, l'ANASE a conclu des ententes de libre-échange avec la Chine, le Japon et l'Inde. Ces dernières ont accéléré la libéralisation des flux commerciaux entre les dix États membres de l'ANASE. En 2007, les tarifs sur les produits de 11 secteurs déterminants ont été abolis entre l'Indonésie, la Malaisie, la Thaïlande, Brunei, Singapour et les Philippines et, en 2011, l'élimination des tarifs douaniers dans ces mêmes secteurs touchera la Birmanie, le Laos, le Cambodge et le Vietnam. Les négociations amorcées en 2000 par tous les pays de l'Amérique du Nord, de l'Amérique centrale et de l'Amérique du Sud (sauf Cuba) afin de créer une de zone de libre-échange des Amériques (ZLEA) sont dans une impasse depuis le sommet de Mar

Del Plata en 2005. Cet échec a incité plusieurs pays de ces trois régions à conclure des accords bilatéraux ou des ententes avec des AIR. Par exemple, le Canada a signé des traités de libre-échange avec le Costa Rica (2000), la Colombie (2008), le Pérou (2009), l'Association européenne de libre-échange (AELE) (2009), la Jordanie (2009), Panama (2010) et négocie présentement un traité avec l'UE; le Mexique a signé des ententes avec l'UE et le Mercosur. L'AELE, qui regroupe la Norvège, l'Islande, le Liechtenstein et la Suisse, a contracté des ententes avec la Corée du Sud, l'Inde, la Colombie et le Pérou. L'UE a libéralisé ses échanges avec les pays de l'Afrique, de la Caraïbe et du Pacifique en 2007 et conclu des accords d'association avec le Mexique, le Chili, le Mercosur, l'Amérique centrale, la Communauté andine, neuf pays du bassin méditerranéen et du Moyen-Orient (Algérie, Égypte, Israël, Jordanie, Liban, Maroc, Autorité palestinienne, Tunisie, Turquie) et la plupart des États des Balkans.

L'ouverture des économies

La libéralisation multilatérale, régionale et interrégionale des échanges a suscité une véritable explosion du commerce mondial au cours des trente dernières années. Le tableau 4.8 démontre que dans la très grande majorité des vingt principales économies de la planète, les exportations et les importations de biens et de services étaient à l'origine de 30 à 71 % du PIB en 2006. Dans cette liste, les États qui détiennent les coefficients d'ouverture[54] les plus élevés, ou dont les économies sont les plus *outward looking* sont, dans l'ordre: la Belgique (107,0), les Pays-Bas (78,9) et Taïwan (68,6). Les coefficients d'ouverture de la Suisse, de la Suède, de la Corée du Sud et de l'Allemagne sont également très importants puisqu'ils varient entre 41 et 48 %. La Chine, le Royaume-Uni, le Canada et le Mexique ont aussi des économies largement centrées sur le marché externe, avec des coefficients d'ouverture de plus de 30 %. Par contre, les États-Unis et le Japon (première et deuxième économies mondiales[55]) possèdent les coefficients d'ouverture les plus bas (13,8 %, 17,2 %) après le

---

54. Le coefficient des exportations est calculé de la manière suivante: la valeur des exportations divisée par la valeur du PIB et reportée sur 100. Le coefficient des importations est calculé de la même façon. Le coefficient d'ouverture est la moyenne des coefficients d'exportation et d'importation.

55. En 2009, le Japon est devenu la troisième économie mondiale, après la Chine.

Brésil (12,7 %), ce qui indique que la production et la consommation intérieures demeurent — et de loin — le principal moteur de leur développement économique, malgré la multinationalisation des entreprises américaines et japonaises depuis les années 1960.

Le fait que ces deux pays aient un nombre élevé d'habitants, dont une large proportion appartient aux classes moyennes et supérieures, principales consommatrices de biens et de services, explique l'orientation largement *inward looking* de leurs marchés. Cette explication vaut également pour le Brésil, où désormais 40 % des ménages appartiennent aux strates intermédiaires ou supérieures de revenus. La Chine et l'Inde, beaucoup plus peuplées, sont plus ouvertes sur l'extérieur car la très grande majorité de leurs habitants sont pauvres. Par ailleurs, plusieurs pays comme la Belgique, les Pays-Bas, le Canada, la Suède et la Suisse sont largement *outward looking*, en dépit de leurs niveaux de vie élevés, parce que leur population est peu nombreuse. Le poids numérique des classes moyennes et riches n'est cependant pas le seul facteur qui explique l'ouverture inégale des principales économies de la planète. L'Allemagne, le Royaume-Uni, la France et l'Italie sont beaucoup plus ouvertes sur l'extérieur que les États-Unis et le Japon, bien que le nombre de leurs habitants soit élevé et que la majorité d'entre eux bénéficient d'un pouvoir d'achat important. Les choix des gouvernements en matière de politique commerciale sont également déterminants. Les États-Unis, le Japon et le Brésil sont demeurés nationalistes, malgré leurs accords de libre-échange. Bien que l'accélération de l'intégration européenne ait accru l'ouverture de tous les États membres, l'Allemagne est allée beaucoup plus loin dans cette voie que ses partenaires. En conclusion, on retiendra que la multiplication des accords d'intégration n'a pas entraîné une ouverture équivalente des principales économies du globe.

La déréglementation des institutions financières

Comme nous l'avons vu précédemment, la libéralisation des échanges de biens et de services a été accompagnée d'une libéralisation des flux monétaires et financiers. Celle-ci s'est traduite par l'abandon d'un grand nombre de réglementations qui obligeaient chaque catégorie d'institutions financières (banques de dépôt, banques d'investissement, compagnies d'assurances, sociétés de courtage, caisses de retraite, etc.) à se spécialiser

TABLEAU 4.8
Coefficients d'ouverture des principales économies

PAYS	PIB (en milliards de $US)	EXPORTATIONS BIENS ET SERVICES (en milliards de $US)	IMPORTATIONS BIENS ET SERVICES (en milliards de $US)	COEFFICIENTS (en %)		
				D'EXPORT	D'IMPORT	D'OUVERTURE
États-Unis	13201,8	1424,7	2226,3	10,8	16,9	13,8
Japon	4340,1	768,5	720,2	17,7	16,6	17,2
Allemagne	2906,7	1276,6	1124,7	43,9	38,7	41,3
Chine	2668,1	969,1	791,6	36,3	29,7	33,0
Royaume-Uni	2345,0	666,5	770,2	28,4	32,8	30,6
France	2230,7	602,5	641,4	27,0	28,8	27,9
Italie	1844,7	510,0	537,0	27,6	29,1	28,4
Canada	1251,5	443,5	428,9	35,4	34,3	34,9
Espagne	1224,0	306,4	395,3	25,0	32,3	28,7
Brésil	1068,0	155,4	115,2	14,6	10,8	12,7
Russie	986,9	334,3	208,8	33,9	21,2	27,5
Inde	906,3	193,0	243,9	21,3	26,9	24,1
Corée du Sud	888,0	376,4	378,7	42,4	42,6	42,5
Mexique	839,2	266,6	290,7	31,8	34,6	33,2
Australie	768,2	155,6	171,2	20,3	22,3	21,3
Pays-Bas	657,6	543,8	493,9	82,7	75,1	78,9
Belgique*	392,0	429,0	409,6	109,4	104,5	107,0
Suède	384,9	197,1	165,6	51,2	43,0	47,1
Suisse	379,8	197,0	168,7	51,9	44,4	48,2
Taïwan	355,6	252,6	235,4	71,0	66,2	68,6
Monde	44244,9	14772,8	14999,6	33,4	33,9	33,6

*Pour certains pays, les réexportations et réimportations de biens et de services gonflent les chiffres du commerce extérieur.

Source : Renaud Bouret, *Relations économiques internationales* (Montréal : Chenelière, 2008), 8.

dans tel type de transactions, et qui restreignaient leurs opérations de change, d'emprunt et d'investissement. La nouvelle polyvalence des institutions financières et l'abolition des barrières protectionnistes qui limitaient les mouvements internationaux de capitaux ont suscité une croissance phénoménale des flux financiers (voir *supra*), tout en intensifiant énormément la concurrence entre les institutions financières des divers pays. Celles-ci se sont dès lors engagées dans des investissements de plus en plus risqués (*hedge funds*, produits dérivés, contrat à terme, contrat d'option, PCAA, etc.)[56], afin d'accroître leurs marges de profit et les dividendes payés à leurs actionnaires. Elles ont offert à leurs dirigeants des primes de rendement mirobolantes, qui ont encouragé ces derniers à appuyer les investissements risqués des traders[57]. Dans la mesure où une large part de la rémunération des dirigeants est constituée par des actions de leur entreprise, certains d'entre eux, notamment aux États-Unis, sont allés jusqu'à masquer les difficultés ou pertes de leur entreprise, avec la collaboration des firmes chargées de superviser leur comptabilité, afin de vendre leurs actions avec profit avant que ces dernières ne soient décotées en bourse. Ces dérives des institutions financières ont été facilitées par le laxisme de leurs conseils d'administration (dont les membres sont souvent bénévoles) et leur manque d'indépendance, dû au fait que c'est souvent la même personne qui occupe le poste de directeur exécutif et de président du conseil d'administration de l'institution.

Le caractère désormais très spéculatif et volatile des marchés monétaire et financier a provoqué plusieurs crises monétaires et financières depuis la fin des années 1990 (celle des pays de l'Asie de l'Est en 1997-1998 ; celles du Mexique et de l'Argentine au début des années 2000 ; celle des États-Unis et de l'UE en 2008-2009). Bien que ces dernières aient donné lieu à de nombreuses discussions et projets de réforme au sein du Forum financier du G7, du FMI, de la Banque mondiale, de l'OCDE, de la Banque des règlements internationaux, du Comité de Bâle sur la supervision des faillites, de l'Organisation internationale des Commissions de valeurs mobilières, de l'Association internationale des superviseurs des

---

56. Voir note 36.

57. Les traders sont les personnes responsables des investissements au sein des institutions financières.

compagnies d'assurance, du G20, etc., elles n'ont abouti à aucun résultat concret avant 2010. La plus grave crise financière et économique ayant affecté les États-Unis et les pays de l'UE depuis 1930 a incité ces derniers à adopter des mesures de réglementation des institutions financières sans précédent. On ne sait pas cependant si ces mesures permettront d'éviter d'autres crises de même envergure dans le futur.

✦

On retiendra de ce quatrième chapitre que les REI sont les échanges commerciaux et les mouvements de capitaux impliquant des paiements monétaires entre les personnes privées et morales des États et entre ces dernières et les OI. Les échanges commerciaux et les mouvements de capitaux sont principalement comptabilisés dans la balance des paiements de chaque État. Les composantes de la balance des paiements sont la balance des comptes courants, qui enregistre les transactions de biens et de services, la balance des capitaux, qui recense les entrées et les sorties de capitaux à court et à long terme, et la balance monétaire, qui tient compte des avoirs de change des autorités monétaires. Depuis le XVIe siècle, les REI ont été dominées successivement par les préceptes du mercantilisme, du néomercantilisme, du libéralisme et du libéralisme, hétérodoxe. Ce sont les États de l'Europe occidentale et les États-Unis, qui, en raison de leur position dominante au sein du système économique international, ont imposé le modèle qui convenait le mieux à leurs intérêts, à chaque époque. Ils furent mercantilistes lorsqu'ils étaient faibles ou en déclin, et libéraux lorsqu'ils étaient forts ou en croissance.

Les modèles libéral hétérodoxe et néolibéral ont cependant permis la relance des économies européenne et japonaise et l'industrialisation de plusieurs pays en développement, de telle sorte que le système économique international est aujourd'hui multipolaire. Les États-Unis, qui demeurent la principale puissance économique de la planète, sont désormais en concurrence avec la Chine, le Japon et l'Allemagne. Ils doivent également faire face à la compétition des économies les plus dynamiques de l'UE (Royaume-Uni, France, Italie) et à celle de l'Inde, de la Russie et du Brésil. Cette multipolarisation de la puissance économique est due à la libéralisation multilatérale, régionale et interrégionale des échanges, qui a connu une progression relative, dans le cadre du modèle libéral hétédodoxe, et une expansion sans précédant, dans le cadre du modèle néolibéral. La libéralisation des échanges de biens et de services a accru l'orientation de toutes les économies vers le marché extérieur, mais dans des proportions inégales. Le coefficient d'ouverture de plusieurs pays, dont le Canada, est inférieur à celui de plusieurs PD et NPI, mais beaucoup plus élevé que celui des États-Unis, du Japon et du Brésil. La libéralisation des mouvements de capitaux et la déréglementation concurrente des institutions financières ont généré une augmentation sans précédent des flux financiers, tout en provoquant des crises financières et économiques face auxquelles les OI financières semblent impuissantes. On ne sait pas si les nouvelles mesures de réglementation adoptées par les État-Unis et l'UE permettront de limiter les opérations de spéculation à risques des institutions financières et l'avènement de nouvelles crises financières et économiques.

LISTE DES SIGLES

SIGLES FRANÇAIS	ÉQUIVALENTS ANGLAIS
AELE Association européenne de libre-échange	**EFTA** European Free Trade Association
AID Association internationale de développement	**IDA** International Development Association
AIE Agence internationale de l'énergie	**IEA** International Energy Agency
AIR Accord d'intégration régionale	**RTA** Regional Trade Agreement
ALE Accord de libre-échange	**FTA** Free Trade Agreement
ALENA Accord de libre-échange nord-américain	**NAFTA** North American Free Trade Agreement
ANASE Association des nations de l'Asie du Sud-Est	**ASEAN** Association of Southeast Asian Nations
ANZUS Australie, Nouvelle-Zélande, États-Unis	**ANZUS** Australia, New-Zeland, United States
APEC Coopération économique de la zone Asie-Pacifique	**APEC** Asia-Pacific Economic Cooperation
ARVE Accord volontaire de restriction des exportations	**VER** Voluntary Export Restraints
BC Balance commerciale	**BT** Balance of Trade
BCA Balance des capitaux	**CA** Capital Accounts
BCC Balances des comptes courants	**CAB** Current Account Balance
BERD Banque européenne de reconstruction et de développement	**EBRD** European Bank for Reconstruction and Development
BID Banque interaméricaine de développement	**IDB** Inter-American Development Bank
BIRD Banque internationale pour la reconstruction et le développement	**IBRD** International Bank for Reconstruction and Developement
BP Balance des paiements	**BP** Balance of Payments
BS Balance des services	**SB** Services Balances
CAEM Conseil d'assistance économique mutuelle	**CMEA** Council for Mutual Economic Assistance
CARICOM Marché commun des Caraïbes	**CARICOM** Caribbean Community and Common Market
CE Communauté européenne	**EC** European Community
CECA Communauté européenne du charbon et de l'acier	**ECSC** European Coal and Steel Community

SIGLES FRANÇAIS	ÉQUIVALENTS ANGLAIS
CEDEAO Communauté économique des États de l'Afrique de l'Ouest	**ECOWAS** Economic Community of West African States
CE Communauté européenne	**EC** European Community
CEE Communauté économique européenne	**EEC** European Economic Community
CEEAC Communauté économique des États de l'Afrique centrale	**ECCAS** Economic Community of Central African States
CEI Communauté des États indépendants	**CIS** Commonwealth of Independant States
CIAC Convention sur l'interdiction des armes chimiques	**CWC** Chemical Weapons Convention
CJUE Cour de justice de l'Union européenne	**ECJ** European Court of Justice
CNUCED Conférence des Nations Unies sur le commerce et le développement	**UNCTAD** United Nations Conference on Trade and Development
CPI Cour pénale internationale	**ICC** International Criminal Court
CSCE Conférence sur la sécurité et la coopération en Europe	**CSCE** Conference on Security and Cooperation in Europe
DTS Droits de tirages spéciaux	**SDR** Special Drawing Rights
EURATOM Communauté européenne de l'énergie atomique	**EURATOM** European Atomic Energy Community
FAO Organisation des Nations Unies pour l'alimentation et l'agriculture	**FAO** Food and Agriculture Organization of the United Nations
FIDA Fonds international de développement agricole	**IFAD** International Fund for Agricultural Development
FMI Fonds monétaire international	**IMF** International Monetary Fund
FMN Firmes multinationales	**MNF** Multinational firms
FNUAP Fonds des Nations Unies pour les activités en matière de population	**UNPF** United Nations Population Fund
GATT Accord général sur les tarifs douaniers et le commerce	**GATT** General Agreement on Tariffs and Trade
GIEC Groupe d'experts intergouvernemental sur l'évolution du climat	**IPCC** Intergovernmental Panel on Climate Change
GUAAM Géorgie, Ukraine, Ouzbékistan, Azerbaïdjan, Moldavie	**GUUAM** Georgia, Ukrainia, Uzbekistan, Azerbaidjan, Moldova
—	**IAC** Iraqi Airways Company
—	**KAC** Kuwait Airways Corporation

SIGLES FRANÇAIS	ÉQUIVALENTS ANGLAIS
MERCOSUR Mercado comúm del Sur (Marché commun du Sud)	**MERCOSUR** Mercado comúm del Sur (South Commun Market)
MPNA Mouvement des pays non alignés	**NAM** Non-Aligned Movement
NDIT Nouvelle division internationale du travail	**NIDL** New International Division of Labor
NORAD Commandement de la défense aérospatiale de l'Amérique du Nord	**NORAD** North American Aerospace Defense Command
NPI Nouveaux pays industrialisés	**NICs** Newly Industrialized Countries
OACI Organisation de l'aviation civile internationale	**ICAO** International Civil Aviation Organization
OCDE Organisation de coopération et de développement économiques	**OECD** Organization for Economic Co-operation and Development
OCI Organisation de la conférence islamique	**OIC** Organization of The Islamic Conference
OCS Organisation de coopération de Shanghai	**SCO** Shanghai Cooperation Organization
OEA Organisation des États Américains	**OAS** Organization of American States
OEI Organisation économique internationale	—
OGM Organisme génétiquement modifié	**GMO** Genetically modified organism
OI Organisation internationale	**IO** International organization
OIT Organisation internationale du travail	**ILO** International Labor Organization
OIPAC Organisation pour l'interdiction des armes chimiques	**OPCW** Organization for the Prohibition of Chemical Weapons
OMC Organisation mondiale du commerce	**WTO** World Trade Organization
OMS Organisation mondiale de la santé	**WHO** World Health Organization
ONG Organisation non gouvernementale	**NGO** Non-governmental organization
ONU Organisation des Nations Unies	**UN** United Nations
ONUDI Organisation des Nations Unies pour le développement industriel	**UNIDO** United Nations Industrial Development Organization
OPANO Organisation des pêches de l'Atlantique du Nord-Ouest	**NAFO** Northwest Atlantic Fischeries Organization
OPEP Organisation des pays exportateurs de pétrole	**OPEC** Organization of the Petroleum Exporting Countries
OSCE Organisation pour la sécurité et la coopération en Europe	**OSCE** Organization for Security and Co-operation in Europe
OTAN Organisation du traité de l'Atlantique Nord	**NATO** North Atlantic Treaty Organization

SIGLES FRANÇAIS	ÉQUIVALENTS ANGLAIS
OTASE Organisation du traité de l'Asie du Sud-Est	**SEATO** Southeast Asia Treaty Organization
OUA Organisation de l'unité africaine	**OAU** Organization of African Unity
PCAA Papier commercial adossé à des actifs	**ABCP** Asset-backed commercial paper
PCUS Parti communiste de l'Union soviétique	**CPSU** Communist Party of Soviet Union
PD Pays développés	**DC** Developed Countries
PECO Pays d'Europe centrale et orientale	**ECECs** Eastern and Central European Countries
PED Pays en développement	**DC** Developing Countries
PESC Politique étrangère et de sécurité commune	**CFSP** Common Foreign and Security Policy
PIB Produit intérieur brut	**GDP** Gross Domestic Product
PME Petite et moyenne entreprise	**SME** Small and Medium Enterprise
PNUD Programme des Nations Unies pour le développement	**UNDP** United Nations Development Programme
PNUE Programme des Nations Unies pour l'environnement	**UNDP** United Nations Development Programme
REI Relations économiques internationales	–
RPC République populaire de Chine	**PRC** Poeple's Republic of China
R.-U. Royaume-Uni	**UK** United Kingdom
SALT Négociations sur la limitation des armes stratégiques	**SALT** Strategic Arms Limitation Talks
SDN Société des Nations	**LON** League of Nations
SFI Société financière internationale	**IFC** International Finance Corporation
SGP Système généralisé de préférences	**PTS** Preferential Trade System
SME Système monétaire européen	**EMS** European Monetary System
START Traité sur la réduction des armements stratégiques	**START** Strategic Arms ReductionTreaty
TNP Traité de non-prolifération	**NPT** Non-Proliferation Treaty
TPIR Tribunal pénal international pour le Rwanda	**ICTY** International Criminal Tribunal for Rwanda
TPIY Tribunal pénal international pour l'ex-Yougoslavie	**ICTY** International Criminal Tribunal for the former Yugoslavia
TUE Traité sur l'Union européenne	**TEU** Treaty on European Union
UA Union africaine	**AU** African Union

SIGLES FRANÇAIS	ÉQUIVALENTS ANGLAIS
UE Union européenne	**EU** European Union
UEM Union économique et monétaire	**EMU** Economic and Monetary Union
UEO Union européenne occidentale	**WEU** Western European Union
UIT Union internationale des télécommunications	**ITU** International Telecommunications Union
UNESCO Organisation des Nations Unies pour l'éducation, la science et la culture	**UNESCO** United Nations Educational, Scientific and Cultural Organization
UNITAR Institut des Nations Unies pour la formation et la recherche	**UNITAR** United Nations Institute for Training and Research
UNU Université des Nations Unies	**UNU** United Nations University
UPU Union postale universelle	**UPU** Universal Postal Union
URSS Union des républiques socialistes soviétiques	**USSR** Union of Soviet Socialist Republics
WANGO Association mondiale des organisations non gouvernementales	**WANGO** World Association of Non-Governmental Organizations
ZLEA Zone de libre-échange des Amériques	**FTAA** Free Trade Area of the Americas

RÉFÉRENCES

Cette liste répertorie uniquement quelques-unes des sources de références sur les relations internationales. Plusieurs d'entre elles sont disponibles gratuitement sur le web. D'autres ne sont accessibles qu'aux étudiants inscrits dans les universités, qui peuvent consulter les périodiques et banques de données électroniques à partir de leur campus ou de leur domicile. Certaines des sources de référence existent en version imprimée, et peuvent donc être investiguées par n'importe quel lecteur dans les bibliothèques. Sauf exceptions, nous ne donnons pas les adresses électroniques des sources mentionnées, car elles sont susceptibles de changement et peuvent être facilement repérées en composant leurs noms sur Google.

Annuaires

Asia Yearbook
Europa Yearbook
L'État du monde
La Documentation française, « Les pays de l'Europe occidentale »
La Documentation française, « Les pays de l'Europe centrale et orientale »
Stockholm International Peace Research Institute Yearbook
Yearbook of International Organizations
CIA the World Factbook
Facts on File
The Economist Intelligence Unit Country Reports
USAID Country Profiles

Centres de recherche et carrefours de ressources

Brookings Institution. Foreign Policy Studies Program

Carnegie Endowment for International Peace

Center for Defense Information

Center for Strategic and International Studies

Centre d'études et de recherches internationales de l'Université de Montréal (CERIUM)

Centre d'études sur les politiques étrangères et de sécurité (UQAM)

Chaire d'études sur la paix et la sécurité internationales (Université de Montréal)

Chaire Raoul Dandurand (UQAM)

Danish Institute of International Affairs

Europa : portail de l'Union européenne

Groupe d'études et de recherches en relations internationales (Université Laval)

Institut de relations internationales et stratégiques

International Affairs

International Peace Research Institute-Oslo

International Relations and Security Network

L'Observatoire d'analyses des relations internationales contemporaines

Observatoire stratégique

Social Science Online Periodical

Dictionnaires

BADIE, Bertrand, Leonardo MORLINO *et al.* (dir.). *The Encyclopedia of Political Science*, Los Angeles, Sage Publications, 2010.

BEAUD, Michel et Gilles DOSTALER, *La pensée économique depuis Keynes*, Paris, Le Seuil, 1993.

BONIFACE, Pascal (dir.), *Dictionnaire des relations internationales*, Paris, Hatier, 1996.

BOUDON, Raymond et François BOURRICAUD, *Dictionnaire critique de la sociologie*, Paris, Presses universitaires de France, 3ᵉ éd., 1990.

BREMOND, Janine et Alain GELEDAN, *Dictionnaire économique et social*, Paris, Hatier, 1990.

BREMOND, Janine et Alain GELEDAN, *Dictionnaire des théories et mécanismes économiques*, Paris, Hatier, 1995.

CLARKE, Patricia, *Lexique du commerce international : français-anglais, anglais-français*, Paris, Foucher, 1993.

EVANS, Graham et Jeffrey NEWNHAM, *The Penguin Dictionary of International Relations*, Londres, Penguin Books, 1998.

HERMET, Guy, Bertrand BADIE, Pierre BIRNBAUM et Philippe BRAUD, *Dictionnaire de la science politique*, Paris, Armand Colin, 4ᵉ éd., 2000.

JONES, Barry B. J. (dir.), *Routledge Encyclopedia of International Political Economy*, Londres, Routledge, 2001.

MACLEOD, Alex, Evelyne DUFAULT et Guillaume F. DUFOUR (dir.), *Relations internationales. Théories et concepts*, Montréal, Éd. Athéna/CEPES, 2002.

SCHIAVONE, Giuseppe (dir.), *International Organizations: A Dictionary and Directory*, Houndmills (Hampshire), Palgrave, 2001.

ZWRING, Lawrence, Jack C. PLANO et Roy OLTON, *International Relations: A Politica Dictionary*, Santa Barbara, CA, ABC-Clio, 5ᵉ éd., 1995.

Documents juridiques internationaux

COLARD, Daniel, *Droit des relations internationales: documents fondamentaux*, Paris, Masson, 2ᵉ éd., 1988.

GRENVILLE, John et Bernard WASSERSTEIN, *Major International Treaties of the Twentieth Century*, 2 volumes, Londres, Routledge, 2ᵉ éd., 2001.

Lexum, www.lexum.umontreal.ca.

MORIN, Jacques-Yvan, Francis RIGALDIES et Daniel TURP, *Droit international public. Tome I – Documents d'intérêt général, Tome II – Documents d'intérêt canadien et québécois*, Montréal, Thémis, 3ᵉ éd., 1997.

Index

ABC Pol Sci
American Book Publishing Record
Bibliographie internationale de science politique
Bibliographie nationale française
Book Review Digest
Book Review Index to Social Science Periodicals
Books in Print
Documentation française internationale
Foreign Affairs Bibliography
Francis
New York Times Index
Pais International in Print

Journaux et magazines

El Pais
Foreign Policy Magazine
Le Monde
The Economist
The Herald Tribune
The Guardian
The Independent
The New York Times

Manuels

BATTISTELLA, Dario, *Théories des relations internationales*, 2ᵉ ed. Paris, Presses universitaires de France, 2006.

BAYLIS, John, Steve SMITH et Patricia OWENS (dir.), *The Globalization of World Politics*, 4ᵉ ed., Oxford, Oxford University Press, 2008.

BONIFACE, Pascal, *Les relations internationales de 1945 à nos jours*, 2ᵉ ed. Paris, Dalloz, 2008.

BRAILLARD, Philippe et Mohammad-Reza DJALILI, *Relations internationales*, Paris, Seuil, 5ᵉ éd., 1997.

CHAN, Stephen et Cerwyn MOORE (dir.), *Theories of International Relations*, 4 volumes, Berkeley, Sage Publications, 2005.

COX, Michael (dir.), *Twentieth Century International Relations*, 8 volumes, Berkeley, Sage Publications, 2005.

DUROSELLE, Jean-Baptiste, *Histoire des relations internationales*, Paris, A. Colin, 12ᵉ éd., 2001.

HUGHES, Barry B., *Continuity and Change in World Politics*, Upper Saddle River, N.J., Prentice Hall, 3ᵉ éd., 1997.

JACKSON, Robert et Georg SORENSEN, *Introduction to International Relations*, Oxford, Oxford University Press, 1999.

KEGLEY, Charles W. et Gregory A. RAYMOND, *The Global Future. A Brief Introduction to World Politics*, Toronto/Londres/Singapour, Thomson/Wadsworth, 2005.

MACLEOD, Alex et Dan O'MEARA, *Théories des relations internationales*, Montréal, Athéna, 2007.

MILZA, Pierre, *Les relations internationales de 1871 à 1914*, Paris, A. Colin, 2003.

MILZA, Pierre, *Les relations internationales de 1918 à 1939*, Paris, A. Colin, 2008.

MILZA Pierre, *Les relations internationales de 1973 à nos jours*, Paris, A. Colin, 2001.

MOREAU-DESFARGES, Philippe, *Relations internationales*, Paris, Le Seuil, 2007.

NYAHOHO, Emmanuel et Pierre-Paul PROULX, *Le commerce international*, Québec, Presses de l'Université du Québec, 1997.

ROCHE, Jean-Jacques, *Théories des relations internationales*, Paris, Montchrestien, 2008

SMOUTS, Marie-Claude, *Les nouvelles relations internationales: pratiques et théories*, Paris, Presses de Sciences Po, 1998.

VASQUEZ, John A. (dir.), *Classics of International Relations*, Upper Saddle River, N.J., Prentice-Hall, 1995.

VIOTTI, Paul R. et Mark V. KAUPPI, *International Relations Theory*, Boston/ Londres/Toronto, Allyn and Bacon, 3ᵉ éd., 1999.

WEISS, Thomas G. et Sam DAWS (dir.), *The Oxford Handbook on the United Nations*, Oxford, Oxford University Press, 2007.

Périodiques

- *Africa*
- *Africa Today*
- *African Affairs*
- *African American Review*
- *African Development Review African Studies*
- *Arab Studies Quarterly*
- *Asian Affairs*
- *Asian Survey*
- *Australian Journal of International Affairs*
- *Background on World Politics*
- *British Journal of Middle Eastern Studies*
- *Central Asian Survey*
- *China Quarterly*
- *Conflit Resolution*
- *Débats sur l'Europe: revue trimestrielle du Parlement européen*
- *Development*
- *Development and Change*

- *East Asia International Quarterly East*
- *European Quarterly*
- *Études internationales*
- *Europe Asia Studies*
- *European Foreign Affairs Review*
- *Far Eastern Quarterly*
- *Far Eastern Survey*
- *Foreign Affairs*
- *Foreign Policy*
- *Harvard Journal of Asiatic Studies*
- *Human Rights Quarterly*
- *International Affairs*
- *International Journal of Conflict Management*
- *International Journal of Middle East Studies*
- *Forum du droit international*
- *International Negociation*
- *International Organization*
- *International Peacekeeping*

- *International Politics*
- *International Relations*
- *International Security*
- *International Studies Quarterly*
- *Journal of Asian Studies*
- *Journal of British Institute of International Affairs*
- *Journal of Conflict Resolution*
- *Journal of Contemporary African Studies*
- *Journal of Democracy*
- *Journal of Developing Societies*
- *Journal of International Affairs*
- *Journal of Latin American Studies*
- *Journal of Peace Research*
- *Journal of Refugees Studies*
- *Journal of Royal Institute of International Affairs*
- *Journal of Southern African Studies*
- *Journal of World Trade*
- *Latin American Perspectives*
- *Latin American Policies*

- *Middle-East Policy*
- *Modern Asian Studies*
- *Nations and Nationalism*
- *Northeast African Studies*
- *Pacific Affairs*
- *Peace and Change*
- *Politique étrangère*
- *Review of International Affairs*
- *Review of International Studies*
- *Revue internationale de politique comparée*
- *Revue internationale et stratégique*
- *Security Studies*
- *Terrorism and Political Violence*
- *Transition*
- *War in History*
- *World Bank Economic Review*
- *World Bank Research Observer*
- *World Development**
- *World Economy*
- *World Policy Institute and Journal*
- *World Politics*

LISTE DES TABLEAUX

TABLE DES MATIÈRES

Autres titres disponibles
dans la collection Paramètres

La démographie québécoise
Enjeux du xxie siècle
Sous la direction de Victor Piché et
Céline Le Bourdais

**Les dictionnaires de la langue
française au Québec**
De la Nouvelle-France à aujourd'hui
Sous la direction de Monique C.
Cormier et Jean-Claude Boulanger

Les dictionnaires Larousse
Genèse et évolution
Sous la direction de Monique C.
Cormier et Aline Francœur

Les dictionnaires Le Robert
Genèse et évolution
Sous la direction de Monique C.
Cormier, Aline Francœur et Jean-
Claude Boulanger

**Diversité et indépendance des
médias**
Sous la direction d'Isabelle Gusse

Drogue et criminalité
Une relation complexe
Deuxième édition
Serge Brochu

**L'écriture journalistique sous toutes
ses formes**
Sous la direction de Robert Maltais

Éléments de logique contemporaine
Deuxième édition
François Lepage

Emploi et salaire
Deuxième édition
Jean-Michel Cousineau

**L'entrepreneuriat féminin au
Québec**
Dix études de cas
Louise St-Cyr, Francine Richer, avec
la collaboration de Nicole Beaudoin

Équations différentielles
Mario Lefebvre

L'éthique de la recherche
*Guide pour le chercheur en sciences
de la santé*
Hubert Doucet

Éthique de l'information
*Fondements et pratiques au Québec
depuis 1960*
Armande Saint-Jean

L'évaluation : concepts et méthodes
Sous la dir. de Astrid Brousselle,
François Champagne, André-Pierre
Contandriopoulos et Zulmira Hartz

La face cachée de l'organisation
Groupes, cliques et clans
Luc Brunet et André Savoie

Faire dire
L'interview à la radio-télévision
Claude Sauvé
En collaboration avec Jacques
Beauchesne

**Le fédéralisme canadien
contemporain**
Fondements, traditions, institutions
sous la direction d'Alain-G. Gagnon

**La gestion des ressources humaines
dans les organisations publiques**
Louise Lemire et Yves-C. Gagnon

Le système politique américain
Quatrième édition
Sous la direction de Michel
Fortmann et Pierre Martin

Téléréalité
Quand la réalité est un mensonge
Luc Dupont

Les temps du paysage
Sous la direction de Philippe
Poullaouec-Gonidec, Sylvain
Paquette et Gérald Domon

**La terminologie : principes et
techniques**
Marie-Claude L'Homme

Traité de criminologie empirique
Quatrième édition
Sous la direction de Marc Le Blanc et
Maurice Cusson

L'univers social des adolescents
Michel Claes

Violences au travail
Diagnostic et prévention
Sous la direction de François Courcy,
André Savoie et Luc Brunet

Les visages de la police
Pratiques et perceptions
Jean-Paul Brodeur